AF061604

NORBERT OETTINGER

DIE MILITÄRISCHEN EIDE DER HETHITER

Studien zu den Boğazköy-Texten

Herausgegeben von der Kommission für den Alten Orient
der Akademie der Wissenschaften und der Literatur
Heft 22

Die Militärischen Eide der Hethiter

von Norbert Oettinger

1976

OTTO HARRASSOWITZ · WIESBADEN

CIP-Kurztitelaufnahme der Deutschen Bibliothek

Oettinger , Norbert

Die militärischen Eide der Hethiter. — Wiesbaden : Harrassowitz, 1976.

(Studien zu den Boğazköy-Texten : H. 22)
ISBN 978-3-447-01711-4

Gesamtherstellung: BOD, Hamburg
Printed in Germany.

Otto Harrassowitz GmbH & Co. KG
Kreuzberger Ring 7c-d, D-65205 Wiesbaden,
produktsicherheit.verlag@harrassowitz.de

INHALT

Vorwort VII

I. Einleitung 1

II. Textüberlieferung 2

III. Text mit Übersetzung 6
1. Der Erste Militärische Eid 6
2. Fragmente zum Ersten Militärischen Eid 14
3. Der Zweite Militärische Eid 18

IV. Kommentar 22
1. Der Erste Militärische Eid 22
2. Fragmente zum Ersten Militärischen Eid 51
3. Der Zweite Militärische Eid 52

V. Lexikalisches, Sprachgeschichtliches, Syntaktisches 59
1. Die Formen von *šarra-* im Ersten Militärischen Eid 59
2. *ḫimma-* 61
3. Die Bedeutung von ^(GIŠ)*ḫueša-* und die Terminologie des Handspinnens 64
4. Die syntaktische Entwicklung der Satzpartikeln -*(a)šta* und -*kan* 67

VI. Stil und Inhalt der Militärischen Eide 71
1. Zur vergleichenden Religions- und Kulturgeschichte 71
2. Chronologische und stilistische Einordnung der Militärischen Eide anhand der Fluchformeln 76
3. Die den Militärischen Eiden verwandten Rituale 86
4. Inhaltliche Übersicht (gegliedert nach Handlungseinheiten) 88
5. Die kulturgeschichtliche Stellung der Militärischen Eide 93

VII. Zusammenfassung der Datierungskriterien für den Ersten Militärischen Eid 95

VIII. Glossar und Indices 98

IX. Abkürzungs- und Literaturverzeichnis 133

Textbeilage 138

VORWORT

Das vorliegende Buch stellt die überarbeitete Fassung einer Erlanger Magisterarbeit dar, weshalb im folgenden auch die in Erlangen gebräuchlichen indogermanistischen Notationen verwendet werden. Die Arbeit entstand auf Anregung meines verehrten Lehrers Prof. Dr. H. Otten; dieser stellte auch die unveröffentlichten Texte und Photos zur Verfügung und gestattete mir die Benutzung des Marburger Boğazköy-Archivs. Ganz besonders habe ich ihm für vielerlei Rat und Kritik zu danken, ohne die mir die Ausführung der Arbeit in der vorliegenden Form nicht möglich gewesen wäre.

Viele sprachwissenschaftliche und realkundliche Fragestellungen wurden in Übungen und Gesprächen mit meinem verehrten Lehrer Prof. Dr. K. Hoffmann angeregt, dem ich dafür herzlich danken möchte.

Frau C. Rüster übernahm einen großen Teil der mühevollen Aufbereitung des Manuskripts für den Druck. Von ihr stammt auch die Zeichentabelle. Herr Prof. Dr. E. Neu hat mit Korrektur gelesen; reichliche Unterstützung bekam ich auch von Herrn Prof. Dr. G. Neumann und Herrn Dr. H. Eichner. Herr Dr. K. Riemschneider stellte KUB XLIII 38 vorzeitig zur Verfügung; Literaturhinweise gab mir mein Marburger Studienkollege F. Starke. Meine Frau half bei der Fertigstellung des Manuskripts.

Ihnen allen sei an dieser Stelle vielmals gedankt.

I. EINLEITUNG

Die Militärischen Eide sind nicht nur als Sprachdokumente für den Hethitologen und Sprachwissenschaftler von Interesse, sondern haben auch für das Rechtsdenken der Zeit Bedeutung. Ferner dürften sie für den Religionswissenschaftler indogermanistischer und orientalistischer Ausrichtung wesentliche neue Einblicke gewähren.

Der Ausgangspunkt für unsere Untersuchung war die von H. Otten angeregte Frage nach der hethitischen Textchronologie. Da der Erste Militärische Eid einerseits sprachlich alt wirkte, andererseits graphisch den entgegengesetzten Eindruck machte, ergab sich die methodisch interessante Möglichkeit, hier einen älteren Text zu untersuchen, der offenbar nur in junghethitischen (jh.) Abschriften auf uns gekommen ist. So beruhen auch unsere linguistischen Fragestellungen auf innerhethitisch divergierenden Schreibungen oder Formen.

Methodisch gingen wir dabei zunächst jeweils von der Erwartung aus, daß die Schreibung die Lautung möglichst genau wiederzugeben versucht. Insbesondere 'Kontrastschreibungen', also regelmäßige graphische Divergenzen sowohl zwischen gleichen Formen in verschiedenen Epochen als auch synchron innerhalb des Paradigmas und zwischen lautlich ähnlichen oder verwandten Wörtern hielten wir jeweils solange für sprachwirklich, wie nicht das Gegenteil (historische Schreibung usw.) erweisbar war.

Die zweite Tafel des Ersten Militärischen Eides wurde von F. Hrozný 1924 als KBo VI 34 publiziert und von J. Friedrich in ZA 35, 1924, p. 161—191 unter dem Namen 'Soldateneid' umschrieben, übersetzt und kommentiert. (Zu unserer Änderung dieses Namens vgl. p. 94.) Fehlinterpretationen dieser frühen Zeit können den Wert jener Pionierarbeit nicht herabmindern; sie werden in unserer Arbeit normalerweise nicht erwähnt.

Eine Übersetzung der Tafel hat auch A. Goetze in ANET, 1950, p. 353f. gegeben, wobei notwendigerweise die Interpretation des Details auf Kosten der Menge des zu Übersetzenden zu leiden hatte. — Beiden Bearbeitern stand als Duplikat nur KUB VII 59 zur Verfügung. Zu weiteren Duplikaten vgl. E. Laroche, CTH Nr. 427, sowie das folgende Kapitel.

Als zweiter, eigenständiger Text der Militärischen Eide erwies sich VAT 7424, das 1973 als KUB XLIII 38 von K. Riemschneider publiziert wurde. Eine teilweise Umschrift der Vorderseite dieser Tafel gab H. Otten in StBoT 15, 1971, p. 30.

II. TEXTÜBERLIEFERUNG

Von der ersten Tafel des Ersten Militärischen Eides existieren nur Bruchstücke (Aufzählung unter Fortführung der Nomenklatur E. Laroches, CTH 427):

Fragment I: (D) KBo XXI 10 (= C Vs.! 1′ff.)

Fragment II: (C) KUB XL 13 (Vs.! = D 4′ff.)

Fragment III: (E) unv. Bo 6881 (linke Kolumne; Tafel nach Photo wohl o. A. zu Exemplar C).

Da das Exemplar D auf der Rückseite das leere Ende der Kolumne IV zeigt, gehört die Vorderseite zur Kolumne I dieser Tafel.

Der Text ist Duplikat zu Exemplar C, wo gegenüber der Edition KUB XL 13 die Seitenbestimmung (Vs.?, Rs.?) zu vertauschen ist. Die jetzt als Vs.! zu bestimmende Seite ist Teil einer rechten Kolumne (Kol II)[1], die nunmehrige Rs.! (Kol III) von C bereits Duplikat zum Anfang von Tafel 2.

Exemplar E ist noch unveröffentlicht, ein Photo verdanke ich der Freundlichkeit von Herrn Doz. Dr. H. Klengel. Es ist Teil einer linken Kolumne, mit Kolumnentrenner und wenigen Spuren von Zeilenanfängen der rechten Kolumne. Das Stück ist einseitig erhalten und dürfte als Vs. (Kol I) zu bestimmen sein.

Alle Tafeln sind zweikolumnig.

Die zweite Tafel, die ihrer besseren Erhaltung wegen in unserer Umschrift an erster Stelle steht, hat sich bis auf acht ganze und sieben halbe Zeilen wieder herstellen lassen:

A. KBo VI 34 + Bo 2523 (Bo 2523 ergänzt Vs. I 1—8, Vs. II 1—4, Rs. III 43—48).

B. KUB XL 16 + VII 59 + 342/u + 524/u + 797/v + 1087/z (Anordnung siehe Joinskizze, für die Kopien s. p. 138).

C. KUB XL 13 Rs.! (= A Vs. I 18—43).

Graphisch dürfte Exemplar B um etwa ein Jahrhundert älter sein als das in zweifellos späthethitischem Duktus geschriebene Exemplar A (vgl. Zeichentabelle). Das Duplikat C dürfte das älteste sein, bietet jedoch für eine sichere graphische Beurteilung zu wenig Zeichen.

---

[1] KUB XL 13 war wohl ebenfalls zweikolumnig (entgegen C. Kühne, ZA 62, 1973, p. 249), vgl. die Bemerkungen zu Exemplar E.

Vs. Rs.

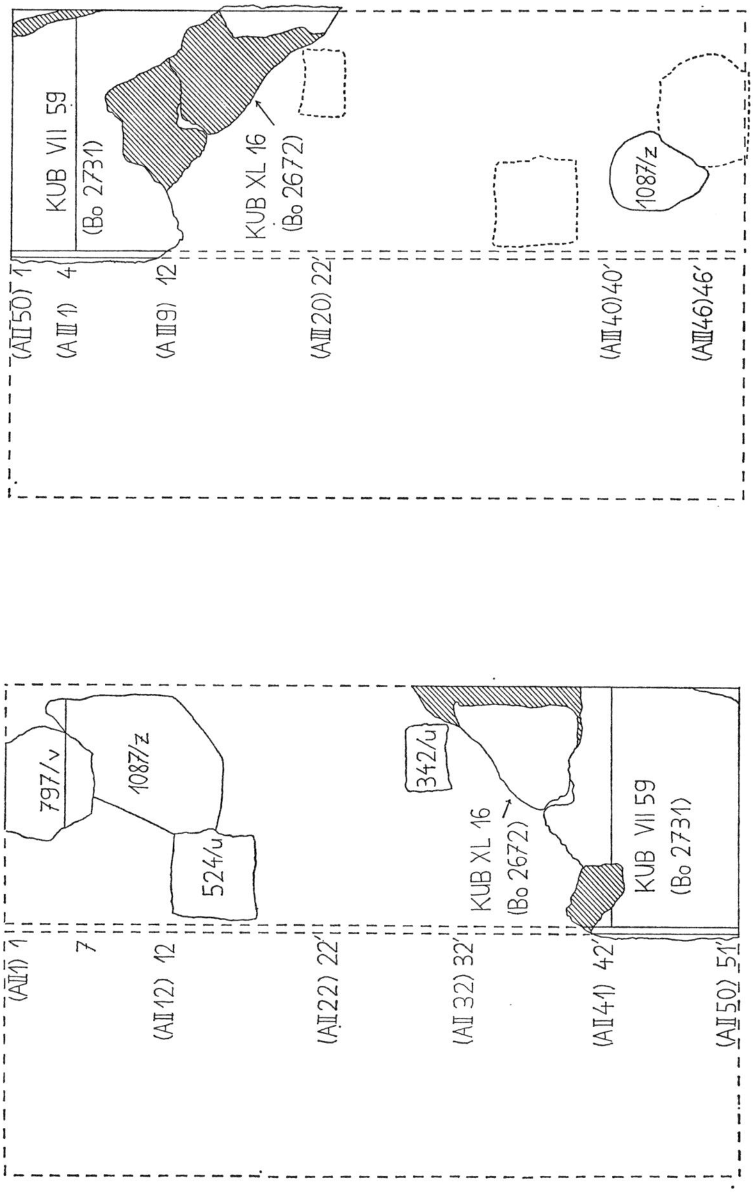

Joinskizze B, Vs. und Rs.

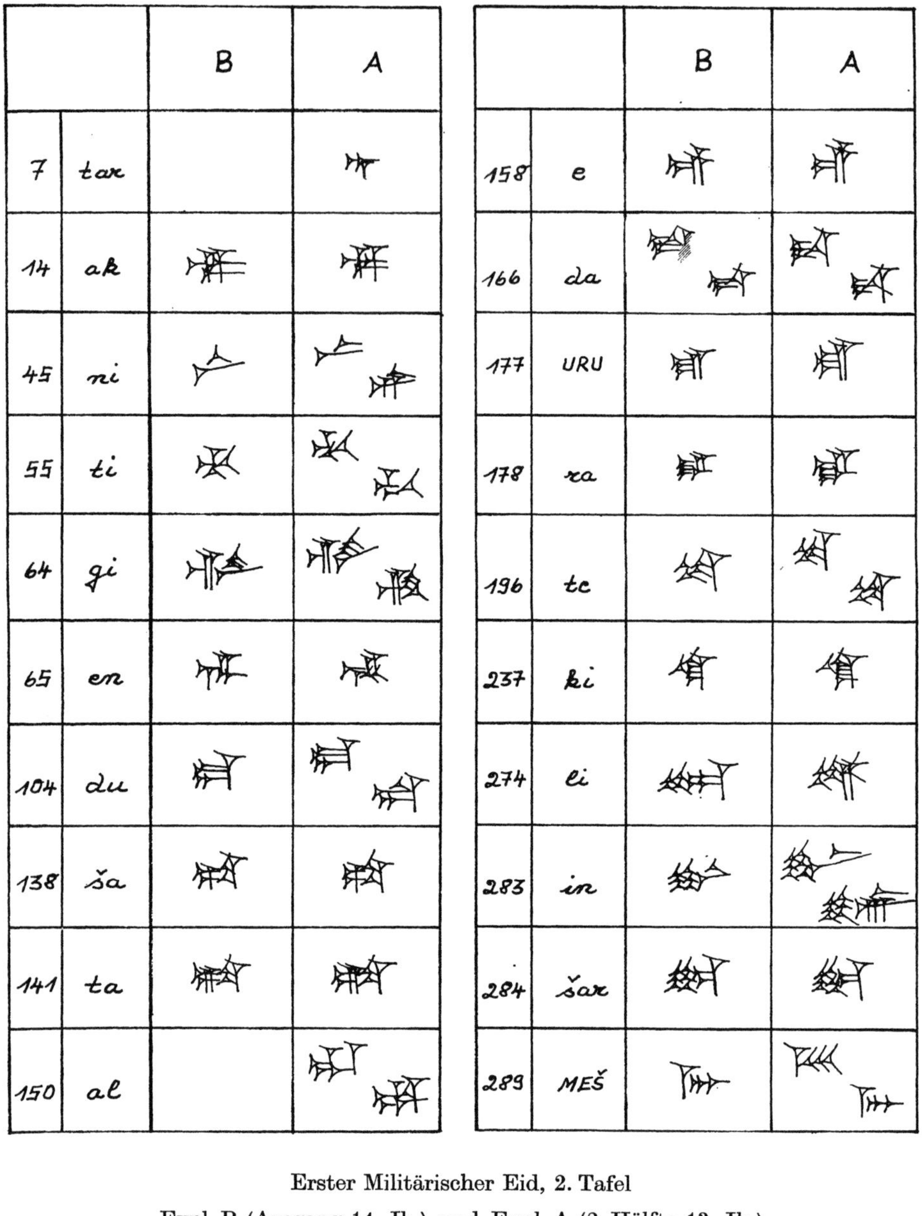

Erster Militärischer Eid, 2. Tafel

Expl. B (Ausgang 14. Jh.) und Expl. A (2. Hälfte 13. Jh.)

Der Zweite Militärische Eid liegt nur in einem Exemplar vor: KUB XLIII 38. Die Tafel ist einkolumnig. Die Bestimmung von Vorderseite und Rückseite folgt der Edition, ist aber nicht gesichert. Daß dieser Text zur Gattung 'Militärischer Eid' und nicht etwa zu den Instruktionen oder Ritualen gehört, wird schon dadurch erwiesen, daß weder Vorschriften erlassen werden noch Gebete, Manipulationsreihen oder Materialaufzählungen zu finden sind. Götter werden wie im Ersten Militärischen Eid nur in Fluchformeln genannt. Auf jede (kurze) Handlung folgt eine längere Fluchformel (Vs. 8′ff., 22′ff., Rs. 5, 7, 19ff., 27ff.). Inhalt und Wortwahl der Analogiezauber haben im Ersten Eid ihre Entsprechungen. Charakteristikum aller Militärischen Eide ist der stete Wechsel zwischen kurzen magischen Handlungen und langen Zaubersprüchen mit Fluchformeln (vgl. p. 85).

III. TEXT MIT ÜBERSETZUNG

1. Der Erste Militärische Eid

(Tafel 2, für die Textzusammenstellung vergleiche Kapitel II)

Vs. I

[^{GIŠ}ERIN *I-NA QA-TI*]-*ŠU-NU da-a-i*
2 [-*i̯*]*a-an-zi nu e-ik-ta-an*
[ ]×-*nu-zi nu-uš-ma-aš te-iz-zi*
4 [*ki-i-u̯a*]*im-ma Ú-UL-u̯a-ra-at*
[ ]É-*ŠU* DINGIR^{MEŠ}-*ma-u̯a-ra-aš*
6 [ ]^{GIŠ}ERIN *ma-aḫ-ḫa-an*
[*u̯*]*a-ar-šu-la-aš-ši-iš*
8 [-*a*]*š-ša̭-an*
9′ [ ]
10′ [ ]

11′ [ ]
12′ [ ]-*zi*
13′ [ ]
14′ [ ]
(9=) 15′ [*li-in*]-*ki-i̯a*-[*an-te-eš*]
16′ [ ] [ ]

C [ ]-*zi nu te-iz-zi* [*ka-a-aš-u̯a*]
1′ 18′ [*ku-i*]*t* TI-*an-za* [*e-eš*]-*ta nu ša-ra-a n*[(*e-pí-eš*)]
ụ́-e-mi-iš-ki-it [*k*]*i-nu-na-an ka-a-ša*[
20′ *li-in-ki-i̯a-aš pí-di da-šu-u̯a-aḫ-ḫi-ir* [ ]
na-aš-ta ku-iš ku-u-ụš NI-IŠ DINGIR^{LIM} *šar-r*[*i-iz-zi*]
22′ *na-aš-ta A-NA* LUGAL KUR ^{URU}*ḪAT-TI ap-pa-a-li da*-[*a-i*]
nu-za-an A-NA KUR ^{URU}*ḪA-ẠT-TI* ^{LÚ}KÚR-*li* IGI$^{\text{ḪI.A}}$-*u̯a*[ ]
24′ *da-a-i na-an ki-e NI-IŠ* DINGIR^{LIM} [1] *ap-pa-an*-[*d*(*u*)]
nu a-pí-el-la tu-uz-zi-in da-šu-u̯a-[*aḫ-ḫa-an-du*]
5′ 26′ *nam-ma-aš du-ud-du-mi-i̯a-aḫ-ḫa*-[*a*]*n-du nu* ^{LÚ}*a-r*[*a-aš*]
^{LÚ}*a-ra̭-an li-e a-uš-zi ka-a-aš-ša̭ li̭-e* [*ku-u-un*]
28′ *iš-da̭m-ma-aš-zi nu-uš-ma-aš* ḪUL-*lu ḫ*[*é-in-kán*]
pí-an-du nu-uš kat-ta-an GÌR^{MEŠ}-*ŠU-NU pa̭-ta*[(*l-li-it*)]
30′ *pa-tal-li-i̯a-an-du še-ir-ra-aš* ŠU^{MEŠ}-*ŠU-NU iš-ḫi-an-du*

---

1 C Rs.! 4′ DINGIR$^{\text{ME.EŠ}}$

Vs. I

[Dann] legt er [Zedernholz in] ihre [Hände]
[sie .] . . en [es] und den . . .
[ ]er . . . t und spricht zu ihnen:
[„Dieses . . .] . . ., [ist] es nicht
[ ] sein Haus? Die(?) Götter aber er(?)
[ ] wie das Zedernholz
[. . . des . . . angenehme(?)] Erfrischung (ist),
[ ]
[ ]
[ ]

[ ] er . . . t
[ ]
[ ]
[ ]
[die E]idg[ötter ebenso]
[sollen . . . . . . en!“] [ ]

[ ] . . t er und spricht: [„Als dieser hier]
(noch) lebensfroh [wa]r, da konnte er droben den Himmel
wahrnehmen, und siehe, jetzt hat man
ihn an der Stätte der Vereidigung geblendet.
(Ebenso) sollen nun den, der diese Eide übertr[itt]
und sich gegen den König des Landes Hatti hinterhältig betr[ägt]
und auf das Land Hatti feindlich den Blick
richtet, diese Eide ergreifen
und auch sein Heer blenden,
ferner sollen sie sie taub machen! Nun soll der ei[ne]
den anderen nicht sehen, noch soll dieser [jenen]
hören! Und sie sollen ihnen ein böses E[nde]
geben und sie an ihren Füßen unten mit Fußfesseln
fesseln und sie oben an ihren Händen binden!

C
nu GIM-*an ŠA* KUR ^{URU}*AR-ZA-U-ṲA*[2] *tu-zi-uš*
li-in-ki-ịa-aš DINGIR^{MEŠ} ŠU$^{\mathrm{ME.EŠ}}$-*ŠU* GÌR^{MEŠ}-*ŠU iš-ḫi-i-e-ir*
nu-uš ḫar-pu-uš da-a-i-e-ir[3] *a-pí-el-la tu-zi-uš*
QA-TAM-MA iš-ḫi-ịa-an-du nu-uš ḫar-pu-uš ti-an-du

ḫar-nam-mar I-NA QA-TI-ŠU-NU da-a-i na-at li-pa-a-an-zi
nu KI.MIN *ki-i-ṵa ku-it Ú-UL-ṵa ḫar-nam-mar*
nu ki-i ḫar-nam-mar ma-aḫ-ḫa-an te-pu da-an-zi
na-at iš-nu-u-ri im-mi-ịa-an-zi nu iš-nu-u-ra-an
UD I.KAM *ti-an-zi na-aš pu-ut-ki-i-e-it-ta*
ku-iš-kán ku-u-uš-ša NI-IŠ DINGIR^{MEŠ} *šar-ri-iz-zi*[4]
na-aš-ta A-NA LUGAL KUR^{URU}*ḪAT-TI ap-pa-a-li da-a-i*
nu-za-an A-NA KUR^{URU}*ḪAT-TI* ^{LÚ}KÚR-*li* IGI$^{\mathrm{ḪI.A}}$-*ṵa*
da-a-i na-an ki-e NI-EŠ DINGIR^{LIM} *ap-pa-an-du*
na-aš-kán i-na-na-aš še-ir ar-ḫa pár-ši-ịa-ad-da-ru
nu i-da-a-lu ḫi-in-kán pí-e-da-ú a-pí-e-ma
da-ra-an-zi a-pa-a-at e-eš-du

---

na-aš-ta GAB.LÀL ^{UZU}Ì.UDU-*ịa I-NA QA-TI-ŠU-NU da-a-i*
na-aš-ta ḫa-ap-pí-na pí-eš-ši-ịa-az-zi
nu te-iz-zi ki-i GAB.LÀL *ma-aḫ-ḫa-an*
šal-li-ịa-it-ta Ì.UDU-*ma-ṵa* GIM-*an mar-ri-it-ta*
na-aš-ta ku-iš-ša NI-IŠ DINGIR^{LIM} *šar-ri-e-iz-zi*

Vs. II

B
na-aš-ta A-NA [LU(GAL KUR^{U})]^{RU}*ḪAT-TI ap-pa-a-li da-a-i*
na-aš GAB.LÀL-[*aš i*]-*ṵa-ar šal-li-it-ta-ru*
^{UZU}Ì.UDU-*m*[*a-ṵ*]*a i-ṵa-ar mar-ri-e-it-ta-*⟨*ru*⟩
a-pí-e-ma da-ra-an-zi a-pa-a-at e-eš-du

---

nu-uš-ma-aš ^{UZU}SA MUN-*an I-NA QA-TI-ŠU-NU*
da-a-i na-at ḫa-ap-pí-na pí-eš-ši-ịa-zi[6]
nu ki-iš-ša-an te-iz-zi ki-i-ṵa-kán ^{UZU}SA
ma-aḫ-ḫa-an ḫa-aš-ši-i an-da ḫu-ur-ša-ak-ni-e-it-ta
MUN-*aš-ma-kán* GIM-*an ḫa-aš-ši-i an-da*
pár-ši-it-ta-ri na-aš-ta ku-iš ku-u-uš NI-IŠ
DINGIR^{LIM} *šar-ra-ad-da na-aš-t*[*a A-NA* LUGAL]KUR^{URU}*ḪAT-TI*[7]
ap-pa-a-li da-a-i nu-za-an A-NA KUR^{URU}*ḪAT-TI*[8] ^{LÚ}KÚR-*li*
IGI$^{\mathrm{ḪI.A}}$-*ṵa da-a-i na-an ki-e NI-IŠ* DINGIR^{LIM}[9]
ap-pa-an-du na-aš ^{UZU}SA-*aš i-ṵa-ar*
ḫu-ur-ša-ak-ni-ịa-ad-da-ru MUN-*aš-ma i-ṵa-ar*

---

[2] C Rs.! 8′ om. -*U*- [3] C Rs.! 9′ om. -*a*- [4] C Rs.! 13′ *ša*]*r-ra-at-ta*
[5] Wörtlich: „ebenso", wie Z. 17, vgl. J. Friedrich, Heth. Keilschrift-Lesebuch II, 1960, p. 65.

Und wie die Götter des Eides die Heere des Landes Arzawa
32 an Händen und Füßen banden
und sie zuhauf legten, (ebenso) sollen sie auch dessen Heere
34 binden und sie zuhauf legen!“

Hefe legt er ihnen in die Hände, und sie berühren sie mit der Zunge
36 und folgendermaßen[5] spricht er[5]: „Was ist dies? Ist es nicht Hefe?
Und wie man von dieser Hefe ein wenig nimmt
38 und sie in das Teiggefäß einmischt und das Teiggefäß
einen Tag stehen läßt und es (auf)geht,
40 so sollen auch den, der diese Eide übertritt
und sich gegen den König des Landes Hatti hinterhältig beträgt
42 und auf das Land Hatti feindlich den Blick
richtet, diese Eide ergreifen,
44 und er soll infolge von Krankheiten völlig gebrochen werden
und es soll auf ein schlimmes Ende hinauslaufen!“
46 Jene aber sprechen: „Das soll (so) sein!“

Dann legt er ihnen Wachs und Schaffett in die Hände,
48 wirft es dann in die offene Flamme
und spricht: „Wie dieses Wachs schmilzt,
50 das Schaffett aber zerläuft,
so soll nun, wer auch immer diese Eide übertritt

Vs. II

und sich gegen den [König des Lande]s Hatti hinterhältig beträgt,
2 wie Wachs schmelzen,
wie Schaffett aber soll er zerlaufen!“
4 Jene aber sprechen: „Das soll (so) sein!“

Nun gibt er ihnen Sehnen und Salz in die Hände
6 und wirft sie in die offene Flamme
und spricht folgendermaßen: „Wie diese
8 Sehnen auf dem Herd verschmoren,
wie aber Salz auf dem Herd zerprasselt,
10 so sollen nun den, der diese Eide übertritt
und sich gegen den König des Landes Hatti hinterhältig beträgt
12 und auf das Land Hatti feindlich den Blick
richtet, diese Eide ergreifen!
14 Und er soll wie Sehnen verschmoren,
wie Salz aber soll er zerprasseln!

---

[6] B Vs. 6 *pí-iš-ši-*[
[7] B Vs. 11 ^{URU}*ḪA-AT-*[*TI*
[8] B Vs. 12 ^{URU}*ḪA-A*[*T-TI*
[9] B Vs. 13 *NI-IŠ* DINGIR^{MEŠ}

pár-ši-it-ta-ru MUN-*i̯a* GIM-*an* NUMUN-*ŠÚ* NU.GÁL
a-pí-e-da-ni-i̯a-kán UKÙ-*ši* *ŠUM-ŠU* NUMUN$^{\text{ḪI.A}}$-*ŠU*
É-*ŠU* GUD$^{\text{ḪI.A}}$-*ŠU* UDU$^{\text{ḪI.A}}$-*ŠU* *QA-TAM-MA ḫar-ak-du*

---

nu-uš-ma-aš BULÙG BAPPIR *I-NA QA-TI-ŠÚ-NU da-a-i*
na-at li-ip-pa-an-zi nu-uš-ma-aš kiš-an te-iz-zi
ki-i-u̯a BAPPIR GIM-*an IŠ-TU* $^{\text{NA4}}$ARÀ *ma-al-la-an-zi*
na-at ú-e-te-ni-it i-mi-i̯a-an-zi na-at za-nu-an-zi
na-at ḫar-ra-nu-uš-kán-zi ku-i-ša-kán ki-e NI-IŠ DINGIR^{MEŠ}
šar-ra-ad-da nu-uš-ša-an A-NA LUGAL SAL.LUGAL
A-NA DUMU^{MEŠ}.LUGAL *A-NA* KUR^{URU}*ḪAT-TI* ḪUL-*lu ták-ki-iz-zi*
na-an ki-e NI-EŠ DINGIR^{LIM} *ap-pa-an-du nu ḫa-aš-ta-i-ši-*⟦*ti*⟧*-it*
QA-TAM-MA ma-al-la-an-du na-an QA-TAM-MA i-nu-uš-ki-du[10]
na-an QA-TAM-MA ḫar-ra-⟨*nu*⟩[11]*-uš-ki-it-ta*[10] *nu* ḪUL-*lu* ÚŠ-*kán*
pí-e-da-ú a-pí-e-ma da-ra-an-zi a-pa-a-at
e-eš-du

---

ki-e-da-ni-ma A-NA BULÙG GIM-*an ḫa-aš-ša-tar-še-it* NU.GÁL
Ú-UL-an A.ŠÀ-*ni pí-e-da-an-zi na-an* NUMUN-*an*
i-en-zi Ú-UL-ma-an NINDA-*an i-en-zi*
na-an I-NA É $^{\text{NA4}}$KIŠIB *ti-an-zi ku-iš-kán*
ki-e-i̯a NI-IŠ DINGIR^{LIM} *šar-ri-iz-zi nu-uš-ša-an A-NA* LUGAL
SAL.LUGAL *A-NA* DUMU^{MEŠ}.LUGAL ḪUL[12]-*lu ták-ki-iš-zi*
nu a-pí-e-da-ni-i̯a NI-IŠ DINGIR^{MEŠ} EGIR UD^{MI}-*ŠÚ*
QA-TAM-MA ḫar-ni-in-kán-du nu-za DAM^{MEŠ}-*ŠÚ* DUMU.NITA
DUMU.SAL [*li-e ḫ*(*a-a*)]-*ši* LÍL[13]-*ma-aš-ši* A.ŠÀ *ḫar-ša-ú-na-*[*aš*]
ú-el-[(*lu*)]*-u̯a-aš an-da ú-el-ku-u̯a-*⟨*a*⟩*n li-e*
ḫu-u̯a-a-i GUD$^{\text{ḪI.A}}$-*ŠU* UDU$^{\text{ḪI.A}}$-*ŠÚ* AMAR SILÁ *li-e ḫa-a-ši*

---

nu TÚG *ŠÁ* SAL[14] ^{GIŠ}*ḫu-la-a-li* ^{GIŠ}*ḫu-e-ša-an-na*
ú-da-an-zi nu GI-*an du-u̯a-ar-na-an-zi*
nu-uš-ma-aš kiš[15]*-an te-ši ki-i-u̯a ku-it Ú-UL-u̯a*
ŠA SAL ^{TÚG}NÍG.LÁM^{MEŠ} *nu-u̯a-ra-aš li-in-ki-i̯a ḫar-ú-e-ni*
na-aš-ta ku-iš ku-u-uš NI-IŠ DINGIR^{LIM}[16] *šar-ri-iz-zi*
nu-u̯a-kán A-NA LUGAL SAL.LUGAL DUMU^{MEŠ} LUGAL ḪUL-*lu*
tak-ki-iš-zi na-an ki-e NI-IŠ DINGIR^{MEŠ} LÚ-*an* SAL-*an*
i-en-du tu-uz⟨*-zi*⟩[17]*-uš-šu-uš* SAL^{MEŠ}-*uš i-en-du*
nu-uš SAL-*li u̯a-aš-ša-an-du nu-uš-ma*⟨*-aš-*⟩[18]*-ša-an* ^{TÚG}*ku-ri-eš-šar*
ši-i̯a-an-du ^{GIŠ}BAN$^{\text{ḪI.A}}$ GI$^{\text{ḪI.A}}$ ^{GIŠ}TUKUL$^{\text{ḪI.A}}$
I-NA QA-TI-ŠÚ-NU[19] *du-u̯a-ar-na-an-du*
nu-uš-ma-aš-kán ^{GIŠ}*ḫu-la-a-li* ^{GIŠ}*ḫu-u-e-ša-an-na*

---

[10] Zu dieser korrupten Stelle vgl. Komm.
[11] B Vs. 17 auch *ḫar-ra-*⟨*nu-*⟩*uš-*°
[12] B Vs. 25′ *i-da*[*-lu*]   [13] B Vs. 29′ LÍL-*ri-ma-aš-ši*

Und wie vom Salz kein Same existiert, so sollen auch jenem Menschen Name, Nachkommenschaft, Haus, Rinder und Schafe ebenso zugrunde gehen!“

Nun legt er ihnen Malz und Bierwürze in die Hände, sie berühren es mit der Zunge, und er spricht zu ihnen folgendermaßen: „Wie man diese Bierwürze mit dem Mahlstein zermahlt und sie mit Wasser vermischt, kocht und zerquetscht, so sollen den, der diese Eide übertritt und dem König, der Königin, den Söhnen des Königs und dem Land Hatti Böses zufügt, diese Eide ergreifen und seine Knochen ebenso zermahlen und ihn ebenso schmoren und ebenso zerquetschen, und es soll auf ein schlimmes Ende hinauslaufen! Jene aber sprechen: „Das soll (so) sein!“

„Wie aber dieses Malz keine Fortpflanzung hat und man es nicht auf das Feld schafft und (keinen) Samen daraus gewinnt, aber auch kein Brot daraus macht, und es (nicht) in das Vorratshaus legt, so sollen auch dem, der diese Eide übertritt und dem König, der Königin und den Söhnen des Königs Böses zufügt, die Eide seine Zukunft ebenso vernichten, von seinen Frauen soll [keine] Sohn und Tochter gebären, auf Flur, Ackerfeld (und) Wiesen aber soll ihm Gewächs nicht wachsen, seine Rinder und Schafe sollen Kalb und Lamm nicht werfen!“

Nun bringt man Frauenkleider, einen Rocken und eine Spindel herbei und zerbricht einen Pfeil, und du sprichst zu ihnen folgendermaßen: „Was ist dies? Sind (es) nicht Überkleider von Frauen? Wir haben sie (hier) zur Vereidigung. Wer nun diese Eide übertritt und dem König, der Königin und den Söhnen des Königs Böses zufügt, den sollen diese Eide aus einem Mann zu einem Weibe machen, seine Heere sollen sie zu Weibern machen, sie nach Weiberart kleiden und ihnen ein Kopftuch aufsetzen! Bogen, Pfeile und (sonstige) Waffen sollen sie ihnen in ihren Händen zerbrechen und ihnen Rocken und Spindel

---

14 B Vs. 32′ TÚG.SAL

15 B Vs. 34′ *ki-iš-ša-an*

16 B Vs. 36′, 38′ DINGIR^{MEŠ}

17 B Vs. 39′ *tu-uz-zi-uš-*

18 B Rs. 1 *nu-uš-ma-aš-*

19 B Rs. 2 *-ŠU-NU*

B Rs. III

⟨I-NA⟩[20] *QA-TI-ŠU-NU*[21] *ti-[(an-du)]*

---

nu-uš-ma-aš-kán SA[(L ^{LÚ}IGI.NU.)]GÁL ^{LÚ}Ú.ḪÚB
pí-ra-an ar-ḫa [(pí-e)]-ḫu-da-an-zi
nu-uš-ma-aš kiš-an[22] *[(te-ši)] ka-a-ša* SAL ^{LÚ}IGI.NU.GÁL
^{LÚ}Ú.ḪÚB *nu-u̯a-kán [(k)]u-iš A-NA* LUGAL SAL.LUGAL
ḪUL-*lu*[23] *ták-ki-iš-z[i na]-an NI-IŠ* DINGIR^{MEŠ} *ap-pa-an-du*
na-an LÚ-*an* S[AL-*an i-i̯a-a]n-du na-an* ^{LÚ}IGI.NU.GÁ[L-*aš*]
i-u̯a-ar da-[šu-u̯a-aḫ-ḫa-a]n-du! *ŠA* ^{LÚ}Ú.ḪÚB-*ma-an*
i-u̯a-ar [du-ud-du-mi-i̯]a-an-du na-an-kán DUMU.LÚ.ULÙ.LU
QA-DU D[AM^{MEŠ}-*ŠÚ* DUMU^{M}]^{EŠ}-*ŠÚ pa-an-kur-ši-it*
iš-tar-n[a ar-ḫa ḫar-ni]-in-kán-du

---

n[u-uš-m]a-aš-kán AL[AM . . . Š]À-*ŠÚ ú-i-da-an-⟨da⟩ šu-u*
[I-NA Q]A-TI-ŠU-NU da-a̤[-i] nu kiš-an te-iz-zi
[ka]-a̤-aš-u̯a ku-iš Ú-[UL-u̯a] li-in-kiš-ki-it
[nu] DINGIR^{MEŠ}-*aš pí-ra-an [li-in-k]at-ta*
nam-ma-kán NI-IŠ DINGIR^{L}[^{IM} *šar]-ra-ad-da na-an li-in-ki-an-te-eš*
e-ip-pir na-aš-ša-an ŠÀ-*ŠU šu-ut-ta-ti*
nu-za šar-ḫu-u̯a-an-da-an QA-TI-ŠÚ pí-ra-an UGU-*a*
kar-pa-an ḫar-zi na-aš-ta ku-iš ku-u-uš NI-IŠ DINGIR^{LIM}
šar-ri-iz-zi na-an ki-e NI-IŠ DINGIR^{MEŠ}
ap-pa-an-du na-[a]š-ša-an ŠÀ-*ŠU šu-ut-ta-ru*
a̤n-dṳr-za̤-ma̤-[ ]-kán I-NA ŠÀ-*ŠÚ* DUMU ^{d}*Iš-ḫa-a-ra*
[*-d]u na-an ka-ri-pa-an-du*

---

n[u-]× *pa-ra-a e-ip-zi na-an* IGI$^{\text{ḪI.A}}$-*u̯a*
kat-t[a ḫu-u̯a-ap-p]a-a-i na-an GÌR-*it iš-pár-ra-an-zi*
nu-uš-ma-[aš ki]š-an te-iz-zi ku-iš-u̯a-kán ku-u-uš
*NI-IŠ [*DINGIR^{LIM}*] šar-ri-iz-zi nu ú-u̯a-an-du a-pí-el*
URU-*a[n* DINGIR^{M}]^{EŠ} ^{URU}*ḪAT-TI QA-TAM-MA* GÌR-*it iš-pár-ra-an-du*
na-[da]n-na-at-ta URU-*i̯a-še-eš-šar i-i̯a-an-du*

[u̯a-a-lu]-ú-la-an pa-ri-i̯a-an-zi na-an GÌR-*it*
[iš-pár]-ra-an-zi na-aš-ta pa-ra-a-aš pa-ra-a
[tar]-na-at-ta-ri nu te-iz-zi ka-a-aš ma-aḫ-ḫa-an
ša-an-na-pí-li-eš-ta na-aš-ta ku-iš ku-u-uš NI-IŠ DINGIR^{MEŠ}
šar-ri-iz-zi nu a-pí-el É-*ZU IŠ-TU* DUMU.LÚ.ULÙ.LU
GUD$^{\text{ḪI.A}}$-*ŠU* UDU$^{\text{ḪI.A}}$-*ŠU QA-TAM-MA ša-an-na-pí-li-eš-du*

---

nu-uš-ma-aš IM.ŠU.NÍG.NIGÍN.NA *pí-ra-an kat-ta da-it-ti*
^{GIŠ}APIN-*i̯a* ^{GIŠ}MAR.GÍD.DA ^{GIŠ}GIGIR *ḫi-im-ma-aš pí-ra-an*
kat-ta da-it-ti na-at ar-ḫa du-u̯a-ar-na-an-zi

---

[20] B Rs. 4 Auch hier fehlt *I-NA*. [21] B Rs. 4 om. -*NU*

Rs. III

in die Hände legen!“

Nun bringt man eine blinde und taube Frau an ihnen vorbei fort, und du sprichst zu ihnen folgendermaßen: „Siehe, (dies ist) eine Blinde und Taube. Wer nun dem König und der Königin Böses zufügt, den sollen die Eide ergreifen und sie sollen ihn aus einem Mann zu einer F[rau mac]hen und ihn wie einen Blinden b[lend]en und wie einen Tauben [taub mach]en und ihn, diesen Menschen, mit [seinen] F[rauen] (und) seinen S[öhnen] (auch) hinsichtlich seiner Nachkommenschaft mitten [hinweg aust]ilgen!“

[Und] er legt [ihne]n die F[igur eines Mannes/einer Frau, in] seinem/ihrem [Inne]ren voll mit Wasser, in die Hände und spricht folgendermaßen: „Wer ist dieser hier? Hat er n[icht] geschworen? Er hat vor den Göttern [geschwo]ren und hat dann die Eide [geb]rochen, und die Eidgötter haben ihn ergriffen, und er schwoll in seinem Inneren an, und den (aufgequollenen) Bauch hält seine Hand vorne hoch. Wer nun diese Eide übertritt, den sollen diese Eide ergreifen, und sein Inneres soll anschwellen, drinnen aber in seinem Inneren sollen den Nachkommen [ihm?] Išḫara [ergreif]en(?) und ihn auffressen!“

Und er hält [ihnen die Figur] hin und auf das Gesicht wirft er sie, und sie zertreten sie mit dem Fuß. Er spricht zu ihn[en folgend]ermaßen: „Wer diese Ei[de] übertritt, bei dem wird es dazu kommen, daß die [Götte]r von Hatti seine Stadt ebenso mit dem Fuß zertreten und die Stadtsiedlung(en) ebenso [ö]de machen!“

[Eine Bl]ase blasen sie auf und [tre]ten sie mit dem Fuß flach, und die Luft [en]tweicht. Und er spricht: „Wie diese hier leer wurde, so soll auch dem, der diese Eide übertritt, sein Hausstand von Menschenwesen, Rindern und Schafen ebenso leer werden!“

Und einen Ofen legst du vor ihnen nieder, auch Nachbildungen eines Pfluges, eines Lastwagens (und) eines Streitwagens legst du vor (ihnen) nieder, und sie zerbrechen sie ganz.

---

22 B Rs. 6 *ki-iš-ša-an* 23 B Rs. 8 *i-d*]*a*?-*lu*

B
nu kiš-an te-iz-zi ku-iš-u̯a-kán ki-e
40′ 40 *li-in-ga-uš šar-ri-iz-zi nu-uš-ši* ^{d}IŠKUR-*aš*
^{GIŠ}APIN *ar-ḫa du-u̯a-ar-na-a-ú*
42 [*na*]-*aš-ta IŠ-TU* IM.ŠU.NÍG.NIGÍN.NA GIM-*an-ma*! *ú-el-kụ*
ša-r[*a*]-*a Ú-UL ú-iz-zi na-aš-ta a-pí-el-la*
44 *IŠ-TU* A.ŠÀ-*ŠU* ZÍZ-*tar* ŠE^{AM} *ša-ra-a li-e*
45′ *ú-iz-zi n*[*a*]-*aš-ta* UGU *za-aḫ-ḫé-li*[24] *i-i̯a-ta-ru*

---

46 *nu-uš-ma-aš* KUŠ.SA$_5$ *pa-it-ti nu te-iz-zi*
ki-i KUŠ.SA$_5$ *m*[*a-a*]*ḫ-ḫa-an iš-ḫar-nu-u̯a-an-zi*
48 *nu-uš-ši-kán i*[*š-ḫa*]*r-u̯a-a-tar ar-ḫa Ú-UL*

Rs. IV
pa-iz-zi šu-ma-a-ša li-in-ki-i̯a-an-te-eš
2 *an-da QA-TAM-MA ap-pa-an-du nu-uš-ma-ša-at-kán*
ar-ḫa li-e pa-iz-zi

---

4 *nu-uš-ša-an pa-aḫ-ḫu-e-ni u̯a-a-tar pa-ap-pár-aš-zi*
nu-uš-ma-aš kiš-an te-iz-zi ki-i-i̯a-aš-ta
6 *u̯a-ra-a-an pa-aḫ-ḫur* GIM-*an ki-iš-ta-ti*
na-aš-ta ku-iš ku-u-uš NI-IŠ DINGIR^{MEŠ} *šar-ri-iz-zi*
8 *na-an ki-e NI-IŠ* DINGIR^{MEŠ} *ap-pa-an-du*
na-aš-ta a-pí-el-la TI-*tar-še-it* ^{LÚ}GURUŠ-*tar-še-it*
10 *lu-lu-uš-še-it I-NA* EGIR UD^{MI} *QA-DU* DAM^{MEŠ}-*ŠÚ*
DUMU^{MEŠ}-*ŠÚ QA-TAM-MA ki-iš-ta-ru na-an li-en-ki-aš*
12 DINGIR^{MEŠ} ḪUL-*lu ḫur-ta-an-du*
nu-uš-ši-iš-ša-an ú-e-el-lu-uš
14 *ḫa-a-li-iš-ši a-ša-ú-ni-iš-ši*
šu-up-li-eš-ši li-e lu-lu-u̯a-it-ta
16 *IŠ-TU* A.ŠÀ-*ŠU-ma-aš-ši-kán ag-ga-li-it*
ú-el-ku-u̯a-an li-e ú-iz-zi

---

18 DUB II.KAM *ma-a-an* ERÍN^{MEŠ}-*an li-en-ki-i̯a*
pí-e-ḫu-da-an-zi

III. 2. Fragmente zum Ersten Militärischen Eid (vgl. Kapitel II)

Fragment I: (D = KBo XXI 10) bildet Vs. I der ersten Tafel
Fragment II: (C = KUB XL 13) Vs.! ist Duplikat ab D I 4′

x+1]× [

2′]×-*u̯a ku-u̯a-pí* LÍL-*ri̥*[UDU-*uš-u̯a-aš-ši-kán*]
C 1′ [*a-u̯a-an ar-ḫ*]*a pa-iz-zi nu-u̯a-ạš-š*[*i* . . .
4′ [. . . *ḫu-it-ti-i̯a-z*]*i* GUD-*uš-ma-u̯a-aš-ši-kán a-u̯*[*a-an ar-ḫa pa-iz-zi*]
[*nu-u̯a-aš-ši* (. . .)] *pa-an-kur ḫu-it-ti-i̯a-zi ku-i-ẹ-*[*eš* (-*ku-i ša-r*)*a-a* . .]

---

24 B Rs. 45′ *ša-ra-a ḫa-aḫ-ḫal-l*[*i*(-)

Und er spricht folgendermaßen: „Wer diese
40 Eide übertritt, dem soll der Wettergott
den Pflug ganz zerbrechen,
42 und wie aus dem Ofen kein Grün
emporkommt, so soll aus dessen
44 Feld Gerste und Weizen nicht
hervorkommen und darauf soll sich Unkraut ausbreiten!"

---

46 Und du gibst ihnen ein rotes Fell, und er spricht:
„Wie man dieses rote Fell blutrot färbt,
48 und (dann) die Blutröte nicht (mehr) von ihm weicht,

Rs. IV

ebenso sollen auch euch die Eidgötter
2 drinnen packen, und es
soll nicht von euch weichen!"

---

4 Nun spritzt er Wasser ins Feuer
und spricht zu ihnen folgendermaßen: „Wie dieses
6 brennende Feuer erlosch,
so sollen den, der diese Eide übertritt,
8 diese Eide ergreifen
und sein Leben, seine Jugendkraft,
10 sein Wohlergehen für seine Zukunft soll mitsamt
seinen Frauen und Söhnen ihm ebenso erlöschen und die Götter
12 des Eides sollen ihn gräßlich verfluchen
und ihm soll keine Weide
14 für sein Hürden(vieh), Pferch(vieh)
und Großvieh gedeihen;
16 aus dem Feld aber soll ihm (auch) nicht (bei Pflügung mit) einem
tiefgehenden Pflug Gewächs hervorkommen!"

---

18 Zweite Tafel: Wenn man die Truppe zur Vereidigung
führt.

---

x+2 [„. . .] wo/wann auf freiem Feld [
[Das Schaf] geht [von ihm w]eg und ihm r[eißt . . .]
4′ [am . . . .], das Rind aber [geht] von ihm
[weg und er] reißt [es] am Euter(?). Welch[e . . .]. . . hinauf[. . .]

C 6′ [*ku-iš ku-u-uš NI-IŠ*] DINGIR^{MEŠ} *šar-ri-iz-zi nu-u̯a-kán*[
[ ]× *a-pí-el*[25] URU^{DIDLI} $^{ḪI.A}$-*aš pa-a̰n-*[[26]]
8′ [*ḫa-aš-š*]*a ḫa-an-za-aš-ša* UKÙ-*aš*[27] GUD$^{ḪI.A}$ U[DU$^{ḪI.A}$]
5′ [ ]*IŠ-TU* ^{GIŠ}SAR.GEŠTIN ^{GIŠ}SAR.S[AR]
10′ [ ]*I-NA* EGIR UD^{MI} *ar-ḫa*[[28]]
[ ]-*ta̰-ru* ERÍN^{MEŠ}-*az-ma a-a*[*p-pa*]

12′ [ ]KUŠ.GUD *iš-pár-ra-an-z*[(*i nu-uš-ša-an* ERÍN$^{ME.EŠ}$-*za*)]
[ ]*nu kiš-an te-i*[*z-zi*]
14′ [*ku-iš-u̯a-kán ku-u-uš NI-IŠ*] DINGIR^{MEŠ}[29] *šar-ra-*(*a-i*)]
[*QA-D*(*U*)] DUMU^{MEŠ}-*Š*[*Ú*[30] (*pa-an-ku-ni-it*)]
10′ 16′ [KU(R ^{URU}*ḪA-AT-TI*)]
[(-*ru*)]

18′ [*a-pí-e-ma d*(*a-ra-an-zi*) *a-pa-a-at e-eš-du*]
[ ]
20′ [*ku-u-uš NI-IŠ* DINGIR^{MEŠ} *ša*(*r-ra-a-i*)]
[*ḫa-aš-ša ḫa-a*(*n-za-aš-ša*)]
22′ [ ]
15′ [(*ar-ḫa ku-ra-an-zi*)]

Fragment III: (E = Bo 6881)

Vs.? I

x+1 [ ]×[ ]
2′ [ ]× *Ṵ́-UL ḫa̰-*×[ ]
[*nu-u̯*]*a-aš-ši̥-kán an-da* ×[ ]
4′ [ ]× ×

[ ]×-*pa ma-ni̥-* × × × × *ku-i-ša* [
6′ [*NI-IŠ* DIN]GIR$^{ME.EŠ}$ *a-pí-e-el* KUR-*e̥ QA-TAM-MA*
[*ḫar*]-*ki̥-e̥-id-du*

8′ [ ] *la-ḫu-u-u̯a-an-zi*
[-*a*]*n* IM-*an an-da̰ ḫar-nam-ni-iz-zi*
10′ [-*a*]*n an-da ḫar-nam-ni-i̯a-an*
[ ]-*i̯a-an-za*

12′ [*nu-u̯a-kán ku-iš ku-u-uš NI-IŠ* DINGIR$^{ME.EŠ}$ *šar-ra-a-i nu*]-*u̯a̰-aš-ša̰-an* *A-NA* LUGAL SAL.LUGAL
[ ]×-*zi nu-u̯a-aš-ši NI-IŠ* DINGIR$^{ME.EŠ}$
14′ [*ap-pa-a*]*n-du na-an QA-DU* DAM-*ŠU*
[ ]

[25] C 3′ *a-pí-el* KUR-*e̥*[(-)

[26] Zu ergänzen ist *pa-an-*[*kur* oder *pa-an-*[*ku-ni-it*

[27] C 4′ *an-tu-uḫ-ša-aš*

6′ [Wer nun diese Ei]de übertritt und [dem König und der Königin Böses zufügt],
[ ] dessen Stadtbewohnersch[aft
8′ [mit (?) Enke]l und Urenkel, des Menschen Rinder und Sch[afe]
[ ] mit Weingarten und Gemüsegar[ten]
10′ [soll(en)] für (alle) Zukunft hinweg [. . .]
[ ] soll(en) . . . . .-en, die Truppe aber [soll . . . !"]

12′ [ ]breiten sie eine Kuhhaut aus und die Truppe [ ]
[trampelt darauf (?)] und er spri[cht] folgendermaßen: [„]
14′ [und wer diese E]ide übertritt, [ ]
[, den sollen] mit seinen Söhnen (und seiner) Sippe [. . .]
16′ [die . . . .-e vom (?) Lan]d Hatti
[soll(en)] . . . . . . -en!"

18′ [. .] sie [aber s]prechen: [„So soll es sein"]
[ ]
20′ [Wer nun diese Eide üb]ertritt, [ ]
[mit Enkel und U]renkel [ ]
22′ [ ]
[. . . (schneiden sie ab)

x+2 [ ]× nicht g[ebiert (?)]
[ ] drinnen (in) ihm [aber]
4′ [ ] × ×

[ ] × × × × und wer [
6′ [Eide übertritt,] dessen Land [sollen nachher die E]ide ebenso
[. . . × -en und . . . es] soll [. . . zugr]unde gehen!"

8′ [ ] gießen sie
[ ] × Lehm mischt er darunter
10′ [und spricht: „Wie . . . . . .] hineingemischt ist
[ebenso ist . . . . . . hineingemi]scht. (?)

12′ [Wer nun diese Eide übertritt] und dem König und der Königin
[Böses zufügt und . . . . . .]-t, dem sollen die Eide
14′ [. . . . . . ergreif]en und ihn mit seiner Frau,
[seinen Söhnen und . . . . . . vernichten!"]

---

28 Hier oder Z. 11′ ist]×-× *ḫu-it-ti-i̯a-a*[*t*(-) (C 6′) einzufügen.
29 C 7′ DINGIR^{MEŠ} 30 C 9′ DUMU^{MEŠ}-*ŠU*

III. 3. Der Zweite Militärische Eid (KUB XLIII 38)

Vs. x+1 [-t]a-n[u-
2′ [-a]n-da-r[u
[-a]n-du × ×[

4′ [ma-a-an-u̯a-ra-at pa-aḫ-ḫa-aš-te-ni]-ma nu-u̯a-aš-ma-a[š
[ ] me-ma-i [

6′ [^{GIŠ}z]u-up-pa-ri$^{\text{ḪI.A}}$ pa-ra-a e-[ip-zi
[ ]×[ ] ki̥-i-u̯a ^{GIŠ}zu-up-pa-ri$^{\text{ḪI.}}$[^{A}
8′ [ ]×[ ]nu-u̯a ma-a-an ki-e [ud-da-a-ar šar-ra-
[nu-u̯a-aš-ma-aš] $^{\text{d!}}$Um-pḁ-aš ^{d}Šar-ru-ma-aš-ša[QA-DU (?)
10′ [ḫar-ni-in-ká]n- du[

[^{GIŠ}zu-up-pa-ri$^{\text{ḪI.A}}$]-i̯a-u̯a ma-aḫ-ḫa-an[ ]×[
12′ [ ]u̯a-ar-nu-zi [ ] nam-m[a
[ ]×-zi nu-u̯a ku-i̥š k[i]-e̥ ud-d[a-a-ar šar-ra-
14′ [ ]×[da-p]í-an da-an-ku-u̯a-i̯a-az [ták-na-az
[ ]nam-ma da-ḁn-ku̥-i ták-ni-[i

16′ [ma-a-an-u̯a-ra-at pa-aḫ-ḫa-aš-t]e-ni-ma nu-u̯a-aš-ma-aš aš-š[u-li e-eš-du]

[EGIR-an-da ^{GIŠ}zu-up-pa-ri$^{\text{ḪI.A}}$] ki-iš-ta-nu-an-zi [nu-uš-ma-aš
18′ [^{GIŠ}zu-u]p-pa-ri$^{\text{ḪI.A}}$-ma-aš-ša-[an
[n]a-an Ú-UL ku-iš-k[i
20′ [na-an-š]a-an Ú-UL ku-!i[š-ki

[^{GIŠ}zu-up-pa-ri$^{\text{ḪI.A}}$ š]u-me-eš ki-iš-ta-n[u-ut-ten
22′ [ku-i-š]a-u̯a ki-e ud-d[a-a-ar šar-ra-
[na-aš QA-DU NUMUN(?)-Š]U É-ŠU DAM-ŠU [. . .
24′ [QA-TAM-MA k]i-iš-ta- r[u]
] [
26′] [
]nu-u̯a-aš-mḁ-[aš
28′ -t]a [

(Tafelende)

Rs.

a]r-ḫa du-u̯a-ar-na-an-[zi
2 a]n-dḁ-ma-kán ki-i̥š-ša-an [me-ma-i ki-i-u̯a]
[Ú-UL š]u̥-me̥-en-za-an-u̯a SAG.DU^{MEŠ}-KU-NU nu-u̯[a-ra-at]
4 [ma-a-an Ú-UL-ma] pa-aḫ-ḫa-aš-te-ni nu-u̯a-aš-ma-aš DINGIR^{MEŠ} Q[A-
TAM-MA SAG.DU^{MEŠ}-KU-NU]
[ar-ḫa du-u̯]a-ar-na-an-du nu-u̯a-aš-ma-aš-šḁ-[an] QA-[TAM-MA]

2′ [„. . .] . . . [ ]
[ ] sie sollen . . . en [ ]

4′ [Wenn ihr sie] aber [bewahrt], so soll (es) euch [zum Heil sein!“]
[ ] spricht er [ ]

6′ [Dann] reich[t er ihnen Fa]ckeln hin [und spricht: „]
[ ] diese Fackeln [ ]
8′ [ ] und wenn ihr diese [Worte übertretet . . .]
[dann sollen euch] der Mondgott (Umpa) und Šarruma [mit euren(?) . . .]
10′ [vernich]ten!

Und wie [die Fackel]n . . . [ ]
12′ [ ] verbrennt [ ], dan[n]
[er . . .]t, und wer diese Wor[te übertritt . . ., den sollen die . . . Götter(?)]
14′ [. . . ga]nz [hinw]eg von der dunklen [Erde . . . . en]
[. . . und er soll] dann auf der dunklen Erde [nicht] mehr [. . . . en!]

16′ [Wenn] ihr [sie aber bewa]hrt, so [soll] (es) euch zum Hei[l sein!“]

[Dann] löschen sie [die Fackeln] aus [und er spricht zu ihnen folgendermaßen:]
18′ [„ (. . .) wie diese Fa]ckeln [ ]
[u]nd ihn nieman[d sieht, so soll den, der diese Gebote übertritt]
20′ [und ih]n soll niema[nd sehen(?)!]

[Die Fackeln [habt] ihr ausgelösch[t . . .]
22′ [ ] und [w]er diese Gebo[te übertritt, den sollen]
[und] er soll [mit s]einer [Nachkommenschaft], seinem Haus, seiner Frau, [. . .]
24′ [seinen . . . ebenso ve]rlöschen!
[ ] [ ]
26′ [ ] [ ]
[ ] und euc[h “]

Rs.

[Dann gibt er ihnen Töpfe in die Hände(?), und] diese zerschlagen sie,
2 [und er . . . . t sie(?), d]azu aber [spricht er] folgendermaßen:
[„Dies sind keine Töpfe], (es sind) eure Schädel, und [wenn ihr die Worte
4 [nicht] einhaltet, dann sollen euch die Götter eb[enso eure Schädel

[ze]rschlagen und sollen euch eb[enso . . . × . . . . en!]

---

6 *[ma-a-an-m]a-u̯a-ra-at pa-aḫ-ḫa-aš-te-ni-ma nu-u̯a-[aš-m]a-aš-k[án* DINGIR^{MEŠ}(?) *i-da-a-lu*(?)]
[ÚŠ-*kán*(?)] *ar-ḫa QA-TAM-MA du-u̯a-ar-ni-iš-kán-d[u*

---

8 [EGIR-*a]n-da-ma-kán u̯a-a-tar ar-ḫa la-ḫu-u-an-zi nu-[kán an-da ki-iš-ša-an]*
[me-ma]-i ki-i-u̯a u̯a-a-tar ma-aḫ-ḫa-an ta-ga-an-zi-pa[-aš kat-ta pa-a-aš-ta]
10 *[nu-u̯a]-aš-ši u-ur-ki-iš* EGIR-*an Ú-UL te-ik-ku-uš-ši-[iz-zi]*
[ta-g]a-an-zi-pa-aš kat-ta QA-TAM-MA pa-a-šu nu-u̯a-⟨aš⟩-ma-aš [u-ur-ki-iš]
12 *[ú-e-t]e-na-aš i-u̯a-ar* EGIR-*an li-e te-ik-ku-uš-ši-i[z-zi]*

[EGIR-*a]n-da-ma-kán* GEŠTIN *ar-ḫa la-a-ḫu-i nu-kán an-da k[i-iš-ša-an me-ma-i]*
14 *[ki-i-u̯]a Ú-UL* G[EŠTIN] *šu-me-en-za-an-u̯a e-eš-ḫar nu-u̯a ki-i [ma-aḫ-ḫa-an]*
[ta-g]a-an-zi-pa-aš kat-[ta] pa-a-aš-ta [šu-me-en]-za-an-n[a e-eš-ḫar]
16 [ ]×-*i̯a ta-ga-an-zi-pa-aš kat-t[a QA-TA]M-MA*[ ]*pa-[a-š]u*

[EGIR-*an-d]a-ma A-NA* GEŠTIN *u̯a-a-tar me-na-aḫ-ḫa-an-da la-a-ḫu-i nu-[kán an-da]*
18 *[ki-iš-ša-a]n me-ma-i ki-i-u̯a u̯a-a-tar* GEŠTIN-*i̯a ma-aḫ-ḫa-an [im-me-at-ta-ti]*
[EGIR-*an-d]a-u̯a ki-i NI-IŠ* DINGIR^{LIM} *i-na-[an-na]* ⟨*I-NA*⟩ *RA-MA-NI*^{MEŠ}-*[KU]-NU*
20 *[QA-TAM-M]A im-me-at-ta-ru*

[ki-i-u̯a ku]-it SAG.DU-*az nu-u̯a-aš-ma-aš* ^{d}XXX *u̯a-al-ḫa-an-na-ú n[u-u̯a-aš-ma-aš*(?)]
22 [-*z]a* ŠÀ-*az ḫu-u-u̯a-a-ú nu-u̯a-aš-ma-aš an-du-u-ri-i̯a-aš* [ ]×[

[ ]-*za* ^{d}XXX *u-ur-tu-uš i-ad-du nu-u̯a-aš-ma-aš-za ki-n[u-. . . li-e*
24 [ ]-*aš* KUR.KUR^{MEŠ} *an-da ú-u̯a-an-na i-at-ta-ri* [ ]

[EGIR-*an]-ma-aš-ša-an* NA$_4$ ŠU-*it kat-ta ap-pa-an-zi nu [an-da]*
26 *[ki-iš-š]a-an me-mi-an-zi ka-a-aš-u̯a* NA$_4$ *ma-aḫ-ḫa-an d[a-aš-šu-uš]*
[EGIR-*an-d]a-u̯a-aš-ša-an NI-IŠ* DINGIR^{LIM} *i-na-an-na I-NA* [ŠÀ-*KU-NU]*
28 *[QA-TAM-MA] da-aš-ši-iš- du*

[ma-a-an-u̯a] ki-i-ma NI-IŠ DINGIR^{LIM} *pa-aḫ-ḫa-aš-te-ni nu-u̯a-a[š-ma-aš]*
30 *[uk-tu-u]-ri-eš šu-me-eš-ša-u̯a-az QA-TAM-MA uk-tu-u-r[i-eš e-eš-te-ni]*

---

[m]a-a-an ^{LÚ}*pa-ti-li-iš na-an-kán an-d[a*
32 *A-NA P]A-NI* KÁ KI[SLAḪ (?)
] × × × [

6 [Wenn] ihr es [a]ber bewahrt, so sollen [eu]ch [die Götter das böse . . . .]

ebenso jeweils zerbrechen!“

---

8 [Anschließ]end gießen sie Wasser aus, und [folgendermaßen spric]ht
[er dazu]: „Wie die Erde dieses Wasser [verschluckte,]
10 [und] nachher s[ich] keine Spur von ihm zeig[t],
ebenso soll euch die [E]rde verschlucken und von euch soll
12 sich so wie beim Wass[er] hinterher keine [Spur] zeige[n!“]

[Dan]n aber gießt er Wein aus und spricht dabei folgendermaßen:

14 [„Dies] (ist) nicht Wein, es (ist) euer Blut. Und [wie] dies

[die E]rde verschluckt hat, [ebe]nso soll auch [eu]er [Blut] und
16 [ ] die Erde ver[schluc]ken!“

[Dan]n aber gießt er zum Wein Wasser hinzu und spricht dabei

18 [folgenderma]ßen: „Wie dieses Wasser und der Wein [sich mischten,]

[ebens]o soll [nachhe]r dieser Eid [und] (diese) Krankhe[it] ⟨in⟩ eue[re] Körper
20 gemischt werden!

[Mit diesem, wa]s auf dem Kopf (ist), soll euch der Mondgott behämmern un[d euch(?)]
22 soll . . . aus [. . . (und)] Leibesinnere auslaufen und euch soll in den drinnen befindlichen(?) [ ]
[. . .] der Mondgott *urtuš* machen, und er soll sich euch . .[. und er]
24 soll e[uch nicht] in die Länder kommen um sich sehen zu lassen!“

[Dann] aber nehmen sie den Stein mit der Hand herunter und [dazu]
26 spricht man folgendermaßen: „Wie dieser Stein schw[er ist,]
[ebenso] soll [nachhe]r der Eid und die Krankheit in [eurem Innern]

28 schwer werden!

[Wenn] ihr aber diese Eide einhaltet und sie (für) e[uch]
30 [dauerh]aft sind, so [werdet] ihr selbst ebenso dauerha[ft sein!“]

[Und] wenn es ein *patili*-Priester (ist), so [. . . -t man] ihn hinei[n . . .,]
32 [wenn aber ein . . . -Priester, so v]or dem Scheunent[or(?) . . .

IV. KOMMENTAR

1. Der Erste Militärische Eid, Tafel 2

I 1 Das Anschluß-Stück Bo 2523 bestätigt die Erwartung, daß diese „zweite Tafel" (vgl. DUB II.KAM im Kolophon) ohne Einleitung beginnt.

I 2 *e-ik-ta-an* Akk. Sg. c., vgl. KUB XXXI 68 Vs. 27′ *ku-in* 𒑱 *e-ik-ta-an ḫa-ma-*[, also Glossenkeilwort *ekt-* als Objekt zu *ḫamank-* „binden". Für ^{UZU}*ekdu-/ikdu-* dürfte S. Alp[1] mit dem Bedeutungsansatz „Unterschenkel, Bein" das Richtige getroffen haben. Dagegen fügen sich die Belege von *ekt-* (s. dazu J. Friedrich, HW p. 81 sub *ikt-*) dieser Bedeutung nur unter Schwierigkeiten; so fehlt im Gegensatz zu *ekdu-* das Determinativ, auch ist der Kontext für *ekt-* weitgehend abweichend. — Für eine Ausnahme s. unten.

Der Nominativ des Stammes *ekt-* ist z.B. in KBo XVII 61 Vs. 17 als *e-ik-za* belegt. Die Akkusativform *e-ik-za-an* ist gegenüber unserem Beleg als jungheth. Analogie nach dem Ausgang des Nominativs dieses Dentalstamms zu betrachten (KBo XIII 101 Rs. 6′ und KUB XLV 26 II 2 *e-ik-za-an ša-ra-a e-ip-zi*). Im Zusammenhang mit Opfergaben erscheint KUB XXXIX 61 I 11 I ^{UZU}ÚR.UDU È.A *e-ik-za* . . ., wobei für die „getrocknete Schafslende" auf KBo XXII 193 Vs. III 9′ II ^{UZU}ÚR.UDU *ḫa-a-ta-an*, KUB XXX 32 IV 10′ VII ME ^{UZU}ÚR.UDU *ŠA-BU-LU* und ibd. IV 11′ IV ME LXXXII ^{UZU}ÚR.UDU *ḫu-el-pí* zu verweisen ist.

Es scheint methodisch korrekt, die beiden Stämme *ekt-* und ^{UZU}*ikdu-* vorläufig semantisch zu trennen, weshalb auf eine Übersetzung von Zeile 2 verzichtet wurde.

I 6—7 Eine inhaltliche Parallele dürfte KUB XXIV 2 I 10f. darstellen: *ki-nu-na-at-ta ša-ne-iz-zi-iš u̯a-ar-šu-la-aš* ^{GIŠ}ERIN-*an-za* Ì-*an-za* (11) *kal-li-iš-du* „Möge dich jetzt der süße Duft, (der) vom Zedernöl (kommt), herbeirufen!"[2]

u̯aršulaššiš zeigt *u̯aršula-* mit dem Possessivpronomen der 3. Person Sg.; in zwei ähnlich gelagerten Fällen ist es mit der 2. Person verbunden, beides

---

[1] Anatolia 2, 1957, p. 27ff. — Der p. 31 zitierte Beleg aus unv. Bo 2839 *ik*$^{\text{ḪI.A}}$-*ŠU* ist allerdings nach Einsicht in das Photo in KUN-*ŠU* „(seine Ohren und) sein Schwanz (sind abgeschnitten . . .)" zu ändern. Somit entfällt auch das Rekonstrukt **ikn-*; vielmehr natürlich *ikni̯ant-* „lahm" aus **iktni̯ant-* wie Gen. *paprannaš* < **papratnaš*.

[2] ^{GIŠ}ERIN-*an-za* Ì-*an-za* ist als σχῆμα καθ' ὅλον καὶ μέρος aus zwei Ablativen aufgefaßt. Zum Ablativ auf *-anza* vgl. H. Kronasser, VLFL p. 72; denkbar ist auch eine Reihung von drei Nominativen (erwogen von O. R. Gurney, AAA 27, 1940, p. 54), Wegen KUB VII 41/Dupl. IV 48f. (BdU) . . . ^{GIŠ}ERIN Ì LÀL *u̯a-ar-nu-zi* kann auch eine Bedeutung „Zedernholz (und) Öl" vorliegen.

Gebete, in denen der Kontext nicht wie oben auf eine Bedeutung „Duft, Erfrischung", sondern auf „Gnade" weist: VBoT 58 I 10′f. ḪUR.SAG^MEŠ^-*aš ú-i-da-a-ar* ^GIŠ^SAR^ḪI.A^ *ú-e-el-lu̯ nu tu-el*[ ] (11′) *u̯a-ar-šu-la-aš-te-eš pa-iš-ga-ta-ru nu-uš li-e ti-in-nu-z*[*i* „die Wasser der Berge, Gärten (und) Wiese — deine Gnade soll (weiter)gehen und sie nicht zum Stillstand bringen". KUB XXXVI 44 IV 4′]*nu u̯a-ar-šu-la-aš-te-eš am-me-el kat-ta u-u̯a-ru*[„und deine Gnade soll an mir sichtbar werden". Die beiden Bedeutungen „Labung (durch Opfer)" und „Gnade" scheinen in einer Wechselbeziehung zu stehen, indem die Labung von seiten des Menschen die Gnade von seiten der Gottheit zur Folge hat[3].

I 15 Im Endteil der Paragraphen ist die Fluchformel und somit für]-*ki-i̯a*-[am ehesten *linkii̯anteš* zu erwarten.

I 17—18 Die Lesung TI-*an-za* erfolgte nach Kollation am Original gegen die Edition. Die Stelle hat eine genaue Entsprechung im Madduwatta-Text Vs. 84 ^m^*Pár-ta-ḫu-u̯l-la-aš ku-it* TI-*an-za e-eš-ta* „als P. am Leben war". Für temporales *kuit* vgl. J. Friedrich, El.-B. § 326e.

Für die unter Verwertung des Duplikats zu gewinnende Wendung *šarā nepeš u̯emiški-* dürfte als Parallele zu werten sein unv. 251/u (12′) *še*]-*ir li-el-ḫu-ur-ti-ma-aš nu ša-ra-a* ^d^UTU ^d^XXX *ú-e-mi*-[(13′) *ša-r*]*a-a ne-pí-ša-aš* MUL^ḪI.A^-*uš ú-e*-[*mi*- „. . . und droben erblick[t er] die Sonne und den Mond, droben erbli[ckt er] des Himmels Sterne . . ."

Die Stellen zeigen erstens, daß *u̯emiški-* neben „finden" die Spezialbedeutung „erblicken" haben kann. Vgl. auch KUB XXVI 17 II 4′ „Wer einen Flüchtling findet/erblickt (*u̯emiškizzi*), der soll ihn ergreifen!" — Zweitens dürfte *šarā* als Ortsadverb zu *ne-pí-eš* aufzufassen sein: „den Himmel droben"[4].

šarā in dieser Verwendung zeigt unser Text noch einmal (Rs. III 18). B. Forssman[5] hat diesen Gebrauch von *šarā* im Hethitischen untersucht und indirekt sein Alter dadurch nachgewiesen, daß er die Ableitung *šaramna-* „oben befindlich" als isolierte (alte) Bildung nachwies[6]. Somit gehört auch

---

[3] Für eine solche Wechselbeziehung ist *parā ḫandandatar* zu vergleichen, das als göttliche Eigenschaft (eine Art Gnade) beim Menschen den Zustand (bzw. die Eigenschaft) des „*parā ḫandandant*-Seins" bewirkt.

[4] Nicht überzeugend C. Kühne „und hinauf(blickend) fand es der Himmel" (ZA 62, 1973, p. 249).

[5] KZ 79, 1964, p. 20 A. 5. (Erste Notiz bereits bei A. Goetze, Ḫattušiliš, 1924, p. 56 A. 1.)

[6] Zur Graphik vgl. über die bei J. Friedrich, HW p. 184 und 3. Erg.-Heft p. 28 genannten Belege hinaus nunmehr KBo XIX 53 III 5′ *ša-ra-am-ma-na-az ar-nu-nu-un*.

Interessant ist auch die Stelle KBo XX 10 I 6f. (ah. Duktus) LUGAL-*uš tu-un-na pa-iz-zi ša-ra-ma-n*[*a*-]*zi-i̯a* (7) LUGAL-*uš* TÚG *da-a-i* „der König geht ins Innengemach, und von oben nimmt der König ein Gewand". Daß hier der Ablativ auf -*z* vorliegt und nicht etwa auslautendes °-*zi*, zeigen die übrigen Fälle von -*z* + enklit. -*a* „und", die stets °-*zii̯a* ergeben: z.B. KBo IV 9 I 18 und HT 39 mit Dupl. KUB XXV 11) I 7′ GÙB-*la-a*[(*z-zi-i̯*)]*a*, *ḫu-u-ma-an-ta-az-zi-i̯a* KUB)

šarā ,,oben", das sie voraussetzt, bereits einer früheren Phase des Hethitischen an. Mit der Durchführung des Direktivs als Richtungskasus, wie er uns im Althethitischen (Ah.) vorliegt, wurde das zweideutige *šarā* weitgehend auf die Funktion 'Direktiv' eingegrenzt und in der Funktion 'Ortsruhe' durch das eindeutige *šēr* (,,oben"; ehemaliger endungsloser Lokativ) ersetzt.

Ein weiteres Relikt aus der Zeit, wo der *-a*-Kasus noch nicht nur die Ortsrichtung bezeichnete, ist z.B. *lukatta* (daneben *lukatti* Lok. und *lukat* als endungsloser Lok.; dass.) ,,am Morgen"; (vgl. auch *tuu̯a* ,,fern")[7].

Die hier vorliegende Schreibung *ne-pí-eš* (auch IBoT I 30,3 und KUB XXXVI 55 II 24′) ,,Himmel" ist gegenüber *ne-pí-iš* so selten, daß sie kein Argument für eine Lautung *nebes* darstellt. Die ah. Schreibungen *ne-e-pí-iš* (KBo XVII 1 I 8′, III 1) sprechen im Gegenteil ebenso für einen heth. Lautwandel **e* > *i* in unbetonter Silbe (also idg. **néb^h-es* > heth. *nebis*) wie viele Argumente aus der Verbalflexion, die in größerem Zusammenhang in meiner Dissertation dargestellt werden sollen.

I 20 *dašuu̯aḫḫ-* ,,blenden". Auf die konsequente Einfachschreibung des *-š-* bei diesem Wort (gegenüber z.B. *da-aš-šu-* ,,stark") sei mit J. Friedrich, HW p. 218, hingewiesen. Sieht man in letzterem einen Reflex lautlicher Realitäten, so darf man darauf verweisen, daß *-šš-* in ähnlicher Lautumgebung meist durch Assimilation aus Nasal + *-s-* entstanden ist, also *daššu-* < **donsu-*, wie *ḫašša-* ,,Enkel" < **h$_2$omso-* (vgl. luw. *ḫamša-* dass.), *ḫaššu-* ,,König" < **h$_2$onsu-*[8].

pí-di ist die normale jh. Schreibung des Dat.-Lokativs zum Nom.-Akk. *pí-e-da-an* ,,Ort". Eine Gesamtuntersuchung der Graphik steht hier ebenso wie für das Verbum *peda-* ,,hinschaffen" noch aus, doch dürfte es sich um den

---

(XXIX 4 I 5, *an-dur-zi-i̯a* KUB XXIX 4 III 8, *a-pí-iz-zi-i̯a* (,,auch von dort" KBo IV 10 Vs. 13′.

Eine nur graphische Erklärung dafür, warum gerade bei *-z* die sonst nur an auslautenden Vokal antretende phonematische Variante *-i̯a* statt *-a* erscheint, gibt es m.E. nicht. Geht man dagegen davon aus, daß die uranatolische Ablativ-Endung **-ati* mit enklit. *-a* ,,und" verbunden **-atii̯a* ergab, was dann zu einem Nebeneinander von **-azi* und **-azii̯a* führte, so ergab sich bei Schwund des auslautenden *-i* das Paar *-az* und *-azii̯a* (Sandhivariante) ganz automatisch.

[7] Aufgrund der Funktionsdifferenz zwischen diesen Ortsruhe-Adverbien und dem Direktiv darf man auch verschiedene morphologische Herkunft erwarten. (Vgl. zu *lukkatta* nunmehr auch W. P. Schmid, Fs. H. Otten p. 295).

[8] Somit fällt *ḫaššu-* eine Schlüsselstellung bei der Bestätigung einer idg. Gleichung zu: Denn neben *ḫaššu-* ,,König" läßt sich, allerdings mit einer anderen Ablautstufe, awest. *ahū* ,,Herr" stellen. Die indoiranische Grundform **asu-* liegt in einer *-ra*-Ableitung dem Göttergeschlecht der ai. *asura-* (awest. *ahura-*) zugrunde. Der für die Vorform von *ḫaššu-* erwartete Nasal erlaubt nun tatsächlich eine Verbindung dieser Sippe mit dem germanischen Göttergeschlecht der ,,Asen" (aisl. *ass*, run. *a[n]su* usw.), die sich ja nur auf urgerm. **ansu-* zurückführen lassen. (Vgl. W. Krause, Die Sprache der urnord. Runeninschriften, 1971, p. 35f.). Diese Verbindung wurde bereits von E. Polomé, Etudes Germaniques VIII, 1953, p. 36ff. und H. Eichner, Mag. p. 36 A. 4 erwogen, aber von M. Mayrhofer in Kurzgefaßtes et. Wb. des Altindischen abgelehnt; s. dort sub *ásuraḥ*. Fern bleibt nunmehr ai. *ásuḥ* ,,Leben". Ein **h$_2$onsu-* ,,Herr" läßt sich also für das Gemeinindogermanische nachweisen.

gleichen *i*-Umlaut der Wurzelsilbe handeln wie bei ah. Nom.-Akk. Sg. *ki-eš-šar*, Dat.-Lok. Sg. *ki-iš-ri-i* „Hand".

I 21 *šar-r[i-iz-zi]* Zur Form vgl. das Kapitel *šarra-*, zum Partikelgebrauch das Kapitel V 4.

I 22 *appali dā-*[9] in einer idiomatischen Bedeutung wie nhd. „hereinfallenlassen, hereinlegen" ist ebenso selten wie das synonyme *appalai-* (je drei Texte) und gehört nur der älteren Sprache an. Ein ähnliches Wortpaar findet sich im Junghethitischen: *u̯arpa dā-* (J. Friedrich, HW p. 246; auch *u̯arpi/a dai-* („umzingeln, einzäunen" o. ä.) und 3. Pl. Prät. *u̯a-ar-pí-la-a-e-ir* (KUB XXXI 101, 10′). Vgl. auch *takšuli dā-* „jmd. zur vertraglichen Behandlung nehmen", J. Friedrich, HW p. 205. (Zur Wortbildung von *appala-* „Falle" vgl. B. Rosenkranz, JEOL 19, 1965/66, p. 505.[9])

I 23 IGI$^{ḪI.A}$-*u̯a da-a-i*[10] Der Ausdruck gehört wohl ebenso wie *appali dā-* zu den speziellen Wendungen der Milit. Eide. Den Beleg unpubl. 615/f IV möchte ich hierher stellen, ohne Ergänzung und Übersetzungsversuch als sicher anzusehen: (1) [*A-NA*] ^{d}UTU^{ŠI}-*za-kán* IGI$^{ḪI.A}$-*u̯a* ^{d}LUGAL-*ma-aš* [*da-a-i*]*š* „Šarruma hat gegen die Majestät das Auge gerichtet". (Vgl. Z. 3 . . .] IGI$^{ḪI.A}$-*u̯a* ^{d}LUGAL-*ma-aš-pát da-a-iš*.) Somit dürfte auch an unserer Stelle der Stamm *dai-* vorliegen.

I 26 *-aš* als pronominaler Akk. Pl. Die Verteilung der beiden Varianten *-aš* und *-uš* in diesem Kasus im Ersten Milit. Eid entspricht genau dem von H. Otten (StBoT 11, p. 22f.) anhand des Madduwatta-Textes als mittelhethitisch (mh.) dargestellten Befund, nämlich *-uš* nach *nu-* und *-aš* in allen anderen Fällen. An bisherigen chronologischen Beurteilungen der beiden Varianten, die sich im Junghethitischen anders verhalten, sind zu vergleichen: Ph. Houwink ten Cate, Records, 1970, p. 70 A. 88 und H. Eichner, Mag. p. 36 mit A. 8. Nachzutragen bleibt, daß der Akk. *-aš* nicht nur im Sandhi nach *a-*, sondern auch nach *r-* erscheint, wie Vs. I 30, II 45 zeigen.

Gegenüber diesem deutlichen Befund, wo der Akk. Pl. des Pronomens *-a-* außer im Sandhi nach *nu-* nur als *-aš* auftritt, existiert im Althethitischen (unter Heranziehung von A. Kammenhuber; Materialien, Lieferung 1/2, 1973, wo allerdings die meisten Belege als nicht original althethitisch hier entfallen) eine Verbindung *tu-uš* < *ta* + *-uš*, wofür StBoT 8 (Index) zu vergleichen ist. Dieses *tu-uš* könnte seinen *u*-Vokalismus sekundär unter dem Einfluß der übrigen ah. Satzeinleitungen *nu-uš*, *šu-uš* und *ták-ku-uš* (wo überall Akk. Pl. *-aš* vorliegen kann) bezogen haben. (Auch im ah. Anitta-Text, StBoT 18, erscheint der Akk. Pl. nur in den Verbindungen *nu-uš*, *šu-uš*.)

---

[9] Wegen *appali datten* (KUB XXXVI 106 Vs. 8′, vgl. bereits H. Otten, ZA 52, 1957, p. 220) ist diese Wendung nicht mit F. Josephson, Sentence Particles, 1972, p. 240 zu *dai-* „setzen", sondern zu *dā-* „nehmen" zu stellen.

[10] Fern bleiben Wendungen wie *tar-ku-u̯a-an-da* IGI$^{ḪI.A}$-*u̯a da-aḫ-ḫu-un* „die (böse) rollenden Augen habe ich weggenommen" (KUB XXIV 13 III 23′ff.), die in den Zusammenhang der magischen Abwehr des bösen Blicks gehören.

Als Motiv für die Ausbreitung des Akk. Plurals *-uš* gegenüber *-aš* bietet sich natürlich seine bessere Differenzierbarkeit gegenüber dem Nom. Sg. *-aš* ,,er" an. Man darf daher vermuten, daß *-aš* die einzige ererbte Endung des Akk. Pl. des Pronomens darstellt. Sie ist die lautgesetzlich zu erwartende Kontinuante des idg. Akk. Pl. des Pronomens (**-o-ns*), während der Akk. Pl. *-uš* auf den athematischen Ausgang **-m̥s* zurückgeht.

I 27 Entscheidet man sich für die Ergänzung [*ku-u-un*] und nicht etwa für [*ku-it-ki*] o.ä., so erhält man den besseren Sinn, nimmt aber die ungewöhnliche Stellung des *lē* in Kauf. Man erhält dann die Stilfigur des Chiasmus der klassischen Sprachen; die beiden *lē* stehen symmetrisch zur Satzgrenze: . . . *lē aušzi, kāš-a lē* . . .

I 29—34 Die Zeilen bieten den logischen Ablauf von einander bedingenden Handlungen. Gehen wir von *ḫarpuš tiandu*[11] aus: *ḫarpa-* ist nunmehr als ,,Haufen, aufgeschütteter Hügel" geklärt[12]. Werden hier Soldaten zuhauf gelegt, so ist die Voraussetzung, daß sie nicht nur an den Händen (Z. 30), sondern auch an den Füßen gefesselt werden. Dies ist in Z. 32 bei der Wiederaufnahme des Themas auch explizit gesagt. Somit ist gegen die bisherige Deutung[13] nicht *ḫat-tal-li-i̯a-* ,,niederschlagen", sondern *pa-tal-li-i̯a-* ,,fesseln" (an den Füßen, wie im Nhd. wörtlich) zu lesen. Denn der Parallelismus ,,oben an den Händen binden" — ,,unten an den Füßen fesseln" ist eindeutig, zumal er in Z. 32 mit anderen Worten wiederholt wird[14].

Das somit zu postulierende Nomen *patalla-* ,,Fußfessel" ist an unserer Stelle ebenfalls bezeugt und seine Bedeutung wiederum durch die figura etymologica gesichert. Ein weiterer Beleg, ^{TÚG}*pa-ta-al-la*(-)[KBo VII 25, 5′ erweist den *a*-Stamm, wobei das Determinativ ebenfalls gegen *ḫattalla-* ,,Keule" spricht[15]. Haben wir nun ein Nomen ,,Fußfessel" gesichert, so stellt es sich als *l*-Ableitung (zu idg. **ped-* ,,Fuß") neben griech. *πέδῖλον*[16] ,,Fußbekleidung, Sandale, Sohle".

---

[11] An anderer Stelle (KUB VII 22 I 16f., KUB X 48 II 18f.) wird die figura etymologica *ḫarpuš ḫarp(ai)-* ,,Haufen aufhäufen" benutzt.

[12] Vgl. H. M. Kümmel, StBoT 3, 1967, p. 16.

[13] Bei J. Friedrich, HW 1. Erg.-Heft p. 5, 15 nach RHA fasc. 57, 1955, p. 84 wegen hieroglyphenluw. *ḫatalia-* ,,unterwerfen".

[14] Vgl. nunmehr auch C. Kühne, der ebenfalls eine Lesung *patallii̯andu* erwägt (ZA 62, 1973, p. 249).

[15] Unklar bleibt *patallii̯ašš=a* MUŠEN$^{\text{ḪI.A}}$ (KBo XXI 45 Vs. I 14′, parallel zu *arḫa u̯arnumašš=a* MUŠEN$^{\text{ḪI.A}}$,,Vögel zum Verbrennen" Z. 15′).

[16] H. Frisk, GEW II p. 485. Die heth. Bildung *patalla-* läßt sich vielleicht innerhethitisch erklären, wo allerdings nur ein Suffix *-ala* (nicht *-la*) existiert, das mit *pata-* eine Länge (*patāla-*) erwarten ließe, nicht ein *pa-tal-la-*. Möglich ist daher auch eine ältere Bildung **pod-e/o+lo-*, was in griech. *πέδῖλον* (und *πέδιλλον*) eine Parallele hätte. Umgekehrt wird man wegen der heth. Parallele *πέδῖλον* (und *πέδιλλον*) nicht mit E. Schwyzer p. 439 A. 6 aus **ped-i-u̯lon* ,,Fußwickel" erklären, sondern mit einem (Kollektiv-)Suffix **-*ih_2 zwischen **ped-* und **-lo-* rechnen.

Die konsequente Doppelschreibung des *l* bei *patalla-* ist möglicherweise beeinflußt von den zahlreichen Nomina agentis auf *-talla-*.

Semantisch steht griech. *πέδη* „Fußfessel", lat. *pedica* „Schlinge", ahd. *fezzera* „Fessel" am nächsten[17].

I 31 *AR-ZA-U-UA*, C: *AR-ZA-UA*; beide Formen sind sowohl mittelhethitisch[18] wie junghethitisch belegt, daneben erscheint *Arzauiia*[19] und *Arzaui* (vgl. KBo XI 12 I 1), anscheinend vor allem in Texten älteren Datums.

Historisch ist die Erwähnung offenbar kurz zurückliegender, siegreicher Kämpfe mit Arzawa bemerkenswert. Arzawa-Kriege gab es seit Labarna-Ḫattušili I.[20]; seinen Machthöhepunkt erreichte das Land aber wohl nach dem Zeugnis der sog. Arzawa-Briefe im Ausgang des 15. Jahrhunderts v. Chr.; der Madduwatta-Text würde sich hier bestens einfügen[21], auch wenn Kämpfe mit Arzawa bis ins 13. Jh. bezeugt sind.

tu-zi-uš *-z-* auch C und A I 33, *-zz-* A I 25, II 49 (Verschreibung °*-uz-uš*), wo B korrekt *tu-uz-zi-uš*(*-šu-uš*). Diese Graphik *tu-zi-* ist insgesamt sechsmal belegt (z.B. KBo III 13 Rs. 3′, KUB II 1 II 23′, KUB XXVI 17 I 11′), *tu-uz-zi-* weitaus häufiger. Eine lautliche Ratio ergibt sich hier ebensowenig wie eine chronologische; es bleibt nur die Annahme graphischer Inkonsequenz.

I 34 *ti-an-du* ist ebenso wie *ti-an-zi* aus der Diskussion des Alters der Gleitlautschreibung auszuklammern, denn es scheint hier der Versuch einer graphischen Differenzierung *ti-an-zi*, *ti-an-du* : *dai-*, *ti-ia-an-zi*, *ti-ia-an-du* : *tiia-* vorzuliegen, die jedoch nicht konsequent durchgeführt wurde.

Dagegen darf z.B. das Nebeneinander von *iš-ḫi-an-du* (Vs. I 30,) und *iš-ḫi-ia-an-du* (Vs. I 34) in unserem Text zusammen mit anderen Argumenten durchaus so gewertet werden, daß uns eine teilweise modernisierte Abschrift eines erheblich älteren Textes vorliegt. (Vgl. Kapitel VII.)

I 35 *ḫarnammar*. Die Vokalqualität der ersten Silbe ist durch die Schreibungen *ḫa-ar-na-am-mar*, *ḫa-ar-na-am-ma* KUB VII 1+ I 25f. erwiesen. Oblique Kasus sind hier nicht bezeugt, doch macht das Denominativ *ḫarnamniia-* „zur Gärung bringen" ein Heteroklitikon wahrscheinlich. Will man das Wort als genuin hethitisch betrachten, so fällt allerdings die unterbliebene Nasaldissimilation auf[22].

I 36 *ki=ua kuit UL=ua* × „Was ist das? Ist es nicht x?"[23] .Wegen der doppelten Setzung des *-ua* ist die grammatikalische Auffassung der beiden Sätze

---

[17] Eine weitere *l*-Ableitung von „Fuß" dürfte in GIŠ*patiialli-* „Fuß des Bettgestells" (KBo XIII 260 Rs. III 25′ usw.) vorliegen; sie kann noch vom ursprünglichen, athematischen Stamm **pad-* abgeleitet sein.

[18] *AR-ZA-UA* schreibt z.B. VBoT 1, 2 (Brief aus Ägypten).

[19] So E. Laroche, Syria 35, 1958, p. 267.

[20] Alakšandu-Vertrag B I 3; KBo X 1 Vs. 10 (Graphik KUR *AR-ZA-Ú-I*) und 2 I 22 (Graphik KUR *AR-ZA-U-UA*).

[21] Vgl. ausführlich Ph. Houwink ten Cate, Records, 1970, p. 70ff.

[22] Vgl. *laman* < **nōm-n̥* „Name", *lammar* „Stunde" < **nom-or* oder **nom-r̥*.

[23] Anregung von K. Hoffmann (mündl.).

als zwei Fragen einer Deutung „Was dieses ist, ist (das) nicht x?“[24] vorzuziehen. Ein schönes Beispiel für diese Konstruktion ist unpubl. Bo 2725 I 7′f., wo ich nach alter Umschrift von C. G. von Brandenstein zitiere: *UMMA* ᵈUTU *ki=ua kuit* [ ] *nu=ua=za dapianduš* DINGIR^MEŠ^*-uš halzihhun* „Folgendermaßen die Sonnengottheit: ‚Was ist das? Ich habe (doch) alle Götter zusammengerufen!‘“.

I 38 Für *išnura-* sei doch eher die Bedeutung „Teiggefäß“ als „Teig“ angenommen, wobei dann bei *išnuri* . . . *immiianzi* der Instrumental „mit Teig“ sinngemäß ergänzt werden muß. Die andere Lösung, *išnura-* hier infolge des Fehlens des sonst üblichen Determinativs DUG mit „Teig“ zu übersetzen, was den besseren Kontext ergäbe, würde der Wortbildung nicht gerecht.

I 39 *pu-ut-ki-i-e-it-ta* „geht auf, gärt“[25]. Für die Ausgänge der Medialformen des Ersten Milit. Eides ist hinsichtlich der 3. Sg. Prs. *-ta* (Prät. *-ta-ti*): *-ta-ri* (Prät. *-ta-at*) ein starkes Überwiegen des ersteren Paares festzustellen, was dem Befund althethitischer Texte wie StBoT 12 entspricht (, wo übrigens ebenfalls in der jüngeren Kopie die alten Ausgänge gut bewahrt sind).

Bei den *-iia*-Verben bietet das Schriftbild unseres Textes in großer Variationsbreite die medialen Ausgänge der 3. Sg.: °*-it-*°, °*-i-e-it-*°, °*i-i-e-it-*°, °*i-ia-ad-*°, °*i-ia-at-*°, °*i-ia-it-*°. Zur Deutung vgl. Vs. II 33 (*ienzi*). Dieser selbst für heth. Verhältnisse ungewöhnlich divergierende Befund weist wiederum auf teilweise Modernisierung einer alten Vorlage.

Die in den Fluchformeln auftretenden Medialformen sind besonders dort passivisch aufzufassen, wo sie in Opposition zum Aktiv stehen.

I 43 *NI-EŠ* DINGIR^*LIM*^ wechselt mit *NI-IŠ* DINGIR^*LIM*^ und *NI-IŠ* DINGIR^MEŠ^. Die ah. und ein Großteil der mh. Texte bieten die phonetische Schreibung *lengai-*, so auch der Erste Milit. Eid in den obliquen Kasus, aber nur einmal im Akk. Pl. *li-in-ga-uš* (Rs. III 40). In den jungen Texten ist *NI-EŠ* und *NI-IŠ* gleichermaßen verbreitet, im Althethitischen nur letzteres[26]. Dies DINGIR^*LIM*^ (als zweiter Bestandteil) ist in jungen Texten etwa doppelt so häufig wie DINGIR^MEŠ^ (vgl. Staatsverträge), in älteren dagegen kaum zu finden[27]. Der Wechsel in Exemplar A, Tafel 2 des Ersten Milit. Eides weist

[24] Nominal übersetzt A. Goetze, ANET, 1950, p. 353f.: “Is not this that you have here x?” Für verneinte rhet. Fragen vgl. J. Friedrich, Staatsverträge Huqq. § 32 Z. 54; Kup. § 7C Z. 13f.

[25] Bedeutungsansatz mit E. Neu, StBoT 5, 1968, p. 143. (Anders H. Kronasser, EHS, 1966, p. 488.)

[26] Dieser Wechsel hat nichts mit der teilweisen Vertauschbarkeit von EŠ und IŠ zu tun, sondern findet sich bereits im Akkadischen, wo möglicherweise zwei verschiedene Wortstämme zugrunde liegen. Auch im Akkadischen ist *ni-iš* die ältere Form. (Für Belege vgl. W. von Soden, AHW II p. 797f.; K. F. Müller, Das assyr. Ritual I, 1937, p. 25.)

[27] Ab mittelheth. Zeit erscheint dann *NI-IŠ* DINGIR^*LIM*^, wofür KUB XIV 1 und KUB XXIII 72 zu vergleichen sind. — Auch dieses Nebeneinander hat im Akkadischen seine Entsprechung, wo allerdings der Wechsel von Sg. *nīš ilim* zu Pl. *nīš ilī* bzw. *nīš ilāni* (s. AHW a.a.O.) funktional begründet ist.

auf junge Abschrift. Die Duplikate und Reste der ersten Tafel (vgl. 'Fragmente') zeigen konsequent *NI-IŠ* DINGIR^{MEŠ}. Der junge Zweite Milit. Eid hat stets *NI-IŠ* DINGIR^{LIM}.

I 44 *inan-* Weder hier noch anderswo legt *inan-* die Bedeutung „Geisteskrankheit" nahe[28]. Vielmehr spricht der Befund für einen Ansatz „Krankheit": Trotz hoher Belegzahl begegnet es nie neben *erman-* (dem üblichen Wort für „Krankheit"), kann also gut synonym hierzu sein, wofür auch die gleiche Verwendung der Folgen *erman ešḫar* (StBoT 8 Rs. III 11) und *inan ešḫar* (KUB XXX 34 IV 5, 17, 28) spricht. Die Aufzählung (offenbar zentraler) Übel *inan, ešḫar* und *lengaiš* an der letzteren Stelle (ohne *ešḫar* auch Zweiter Milit. Eid Rs. 27) weist nicht auf eine spezielle Krankheit. Auch erscheint *inan-* durchaus nicht nur neben *alu̯anzatar* und hat eine Behandlung aller Glieder (nicht nur des Kopfes) zur Folge, weshalb die Gottheit *inanaš* ^{d}UTU z.B. auch bei zerfressenen Eingeweiden um Hilfe gebeten wird (KUB VII 1 I 7—16). Am deutlichsten geht der Ansatz „Krankheit" schließlich aus *ḫappišnaš inan* „*i.* der Körperteile" (KUB IX 4 I 20f.) und aus KUB XXXV 148 Rs. III 17—35 hervor, wo *inan-* von einer Vielzahl von Körperteilen weggeleckt werden soll.

An unserer Stelle: *inanaš šēr* wird man lieber mit dem (unüblichen) Plural (Dativ) von *inan-* rechnen als mit einem Genitiv (Sg.) dieses Wortes bei Postposition *šēr*.

Die Form *pár-ši-i̯a-ad-da-ru* „er soll gebrochen werden" ist nicht nur semantisch, sondern auch morphologisch als speziell passivisches Medium gekennzeichnet, was in meiner Dissertation 'Stammbildung des heth. Verbums' ausgeführt werden wird.

I 45 *nu idalu ḫinkan pedau* ist hier ebenso wie in Vs. II 28f. unpersönlich konstruiert.

Die einzigen Formen des Nom. Pl. c. der Demonstrativpronomina, die im Ersten Milit. Eid vorkommen, sind *apē* und *kē*. Hingegen fehlen die in jungen Texten in dieser Funktion begegnenden Formen *kūš* und *apūš*. Dieser Befund kann mit Ph. Houwink ten Cate[29] als Zeichen für die ältere Sprache unseres Textes angesehen werden. Zu *kē* vgl. auch Komm. zu Rs. III 39—40.

I 47—II 5 Eine magische Handlung mit den gleichen Utensilien zeigt das Ritual KUB XXXIX 101 + (vgl. p. 88). Die im folgenden mehrfach auftretenden Verbrennungszauber finden im akkadischen Bereich in den Šurpu-Texten ihre Entsprechung (passim)[30].

I 48 *ḫappina*[31] Der Direktiv ist normalerweise Charakteristikum der älteren Sprache. Bei Wendungen wie *ḫappina peššii̯a-* „in die Flamme werfen" hier

---

[28] So L. Jakob-Rost, THeth 2, 1972, p. 56f.

[29] Records, 1970, p. 70, A. 88.

[30] Ediert von E. Reiner, AfO Beiheft 11, 1970.

[31] Die Bedeutung „offene Flamme" ist gesichert durch unpubl. 1191/z I 11 *ḫa-ap-pí-ni ú-ra-a-ni* „verbrennt in der offenen Flamme" usw.

oder *šuḫḫa peda-* „auf das Dach bringen" (z.B. KUB XXXI 147 Vs. II 13′) lebt er allerdings formelhaft bis in jüngste Zeit weiter.

I 50 *šalliịaitta* Für weitere Belege dieses Verbums vgl. E. Neu, StBoT 5, 1968, p. 146f., für die Medialausgänge Komm. zu Vs. I 39, zur magischen Handlung Tunn. II 18 und KBo XVI 56 Z. 8′. Zu *marritta*: Die übrigen Belege erweisen das Verb gegenüber *šalliịa-* als bedeutungsintensiver. Wegen des Noems „zermahlen" ist es zu ai. *mr̥ṇāti* (dass.) zu stellen[32] und sowohl von *mer-* „schwinden" (also keine Gleichung von *marrittari* mit lat. *moritur* „stirbt") als auch von *mark-* zu trennen[33].

II 3 Auslassungsfehler dieser und anderer Art unterliefen dem Abschreiber häufig. (Vgl. Komm. zu II 26ff. usw.)

II 8 *ḫuršakniịa-* Die Wortbedeutung ist „zerschmoren" und nicht, wie bisher angenommen, „bersten"[34] oder „entzweigerissen werden(?)"[35], denn Sehnen reagieren auf dem Herd nur durch Verschmoren bzw. Verkohlen. Die Lautung /*ḫur*/ ist durch die Schreibung *ḫu-ur°* erwiesen.

ḫa-aš-ši-i. Die Auslautpleneschreibung im Dat.-Lok. Sg. stellt bei *ḫaššā-* „Herd" den Normalfall dar.

Insgesamt lassen sich eine Reihe hethitischer Nomina hinsichtlich der Pleneschreibung in den Ausgängen differenzieren, wofür hier charakteristische Beispiele gegeben werden sollen. (Nicht mitgerechnet werden Formen mit enklitischen Partikeln, da hier lautlich-graphische Sonderbedingungen vorliegen.)

1) Ein Fall mit Auslautplene in allen obliquen Kasus:

   išḫā- „Herr", hier überwiegt in allen Epochen die Plene (Nom. u. Gen. *iš-ḫa-a-aš*, Dat.-Lok. *iš-ḫi-i*, Akk. *iš-ḫa-a-an*).

2) Ein Fall mit Kürze im Akkusativ und Plene in den übrigen Kasus:

   ḫaššā- „Herd" zeigt im Altheth. und Jungheth. stark überwiegend *ḫa-aš-ša-a-aš* und *ḫa-aš-ši-i*, im Akk. Sg. dagegen *ḫa-(a)-aš-ša-an* (mit nur einer Ausnahme: *ḫa-aš-ša-a-an* KBo XVII 105 II 23′ gegenüber *ḫa-a-aš-ša-an* im gleichen Text II 15′).

3) Ein Fall mit junghethitischer Kürzung im Genitiv, aber Beibehaltung der Dativplene:

   aiš- „Mund" hat im Ah. den Gen. *iš-ša-a-aš*, jh. dagegen *iš-ša-aš*, aber in allen Epochen überwiegend *iš-ši-i*.

---

[32] Mit J. Pokorny, IEW p. 736.

[33] *marriịa-* zu *mark-* stellt E. Neu, StBoT 5, 1968, p. 113 A. 1; *mark-* „zerwirken" paßt aber besser zu ai. *mr̥c-* und urarisch **marka-* „Todesdämon" („Zerwirker"?). Damit wird auch die Annahme einer Wurzelerweiterung vermieden.

[34] HW p. 76.

[35] E. Neu, StBoT 5, p. 61 (doch vgl. bereits dort A. 1).

4) Fälle mit Auslautplene im Dat.-Lok. Sg. und Direktiv gegenüber Kürze in den übrigen Obliqui in allen Epochen.

Hierher gehören auffälligerweise die *r*/*n*-Stämme (und *r*- sowie *n*-Stämme):

tekan- „Erde" hat immer Dat.-Lok. *ták-ni-i*, Dir. *ták-na-a*, aber in den übrigen Obliqui doppelt so oft Kürze wie Länge.

keššar(*a*)- „Hand", *uttar* „Wort", *ḫaršana*- (ah. *ḫaršar*-) „Kopf" zeigen im Dat.-Lok. (und Dir.) ganz überwiegend Auslautplene, in den anderen Obliqui dagegen ganz überwiegend Kürze. Demgegenüber weisen die meisten hethitischen Nomina niemals Pleneschreibung in ihren Flexionsausgängen auf.

Der Befund spricht dafür, daß sich in den Fällen mit Auslautplene im ganzen Paradigma der Typ der idg. -*ā*-Stämme (*-*eh*$_2$) fortgesetzt hat[36]. Die zahlreichen Fälle mit Auslautplene nur im Dat.-Lok. hingegen weisen mit ihrem -*ī* auf die idg. Dat. Sg.-Endung *-*ei̯*. (Der Dat.-Lok. -*i* stammt dagegen aus dem idg. Lok. Sg. -*i*.) Bei weiterem Anwachsen der altheth. Belege dürften sich noch klarer verschiedene Typen trennen lassen.

II 15—16 Zur Graphik der Medialformen vgl. Komm. zu Vs. I 39. Zur magischen Handlung vgl. KBo XVI 56, 9′ *A-NA* MUN *ma-aḫ-ḫa-an* NUMUN-*an* NU.GÁL „Wie das Salz keinen Samen hat . . .". Dieser Vergleich findet sich (auf Akkadisch: *ki-ma ṭābtu zēra lā i-šu-ú*) auch in der Fluchformel des akkadischen Vertrages zwischen Mattiwaza und Šuppiluliuma I.[37].

-*ŠÚ*. Bei der Graphik des akkad. Pronomens zeigt die Tafel regen Wechsel von -*ŠU* und -*ŠÚ*. Da die (kürzere) Schreibung -*ŠÚ* erst in jh. Zeit aufkam[38], spricht der Wechsel hier wiederum für eine nur teilweise durchgeführte Schreibregel eines Abschreibers junger Zeit.

II 20 *li-ip-pa-an-zi* fällt durch Doppelschreibung des *p* auf gegenüber Vs. I 35 *li-pa-a-an-zi*. Die übrigen Belege sind (ohne die ganz fragmentarischen):

1. Stamm *lip*-: *li-ip-zi* KUB XXXV 148 III 15′, *li-ip-ta* KBo XIV 98 I 9, *li-i-pí-ir* unv. 1809/c, 5′ff., *li-ip-tu* KBo XVII 17 Vs. 6′ (ah. Duktus), *li-ip-du* KUB XXXV 148 III 18′ff., 149 Vs. I 7′.

2. Stamm *lipai*- (nicht *lippai*- mit HW p. 129): *li-pa-iz-zi* unv. 774/u, 2′f., vielleicht hierher *li-pa-a-an*-[*zi* unv. 1111/v, 6′.

3. Stamm *lilipai*- (*lellipai*-): *li-el-li-pa-a-i* KUB VIII 67, 20′, *li-li-pa-an-ti* KBo XI 14 I 21, *li-li-pa-iš-ki-id-du* KBo XI 14 I 22 gegenüber Dupl. KUB XLIII 57 I 23′ *li-li-pa-aš-ki-id-du*.

Was die Bedeutungsbestimmung betrifft, so ist sie bei *lipai*- noch nicht möglich. Dagegen kann man versuchen, anhand der klaren Belege von *lip*-

---

[36] Diese These wird durch die Gleichung der beiden *ā*-Stämme heth. *ḫaššā*- „Brandaltar, Herd" und lat. **ārā* „Altar" bestätigt.

[37] Vgl. E. Weidner, BoSt 8, 1923, p. 54, Z. 49f.

[38] Vgl. das Verhalten der Ausgaben A, B und C der Gesetze, die verschieden alt sind.

in unserem Text und von *lilipai-* in KBo XI 14 I 21 („wie die Schafe Salz lecken") *lip-* als „mit der Zunge berühren" gegenüber iterativem redupliziertem *lilipai-* „lecken" abzugrenzen[39].

Graphisch bzw. morphologisch ergibt sich, daß die Doppelschreibung des *p* in dem einen der beiden Belege unseres Textes völlig singulär ist und wohl als Fehler des Kopisten aufzufassen ist. Der Befund verlangt für die ältere Sprache ein Wurzelverbum *lip-*, so daß für unsere mh. Vorlage **li-pa-an-zi* zu postulieren ist. Die Form *li-pa-a-an-zi* der Abschrift dürfte Einfluß des jh. Stammes *lipai-* sein.

Somit hat die Etymologie von einfachem Labial auszugehen, wobei die Einfachschreibung in der 3. Pl. Prs. des Grundwortes, die nach den Wurzelverben des Typs *ú-e-kán-zi* (*ašanzi, adanzi, aranzi, u̯eḫanzi, ḫukanzi* usw.) ausgeglichen sein kann, weniger besagt als die der reduplizierten Bildung. Dort hebt sich nämlich die Einfachschreibung bei *li-li-pa-an-zi*[40] usw. deutlich von den Fällen wie *ú-e-u̯a-ak-ki* mit *kk* aus idg. Tenuis **k̑* ab.

Daher ist besser Anschluß an die Wurzel **leb-* (Pokorny, p. 655) als an **leip*[41] zu suchen, zu der „lecken" auch semantisch weniger paßt[42].

kiš-an wechselt im Text ständig mit *ki-iš-ša-an*; die Duplikate haben dagegen nur *ki-iš-ša-an*. Dieses *ki-iš-ša-an* ist die ausschließliche Schreibung der ah. und mh. Texte. *kiš-an* findet sich bereits vereinzelt im frühen Junghethitischen, jedoch noch nicht im Huqqana-Vertrag. Überhaupt vermitteln die Staatsverträge hier ein besonders exaktes Bild: In den Verträgen Muršilis II. wird noch *ki-iš-ša-an*, in Muwatallis Alakšandu-Vertrag Version A dagegen bereits durchwegs *kiš-an* geschrieben. Auch im jungen Alli-Ritual (THeth 2) überwiegt bereits *kiš-an*; unter Šuppiluliuma II. ist dies dann gar die übliche Schreibung.

Das offensichtlich parallel gebaute *e-ni-iš-ša-an* „in besagter Weise" (19 Belege) ist stets mit doppeltem *š* geschrieben. Daher darf angenommen werden, daß die Entwicklung von *ki-iš-ša-an* zu *kiš-an* nicht lautlich, sondern nur graphisch zustande kam durch die jh. Einführung des KVK-Zeichens KIŠ.

---

[39] Eine Bestätigung findet unser Ansatz einer ererbten iterativen Bedeutung von mit *-i-* reduplizierten Verben in einer anderen anatolischen Sprache, dem Lykischen. In der neugefundenen Trilingue von Xanthos (CRAIBL, 1974, Janvier-Mars, p. 116f.) bezeichnet unredupliziertes *pija-* „geben" die einmalige Schenkung, redupliziertes *pibija-* dagegen die alljährliche (also wiederholte) Abgabe: 11f. *seipijẽtẽ arawã ehbijẽ esiti* „und sie gaben ihm als abgabenfrei, was sein ist" gegenüber 18f. *seipibiti uhazata ada* ... „und sie werden ihm jährlich (soundsoviel) Adas geben".

[40] Der Text insgesamt und die beiden anderen zitierten Formen sprechen hier gegen einen Luwismus, so daß die Form zur Diskussion der Stimmhaftigkeit herangezogen werden darf. (Zu hierogl.-luwisch *lipa-* „wegstreichen (?)" vgl. P. Meriggi, Oriens Antiquus, Vol. VI, 1962, p. 278.)

[41] So J. Pokorny, p. 670f. mit E. H. Sturtevant-E. A. Hahn, Comp. Gramm.², 1951, p. 27.

[42] Die nominalen Ableitungen zu dieser Wurzel haben Bedeutungen wie: „Lippe", „Ohrläppchen", „Lappen".

Die Übergangsform *kiš-ša-an* (*kiš*^{iš}*-ša-an* KBo X 45 III 15) ist mehrfach bezeugt. Dagegen blieb *eniššan* konstant, da hier kein KVK-Zeichen Verwendung finden konnte[43].

II 21 *malla-* und *ḫarra-* (Z. 23) bezeichnen zusammen an mehreren Stellen einen technischen Vorgang[44]. Die hier beschriebene Handlung würde eigentlich besser zu dem (in Z. 19 genannten) Malz passen als zur Bierwürze: Es wird erst geschrotet (*malla-*), dann mit Wasser gemischt (*u̯etenit immii̯a-*), weichgekocht (*zanu-*), und schließlich zerquetscht (*ḫarranuški-*)[45].

Das „Zermahlen" der Knochen bezieht sich sicher auf die unter den Alten Völkern weit verbreitete Vorstellung, daß diese Zerstörung die völlige Vernichtung der Existenz (auch im Jenseits) bedeutet (vgl. p. 76).

II 25 *ták-ki-iz-zi* „fügt zu". °*iz*° für °*iš*° ist hier im Zusammenhang des gelegentlich bezeugten Wechsels *š*/*z*[46] zu sehen, der bei *tak*(*ke*)*š-* durch die Schreibungen *ták-ki-iš-iz-zi* und *ták-ki-eš-iz-zi* KUB XLIV 4 + KBo XIII 241 Rs. 30 nahegelegt wird. Allerdings kann es sich in Anbetracht der Isoliertheit des Belegs in unserem Text gegenüber häufigem *takkišzi* auch um einen Schreibfehler handeln. — Die Verteilung der beiden Stämme *takš-* und *takkiš-* ist in der älteren Sprache so geregelt, daß die erstere vor mit Vokal anlautender, die letztere vor mit Konsonant anlautender Endung erscheint, wo die Konsonantengruppe also eine Auflösung durch Sproßvokal erfuhr.

II 26—29 Der korrupte Originaltext wurde belassen, da sich mehrere Möglichkeiten der Rekonstruktion ergeben: E. Neu[47] stimmt mit J. Friedrich[48] für Korrektur von *ḫarranuškitta* ins Aktiv. Dann muß allerdings zusätzlich der Numerus dieser und der vorausgehenden Verbalformen geändert werden. Der Text lautet dann: (27f.) ... *mallandu nan QATAMMA inuškandu*! *nan QATAMMA ḫarranuškandu*! *nu* ḪUL-*lu* ÚŠ-*kán pedau* ... Behält man jedoch

---

[43] *annišan* ist zu schlecht bezeugt, um zur Diskussion herangezogen werden zu können.

[44] J. Friedrich, El.-B. § 303b, H. Kronasser, EHS, 1966, p. 546. Zu den landwirtschaftlichen Termini allgemein vgl. B. Rosenkranz, JEOL 19, 1965/66, p. 500ff.; H. Otten, ZA 54, 1961, p. 153f. Die Reihenfolge von *malla-* und *ḫarra-* ist normalerweise die gleiche wie in unserem Text; sie erscheint nur gelegentlich und bei knapper Ausdrucksweise umgekehrt (z.B. KBo II 13 Vs. 10). Das Verbum *ḫarranu-* (belegt nur unv. Bo 5249, 4′]*ḫar-ra-nu-ut*) ist als mit dem Grundwort *ḫarra-* nahezu bedeutungsgleiche *nu*-Bildung zu einem transitiven Verbum auffällig. Die Weiterbildung *ḫarranuški-* unserer Stelle (ebenfalls Hapax) dürfte sich aus der affektgeladenen Situation erklären.

[45] Vgl. für diesen technischen Vorgang W. Röllig, Das Bier im Alten Mesopotamien, 1970, p. 20f.; dort auch zur Bedeutung „Bierbrote" statt „Bierwürze" für BAPPIR.

[46] Charakteristische Beispiele für den Wechsel *š*/*z* sind *ka-ni-eš-iz-zi* „erkennt" KUB XXXIII 70 II 15′ (*ka-ni-eš-zi*, 14′) und *a-ar-zi* für *aršzi* „fließt" KUB VII 41 IV 39, sofern hier nicht vereinfachte Schreibung der Konsonantenhäufung vorliegt. J. Friedrich, ZA 35, 1924, p. 179 hält *takkizzi* hier für sprachwirklich; ebenso zuletzt H. Eichner, MSS 31, 1973, p. 88 A. 23.

[47] StBoT 5, 1968, p. 48 A. 3. [48] ZA 35, 1924, p. 164f.

mit A. Goetze[49] das Medium für *ḫar-*° bei, so muß diese Form in einen Imperativ umgeändert werden; auch braucht das vorausgehende Verb andere Diathese und anderen Numerus. Ferner muß *na-an* (27, 28) in *na-aš* korrigiert werden[50]. Erstere Rekonstruktion ist etwas wahrscheinlicher, da sie eine Korrektur weniger erfordert.

II 27 *i-nu-uš-ki-⟨id⟩?-du* „soll erwärmen". Die Wortbedeutung ist von E. Neu[51] richtig bestimmt. Die Frage, ob bei unserer Form ⟨*-id*⟩- einzufügen ist oder die Einfachschreibung des *-d-* eine berechtigte Variante darstellt, kann an dieser Stelle nicht diskutiert werden.

II 28 *ḫar-ra⟨-nu⟩-uš-*° bietet auch B Vs. 1′, ein Fehler, der die gegenseitige Abhängigkeit zwischen Exemplar A und B zeigt, wobei wohl davon ausgegangen werden darf, daß das Original die richtige Graphik aufgewiesen hat.

II 32 NUMUN ist bis zum Erscheinen einer Spezialuntersuchung doch lieber weiterhin als „Samen" aufzufassen denn als „Ernte(gut), Getreide".

II 31—34 Zum Spruch vgl. das Ritual zum Telipinu-Mythos[52] III 16—19, das im Wortschatz kaum abweicht und die beiden Texte in große Nähe rückt: (16) . . . BULÙG (17) *maḫḫan tepšuš UL-an gimra ped[anzi]* (18) *nan* NUMUN-*an i̯i̯anzi UL-ma-an* NINDA-*an i̯i̯a[nzi* . . .] (19) É ^{NA_4}KIŠIB *tianzi* . . . „Wie das Malz dürr (unfruchtbar) ist, (und) man es nicht aufs Feld bringt und keinen Samen daraus gewinnt, aber auch kein Brot daraus macht [und es ins] Vorratshaus legt . . ."

Weniger wörtlich ist die Übereinstimmung mit einer Verfluchung im akkadischen Mattiwaza-Vertrag (Rs. 61) *kīma bu-uq-li ištu eltešu išaddadukunūši* "they should pull you out like (one pulls the kernel to be made into) malt from its straw." (KBo I 1 r. 61; s. CAD sub *buqlu.*) — Inhaltlich vgl. auch das Maštigga-Ritual KUB XXXIV 84 + III 4f., wo vom Kümmel gesagt wird, daß man ihn nicht abermals zum Samen machen kann.

II 33 *i-en-zi/i-en-du* steht hier im vieldiskutierten Wechsel mit *i-i̯a-an-zi/i-i̯a-an-du* (*i-i̯a-an-du* z.B. Rs. III 29). Die Schreibungen im Suffix, °*-i-i̯a-*, °*-i-a-*, °*-i-i-e*, °*-i-e-*, °*-i-*, °*-i-i-*, variieren untereinander beim Verbum *i̯i̯a-* „machen" ebenso wie bei den übrigen Verben auf °*-i̯i̯a-*. (Zu deren Medium vgl. Komm. zu Vs. I 39.)

---

[49] ANET, 1950, p. 353.

[50] Der Text wäre dann: (27f.) . . . *mallandu naš*! *QATAMMA inuškittaru*! *naš*! *QATAMMA ḫarranuškittaru*! *nu* ḪUL-*lu* ÚŠ-*kán pedau* . . .

[51] StBoT 5, 1968, p. 23 A. 2; vgl. auch C. Burde, StBoT 19, 1974, p. 20 Z. 20′, p. 37 Z. 9′ sowie H. Otten, StBoT 17, 1973, p. 6: (KBo XXII 2) Vs. 9 *ka-a-ni-u̯a tu-un-na-ak-ki-iš i-nu-ut-te-en* „Dieses(?) Innengemach habt ihr geheizt". Da auch dieses ah. Original *i*-Schreibung zeigt, ist ein korrektes schwundstufiges Faktitiv **i-nu-* zu uranatol. **ai̯-* „warm sein" nicht auszuschließen. Faßt man den Dental in griech. αἴθομαι „brenne" als nicht wurzelhaft auf, sondern als stammbildendes Formans, so ist es zu der gleichen Wurzel **hai̯-* „warm sein" zu stellen.

[52] Vgl. E. Laroche, RHA, fasc. 77, 1965, p. 95 A. 25 und A. 26.

Es folgt nun der Befund im Hethitischen mit gleichzeitigem Deutungsversuch:

1) Die Parallelität zu den *-i̯a*-Verben und luw. *ai̯a-* „machen" erweisen das Verb als aus thematischer Flexion entstanden. Also lautete die vollstufige 3. Sg. Prs. zur Wurzel *(h_1)*ei̯-*[53] *(h_1)*éi̯-e-ti*, so daß sich ein Ausgang °*i̯eti* ergab, der mit dem der *-i̯a*-Verben (z. B. *u̯emii̯a-* „finden") lautlich zusammenfiel. Die Schreibungen des Ausgangs der 3. Sg. Prs. als °*i-iz-zi* und °*i-e-iz-zi* (*ú-e-mi-iz-zi* und *ú-e-mi-e-iz-zi*) geben nach den Regeln der heth. Orthographie korrekt die Lautung °*i̯ezzi* wieder[54]. Die erstere Schreibung wird in althethitischer (z. B. KBo VI 2[55]), die letztere in mh. Zeit bevorzugt.

2) Die 3. Pl. Prs. *(h_1)*éi̯-o-nti* mit dunkler Variante des Themavokals ergab lautgesetzlich *i(i̯)anzi* und fiel ebenfalls mit dem Ausgang der *-i̯a*-Verben zusammen. Von hier aus wurde hauptsächlich in jungheth. Zeit die dunkle Variante des Themavokals im ganzen Paradigma durchgeführt (3. Sg. Prs. °*ii̯azzi* usw.)[56]. Andererseits gab es ab der mh. Zeit auch die Tendenz, die helle Variante des Themavokals überall durchzuführen (3. Pl. Prs. *i-en-zi* usw.)[57]. Am längsten hält sich dieser Stammausgang im Junghethitischen in den dritten Personen[58].

Unser Text weist somit statistisch nicht auf jh. Sprache (vgl. auch Komm. zu Vs. I 32).

II 35 *ki-e*(-) Demonstrativpron. Akk. Pl. c. (vgl. Komm. zu Rs. III 39—40).

II 38—41 Das Thema 'Unfruchtbarkeit von Mensch und Tier' erinnert wieder an den Telipinu-Mythos (passim).

II 38 DAM^{MEŠ}-*ŠÚ*, so auch Rs. IV 10 und Rs. III 10 (hier durch Umfang der Lücke gesichert). Dagegen zeigt die 1. Tafel des Ersten Milit. Eides (Vs. 23′) den Singular DAM-*ŠU*.

Das Gesamtmaterial ergibt, daß kein Hethiter mehrere DAM^{MEŠ}, also „Gemahlinnen" hatte. DAM^{MEŠ} eines einzigen Mannes kommen nur bei Verträgen mit auswärtigen Potentaten (KUB XXIII 1 II 34, KUB XIV 1 I 7, VBoT 1 3, 8, Madd. Vs. 49, Bo 2567a IV 6) oder im Zusammenhang mit Kriegszügen im Ausland (KBo XII 38 I 3′, KUB XXIII 13 8, KUB XXIII 65 5) vor.

---

[53] *(h_1)*ei̯-* „tun" in ai. *enas-* n. „Freveltat".

[54] Zur Klärung der Schreibungen von *e* und *ē* am Gesamtmaterial vgl. demnächst meine Dissertation.

[55] Vgl. O. Carruba, V. Souček, R. Sternemann, ArOr 33, 1965, p. 13ff.

[56] Zur Ausbreitung der *a*-Variante des Themavokals vgl. H. Eichner, MSS 27, 1969, p. 32, jedoch ohne Deutung der Differenz *-iezzi/-izzi*. Die durch das Nebeneinander beider Paradigmen entstandene Unsicherheit zeigt die Mischform *i-i̯a-en-zi* KBo XV 22 + KUB XLI 3 I 9. (Ebenso *a̯-ni-i̯a-e-iz-zi* KUB XLI 15 Vs. 13′).

[57] Die gleiche Entwicklung zeigen auch alle übrigen thematischen Klassen im Junghethitischen.

[58] Hierzu H. Otten, StBoT 11, 1969, p. 12f. mit Material. Typisch ist, daß jh. Texte wie KBo XVI 97 im Sg. *ii̯ami*, *ii̯azzi*, im Plural aber *ienzi* schreiben.

Der Befund unseres Textes ist somit ein Argument dafür, daß die hier zu Vereidigenden keine Hethiter im engeren Sinn waren. Zu weiteren Argumenten und der sozialen Stellung der zu Vereidigenden überhaupt vgl. p. 85.

Zwischen *ḫāši* „gebiert" (Z. 39) und DAM^MEŠ^ liegt Numerusinkongruenz vor[59], wobei aber vielleicht mit einer kollektiven Auffassung zu rechnen ist (vgl. unten II 41).

Die Lesung von DUMU.NITA und DUMU.SAL ohne Pluraldeterminativ erfolgt nach dem Photo gegen die Edition.

II 39 *ḫar-ša-ú-na*[*-aš*] ist entgegen HW p. 60 nicht als Gen. Sg., sondern als Dat.-Lok. Pl. von *ḫaršau̯ar* „Gepflügtes" aufzufassen (vgl. unten sub *u̯elluu̯aš*). Es steht also getrennt von A.ŠÀ „Feld", das als Dat.-Lok. Sg. zu verstehen ist. In KUB XII 58 + I 41 (Tunnawi) erscheint *ḫaršau̯ar* sogar ohne A.ŠÀ: *nu ku-u̯a-pí ḫar-ša-u-u̯a-ar ma-ni-in-ku-u̯a-an* NU.GÁL „wo nichts Gepflügtes in der Nähe ist". Das verwandte Bo 4474 I 6′ *ku-u̯a-pí* A.ŠÀ *ḫar-ša-u-u̯a-ar-*[*ra* darf so ergänzt werden nach *ḫar-ša-u-u̯a-ar-ra*[KUB XXXV 54 III 47[60].

Das Nebeneinander von A.ŠÀ und *ḫaršau̯ar* hat vielleicht in der häufigen Verbindung A.ŠÀ A.GÀR "field in the *agāru*" (CAD sub *eqlu*) seine ideographische Entsprechung.

ḫaršau̯ar ermöglicht eine Gegenüberstellung zweier verschiedener Fortsetzungen des idg. Nominal-Typs mit Suffix **-u̯er/-u̯en-*[61] (zum Verb *ḫarš-* „pflügen"), von denen die eine im Infinitiv *ḫarš-uu̯anzi*, die andere im Nomen *ḫarš-au̯ar* „Ackerbau" (oder „Acker?") vorliegt.

II 40 *u̯elluu̯aš* ist Dat. Pl., da *anda* wie in Vs. II 8, 9 mit Dativ konstruiert ist.

Die radierte Stelle *u̯elkuu̯a*(-) darf man als Unsicherheit des jh. Abschreibers beim Kopieren der mh. Form *ú-el-ku-u̯a-an* (so auch Rs. IV 17) auffassen; allerdings fällt das Vorkommen der gleichen Rasur an der gleichen Form in einem anderen Text, nämlich KBo XVII 61 Rs. 19′ auf. Daneben bietet unser Text auch noch *ú-el-ku* Rs. III 48. Für *u̯elkuu̯an* kann noch KUB IX 28 I 14 (*ú-e-el-ku-u̯a-an*), unpubl. 4/t 9′ (*ú-el-ku-a*[*n*) und 14′ (*ú-e*]*l-ku-an*) angeführt werden.

Will man *u̯elkuu̯ant-* als primär ansehen, so würde es zu den neutralen *-nt-* Stämmen *marnuu̯ant-* und *u̯alkuu̯ant-*[62] zu stellen sein. Dann wäre *u̯elku-* ebenso ein junger Sekundärstamm, wie dies für *marnu-* nahegelegt wurde[63]. Andererseits muß jedoch mit E. Laroche auf das Fehlen obliquer Belege von *u̯elkuu̯ant-* aufmerksam gemacht werden[64]. Es kann daher auch die Möglichkeit eines aus *u̯elku-* entwickelten Stammes *u̯elkuu̯a-* (*ú-e-el-ku-u̯a* KUB XXXIV 60

---

[59] Zur Inkongruenz in Ritualen vgl. L. Jakob-Rost, THeth 2, 1972, p. 79ff.

[60] Es ist aber nicht ganz auszuschließen, daß A.ŠÀ an unserer Stelle und dem zitierten Bo 4474 I 6′ doch Determinativ zu *ḫaršau̯ar* ist, da nach J. Bottéro A.ŠÀ vor *ušallum* in Mari als Determ. verwendet zu sein scheint (Repertoire analytique des tomes I à V des Archives Royales de Mari, Paris 1954, p. 91).

[61] Vgl. jetzt H. Eichner, MSS 31, 1973, p. 62.

[62] H. Otten, StBoT 17, 1973, p. 16.

[63] H. Otten, StBoT 13, 1971, p. 38. [64] E. Laroche, BSL 57, 1962, p. 38.

r. Kol. 9′) nicht ausgeschlossen werden; *u̯elkuu̯an* wäre dann Nom.-Akk. Sg. n. dazu.

Im Sinne der ersteren Lösung kann man wie in *marnuu̯ant-*[65], so auch in *u̯elkuu̯ant-* und *u̯alkuu̯ant-* erstarrte neutrale Partizipien vermuten[66].

II 41 Im Gegensatz zu 38—39 liegt hier wohl keine Numerusinkongruenz vor, sondern GUD$^{\text{ḪI.A}}$-*ŠU* UDU$^{\text{ḪI.A}}$-*ŠÚ* regieren als Kollektivbildungen das Verb im Singular (vgl. nhd. „das Vieh"). Es treten gerade bei GUD „Rind" mehrfach singularische Endungen zusammen mit dem Pluraldeterminativ auf; vgl. GUD$^{\text{ḪI.A}}$-*uš* *pa-iz-zi* „das Vieh geht" KUB IX 38 4′, GUD$^{\text{ḪI.A}}$-*uš* UDU$^{\text{ḪI.A}}$-*uš* . . . *i-i̯a-an-na-i* „das Großvieh und Kleinvieh zieht los" unpubl. Bo 2616 Vs. II 8, GUD$^{\text{ḪI.A}}$-*un* UDU$^{\text{ḪI.A}}$-*un* (Akk. Sg.) 2BoTU 30 Rs. IV 7′. Der kollektive Gebrauch von GUD dürfte ebenso wie dieser alte *u*-Stamm selbst ererbt sein.

ḫuu̯ai-. Man darf hier wohl mit J. Friedrich, HW 3. Erg.-H. p. 16 eine Nebenbedeutung „sich ausbreiten" ansetzen. Vgl. Telipinu-Mythos (KUB XVII 10 I 12f.) ^{d}*Te-li-pí-nu-ša pa-it mar-mar-ri an-da-an ú-li-iš-ta še-e-ra-aš-še-iš-ša-an ḫa-li-en-zu ḫu-u̯a-i-iš* „T. ging, verbarg sich drinnen im Sumpf(?) und über ihn zogen sich Wasserlinsen(?)".

II 42 Hier ist nicht ^{TÚG}NÍG.SAL[67], sondern TÚG *ŠÁ* SAL „Frauengewand" zu lesen, was durch B (TÚG.SAL) und Z. 45: *ŠA* SAL ^{TÚG}NÍG.LÁM^{MEŠ} bestätigt wird[68]. Auch die letzte Form kann daher kaum „weibliche Prachtgewänder" bedeuten, wenn sie dem Sinn der ganzen Passage entsprechen soll. Sinnvoll wäre dagegen hier in der Verkleidungsszene die Bedeutung „Übergewand, Umhang, Mantel", die auch an den meisten anderen Belegstellen besser paßt. Man vergleiche IBoT I 36 II 57f. ^{TÚG}NÍG.LÁM$^{\text{ḪI.A}}$-⟨*ma-aš-*⟩*ma-aš* ^{KUŠ}E.SIR SIG$_5$^{TIM} *ḫi-lam-mi-li* (58) *ú-e-eš-ša-an-ta* „Mäntel und gute Schuhe nach Art der Außenhof-Leute (^{LÚ}*ḫilammi-*[69]) haben sie an". Entsprechend scheinen auch die Belege in CAD sub *lamaḫuššû* (= TÚG NÍG.LÁM) auf eine Bedeutung „Übergewand" zu weisen; als allgemeine Bedeutung wird "a (precious) garment made of wool" angegeben.

^{GIŠ}*ḫueša-* Die graphischen Varianten stimmen hier jeweils genau mit dem (älteren) B überein; vgl. im übrigen Kapitel V 3.

---

65 G. Neumann, IF 76, 1971, p. 273 schlägt vor, in *marnuu̯ant-* ein Part. n. zu sehen.

66 Somit entfällt die von H. Kronasser, EHS p. 263, für diese Wörter angesetzte Gruppe neutraler *-ant*-Denominative. V. Georgiev, ArOr 33, 1965, p. 175ff. sieht dagegen in *u̯elkuu̯ant-* ein Deminutiv-Suffix *-ant-*, wozu kein Anlaß besteht. (Zur Wortbedeutung vgl. Komm. zu Rs. IV 13ff.)

67 So J. Friedrich, ZA 35, 1924, p. 166 und HW, p. 288, dagegen ^{TÚG}NÍG⟨.LÁM(^{MEŠ})⟩ SAL in Heth. Keilschrift-Lesebuch II, 1960, p. 65.

68 Der Gebrauch von *ŠÁ* gehört nur der späten jh. Zeit an.

69 Das Adverb *ḫilammili* verhält sich zum Grundwort ^{LÚ}*ḫilammi-* (z. B. KBo XV 33 III 24) wie *ḫurlili* „nach Art eines Hurriters, auf hurritisch" zu *ḫurla-* „Hurriter". (Eine Ableitung von *ḫilammar* „Torhaus" scheint lautlich ausgeschlossen.)

Zum Verwandeln von Kriegern in Weiber: Aus dem hethitischen Bereich sind KBo II 9 (J. Friedrich, ZA 35, 1924, p. 182f.) und KUB XXXI 69 Vs.? 8′ff. zu vergleichen; für weitere Parallelen s. das Kapitel VI 1.

II 50ff. Zu einer anderen Art von Verfluchung der Waffen vgl. das auch sonst verwandte KBo VIII 35 (s. p. 79f.).

Was die Form *u̯aššandu* „sie sollen bekleiden" betrifft, so wird in größerem Zusammenhang zu zeigen sein, daß hier kein sekundärer, verkürzter Stamm von *u̯aššii̯a-* vorliegt (H. Eichner, MSS 27, 1970, p. 17), sondern eine korrekte, alte Bildung.

II 1 In B Rs. 4 fehlt ebenfalls das zu erwartende *I-NA* vor *QA-TI-°*, was wiederum auf direkte Abschrift weist (vgl. Komm. zu Vs. II 28)[70].

III 2ff. Unsere Interpretation „eine Frau, (die) blind (und) taub (ist)" hat gegenüber der bisherigen („eine Blinde (und) einen Tauben")[71] den Vorzug, daß die Spur vor der Lücke in Z. 7 nach Edition und Photo auf S[AL weist, daß die Größe der Lücken in Zz. 7 und 8 für unsere Ergänzung spricht, und daß sie den Gebrauch des Determinativs vor „blind" und „taub" im ganzen Abschnitt erklärt[72]. Inhaltlich stellt der Abschnitt eine Steigerung dar; wurde vorher schon mit der Verwandlung in eine Frau gedroht, so soll es nun obendrein noch eine Taubstumme sein. Es ist daher nicht völlig auszuschließen, daß auch im folgenden (Z. 12ff.) noch von einer Frau die Rede ist, was bedeuten würde, daß dort eine Vermischung zweier Motive vorläge (vgl. Übersetzung).

Auf die sich ständig steigernde Drastik braucht nicht erst hingewiesen zu werden.

Die Stellen, in denen Blinde wie hier als 'Anschauungsmaterial' bei Vereidigungen vorkommen, gehören bezeichnenderweise sämtlich den Verträgen bzw. Instruktionen der mittelhethitischen Zeit an: KBo VIII 35 I 2′, KBo XVII 48 Vs. 3′, KUB XL 36 I 7′, KUB XXXVI 115 + I 16′; der letzte Beleg stammt namentlich von Arnuwanda am Ende des 15. Jahrhunderts. — Kultische Mißhandlung eines Blinden zeigt IBoT I 29 Rs. 39f.

III 3 Zur Bedeutung von *-šmaš=kan . . . piran arḫa peḫute-* vgl. KBo XXI 109 Vs. II 14′f. *na-an-kán* LUGAL-*i pí-ra-an ar-ḫa pí-e-ḫu-da-an-zi*, wo ein angeschirrter Gefangener am König vorbeigeführt wird.

---

[70] Obwohl *I-NA* vor *QA-TI*(-) auch sonst gelegentlich fehlt, möchte man aufgrund des Gesamttextes an unserer Stelle eher einen Auslassungsfehler annehmen.

[71] J. Friedrich, ZA 35, 1924, p. 167; A. Goetze, ANET p. 354.

[72] Zum doppelten Gebrauch des Determinativs LÚ vgl. H. Hoffner, JCS 24, 1972, p. 85 A. 1, der LÚ UR.GIR$_x$-*aš* LÚ-*aš* als Nominalkomposition versteht, das im akkadischen Typ *ḫābilu amīlu* (etwa „Fallensteller", s. CAD sub *ḫābilu*) seine Entsprechung hätte. Ähnlich faßt G. Neumann, KZ 87, 1973, p. 298 ^{LÚ}UR.GI$_7$-*aš* LÚ-*aš* als „der Mann des Hundes" auf, eine abundante Schreibung, die im Deutschen nicht nachzubilden sei. Als Parallele läßt sich noch ^{LÚ}DAM.QAR LÚ-*i*[*š* KUB XXXVI 75 II 18′ und ^{LÚ}DAM.QAR-*ša* LÚ-*aš* KUB XXX 10 Rs. 12f. „der Kaufmann" anschließen, was als mittelheth. Parallele für unsere Stelle von Interesse ist.

III 9 Die Ergänzung ist unsicher, da das Wort *duddumiịa-* sonst nicht belegt ist. Sie würde die Lücke in etwa füllen und bezüglich der Wortbildung keine Schwierigkeiten machen. Es muß jedoch auch mit Verschreibung für *duddumi-ịaḫḫandu*, wie Vs. I 26 bezeugt, gerechnet werden.

III 10 Die Bedeutung von *pankur* ist nach wie vor umstritten[73]. Hier soll nur auf diejenigen Stellen Bezug genommen werden, in denen *pankur* wie in unserem Text mit der Familie zusammenhängt; sie bilden die Mehrzahl der Belege. Wie an unserer Stelle erscheint *pankur* auch sonst oft im Anschluß an die Aufzählung der engeren Familienmitglieder: *A-BU-ŠU* ŠEŠ^{MEŠ}-*ŠU*[. . .]x^{MEŠ}-*ŠU pa-an-kur ḫa-aš-š*[*a ḫa-an-za-aš-ša* KBo XIX 42, 15′f., . . . DUMU.DUMU^{MEŠ} LUGAL . . . *pa-an-kur* KUB XXXIV 55, 12′f., *a-pí*]-*e̥-el ŠUM-an* NUMUN-*an pa-an-ku̥r-še̥-i*[*t*] KUB XXIII 76, 17′, NUMUN-*an pa-an-*[*kur-še-it* KBo XVI 56, 21′ (s. das Kapitel VI 3), URU^{DIDLI} $^{\text{ḪI.A}}$-*aš pa-an-*[*kur* Erster Milit. Eid, Fragm. I 7′ (vgl. Komm. dort) „Bevölkerung der Stadt(?)“. Offenbar bezeichnet *pankur* gegenüber den Familienmitgliedern eine allgemeinere Zusammengehörigkeit. Nimmt man dazu die Stelle *šuminzan=a* ÌR^{MEŠ}-*am=man* UR.BAR.RA=*aš mān pankur* . . . 1-*EN eštu* (2 BoTU 10 I 15f.) „und euer, meiner Diener, *p.* sei wie (das) des Wolfes einig“, so wird man ungern von einer Grundbedeutung „Gesamtheit von zueinandergehörigen Personen“ abgehen. Es sei daher vorgeschlagen, die Verknüpfung des Wortes mit *panku-* „gesamt“ beizubehalten[74].

III 11 Zu *ištarna arḫa ḫarnink-* vgl. *ištarna arḫa iịa-* „mitten hindurch gehen“ (vgl. E. Neu, StBoT 5, 1968, p. 65).

III 12 Diese beschädigte Stelle erfuhr noch keine befriedigende Interpretation[75]. Erkennt man in *šu-u* den N.-A. Sg. n. von *šu-* „voll“[76], so erwartet man entsprechend dem sonstigen Gebrauch davor einen Instrumental[77]. Daher muß bei *ú-i-da-an* — zumal es Hapax ist — mit einer verderbten Form gerechnet werden. Nun findet sich der seltene Instr. *u̯edanda*[78] (zu *u̯atar* „Wasser“)

---

[73] Auch die Bedeutung „Milch“ für *pankur* (H. G. Güterbock, RHA 74, 1964, p. 102f.) kann nicht als gesichert gelten.

[74] Mit E. Benveniste, Origines de la formation des noms en indo-européen I, 1935, p. 37.

[75] A. Goetze übersetzt ANET p. 354 (Z. 12f.): "He places an gold stone image of a man in their hands . . ."

[76] *šu-* HW 1. Erg.-H. p. 19. Für Auffassung der Plene und besonders der Hyperplene *šu-u-ú* (StBoT 8, p. 100) bei diesem Wort als Hiatreflex (durch Laryngalschwund) spricht das danebenstehende *ne*-Infix-Verbum *šunna-* „füllen“.

[77] Dem Adjektiv *šu-* geht meist ein Instrumental voraus: *ú-i-te-ni-it šu-u-uš* „voll Wasser“ KUB VII 1 I 47, *še-me-ḫu-ni-it šu-u-uš* KBo XX 8 IV 6, *mar-nu-an-te-it šu-u-un* „voll mit *marnuu̯ant-*“ KBo XXI 72 Vs.? I 13′, GEŠTIN-*it šu-u-un* Bo 2816 IV 10′ „voll mit Wein“, *me-ma-li-it šu-u-ú* „voll Grütze“ KUB XI 19 IV 22′, *tar-li-pí-it šu-u̯a-mu-uš* „voll *tarlipa-*“ StBoT 8 I 26, II 22.

[78] Die Instrumentalendung *-ta* findet sich noch bei einer Reihe weiterer Nomina: *uddanta* „mit dem Wort“ KUB XXX 10 Vs. 18′f., *išḫanda* (Lesung unsicher) StBoT 8 III 47, *šakanda* „mit Mist“ KBo XXII 2 Vs. 2, *ištamanta* „mit dem Ohr“

speziell in Verbindung mit dem ebenfalls bereits selten gewordenen *šu-* „voll“: KUB IX 28 I 12f. *ú-e-da-an-da šu-u-uš*, (N. Sg. c.) „voll (mit) Wasser“, KUB XLI 11 Vs. 6′ ... *ú-e-d]a-an-da šu-u da-a-i* „voll Wasser nimmt er“, *ú-e-da-an-ta šu-u-u[n(-)* 531/d, 9′ (unpubl.).

Man darf dementsprechend an unserer Stelle *ú-i-da-an⟨-da⟩*[79] *šu-u* konjizieren, was auch infolge der vielen anderen Schreibfehler des Textes unproblematisch ist. Offenbar war der alte Instrumental *u̯idand(a)*, der ja bereits nur mehr in erstarrten Formeln gebraucht wurde, wie der Vergleich mit dem 'modernen' *u̯etenit* (Vs. II 22) zeigt, für den Abschreiber nicht mehr verständlich.

Die vorliegende Konstruktion (*σχῆμα καθ' ὅλον καὶ μέρος*)[80], auch sonst im Hethitischen beliebt, findet sich in Z. 17 und 24 wieder (Z. 12 wörtlich: „Die Figur [eines Menschen,] bezüglich ihres Inneren mit Wasser gefüllt, (13) legt er ...“). Der sich ergebende Kontext wird durch religionsgeschichtliche Parallelen bestätigt: Eine Kultfigur, die mit Wasser gefüllt ist und den aufgequollenen Bauch mit den Händen stützt, stellt den Eidbrüchigen dar. Diese beiden Symptome weisen eindeutig auf die Krankheit 'Wassersucht'. Zum außerheth. Vergleich und zu Rückschlüssen auf die Eidesvorstellungen der Indogermanen vergleiche das Kapitel VI 1.

III 15 *li-in-kat-ta* zeigt ebenso wie die (chronologisch anders verteilten) Schreibungen *li-ni-ik-ta*, *li-ik-ta* und wie *ḫi-in-kat-ta* „erkannte zu“ (*ḫi-ni-ik-ta*, *ḫi-ik-ta*), *mar-ak-ta* „zerwirkte“, *ḫar-ak-ta* „ging zugrunde“ eine geschriebene Endung *-ta*. Man möchte erwägen, diese Form als sprachwirklich anzusehen, so daß dann bei der *mi*-Klasse neben der Endung *-t* (3. Sg. Prät. Akt.) auch *-ta* anzuerkennen wäre. Eine innerheth. Erklärung von *-ta* aus *-t* + Stützvokal bietet sich hier an: Der Stützvokal verhinderte den Schwund des Dentals nach Konsonans im Auslaut (vgl. **kerd* > *ker* „Herz“), der zur Unkenntlichkeit der Form geführt hätte.

El.-B. § 61 und ideogr. Tunn. II 44, *kiššarta* „mit der Hand“ El.-B. § 61, *tii̯ammanta* „mit der Schnur“ KBo XIX 132 Rs.? 5′ (durch Dupl. KUB IX 28 III 15 gesichert), *natida* „mit dem Pfeil“ KBo III 41 + Vs. 9.

Die Belege sind großenteils althethitisch; schon im Ah. war die Bildung zudem offenbar weitgehend auf die *r/n*-Stämme beschränkt. *u̯edanda* kann aber nur schwer als Stamm *u̯eten-* + Istr.-Endung *-ta* verstanden werden, es sei denn durch lautliche Angleichung an die oben genannten Formen. Im anderen Falle wäre *-anda* als Endung zu abstrahieren, was zu einem Stamm *u̯ed-* „Wasser“ (Belege bei V. Haas, Nerik p. 7 A. 5) führen würde. Die Produktivität einer durch falsche Abtrennung bei Heteroklitika sekundär entstandenen Instrumentalendung *-anda*, die offenbar in einer kurzen Phase der Sprachentwicklung bestand, führte auch zu Bildungen wie *ked-anda* und *aped-anda*. Vgl. zu junghethitischen Mißverständnissen solcher Bildungen H. Otten, ZA 55, 1962, p. 103.

[79] Die Vokalschreibung *ú-i-* im Anlaut vor Dental ist in älteren Texten verbreitet: *ú-i-ta-an-tu-uš* KUB XXXVI 108 Vs. 8, gegenüber großreichszeitlichem *ú-e-da-an-te-eš* KBo V 8 (AM) Vs. II 16.

[80] Diese Konstruktion tritt im Hethitischen (und anderen idg. Sprachen) besonders bei Körperteilnamen auf.

III 16 *li-in-ki-an-te-eš* Zu abweichendem °-*i̯a-an-*° (Rs. IV 1 usw.) vgl. Komm. zu Vs. I 34.

In Anbetracht der kulturgeschichtlichen Tragweite der Stelle verdient die Frage, wer diese Gottheiten sind, die hier den Meineidigen durch Wassersucht strafen, besonderes Interesse. Zunächst lehrt ein Blick ins Glossar, daß die *linkii̯anteš* (in unserem Text) nur im Nominativ, also als handelnde Personen, erscheinen — *lengai-* „Eid" dagegen nur in den obliquen Kasus und somit als Sachbegriff. Beide wechseln mit der ideographischen Schreibung *NI-IŠ* DINGIR*LIM*/MEŠ, sind aber (entgegen E. Laroche, BSL 57, 1962, p. 32) nicht gleichbedeutend.

Nun scheinen an unserer Stelle die *linkii̯anteš* die in Z. 22 (wenn auch in beschädigtem Kontext) genannte d*Išḫara* mit einzuschließen. In diesem Zusammenhang ist es von Interesse, daß die in den Milit. Eiden genannten Gottheiten weitgehend[81] dem von E. v. Schuler[82] anhand anderer, ebenfalls nichtjunghethitischer Texte aufgestellten Pantheon des Eides entsprechen:

1) Der Mondgott (dXXX), der „Herr des Eides", vgl. Zweiter Milit. Eid Vs. 9′[83], Rs. 21, 23.
2) *Išḫara*[84], die „Königin des Eides", vgl. Rs. III 22.
3) Der Wettergott (dIŠKUR; im von E. v. Schuler a. a. O. besprochenen Text genannt), vgl. Rs. III 40 mit Komm.

Die 'klassischen' Eidgötter sind der Mondgott und *Išḫara*. Beide treten nebeneinander auf (KUB XXVI 43 Rs. 19 = 50 Rs. 10). Da in unserem Text die *linkii̯aš* DINGIRMEŠ (Vs. I 32) mit *linkii̯anteš* hier zu wechseln scheinen, weiterhin aber die „Herren des Eides" d*Išḫara* und der Mondgott sind, darf man m. E. gleichsetzen: *linkii̯anteš* = *linkii̯aš* DINGIRMEŠ[85] = *linkii̯aš* ENMEŠ = d*Išḫara* + dXXX (Mondgott). Somit ergibt sich für Rs. III 22f. eine Ergänzungsmöglichkeit, die mit einer Haplographie und dem Ausfall eines ⟨-*aš*⟩ rechnet und deren Unsicherheit mir bewußt ist: (22) *a̱n-du̱r-za̱-ma̱-*[*aš-ši*]*-kán*

---

[81] d*Šarruma-* tritt als nicht-anatolische Gottheit erst im Zweiten Milit. Eid auf und gehört nicht zu den alten Schwurgöttern.

[82] Die Kaškäer, 1965, p. 115. Vgl. auch den Tette-Vertrag KBo I 4 + Rs. IV 25f. Zu vergleichen ist auch E. Laroche, RHR 148, 1955, p. 11, der den Mondgott und Išḫara als Eidgötter in Ugarit nachwies, sie in dieser Funktion in echt heth. Texten aber noch nicht erkennen konnte (Hinweis von F. Starke).

[83] Hier bereits in hurritischer Aussprache als d!*Um-pa-aš* neben d*Šarruma* (vgl. A. 5).

[84] In unseren Texten findet sich Išḫara im 'anatolischen' Pantheon des Ersten Milit. Eides, nicht aber im hurritischen des Zweiten. — Zu d*Išḫara* als Krankheitsgöttin vgl. nunmehr C. Burde, StBoT 19.

[85] (Ebenso 1. Pestgebet Vs. 2.) Sind nicht diese speziellen Eidgötter gemeint, so erscheint ein Zusatz: *linkii̯aš* DINGIRMEŠ*-eš ḫumanteš* (KBo VIII 35 + Vs. II 17, mit Bezug auf eine vorangehende Götterliste), *LI-IM* DINGIRMEŠ *linkii̯aš* KUB XXIII 76 IV 13′, *LI-IM NI-IŠ* DINGIRMEŠ KUB XXVI 19 Vs. II 41′ „die tausend Eidgötter". Auf die assyrischen Eidgötter d*nīš-ilāni*MEŠ*-māti* (K.F. Müller, Assyr. Ritual p. 25) machte mich E. v. Weiher aufmerksam.

I-NA ŠÀ-*ŠU* DUMU⟨-*an*⟩ ^{d}*Iš-ḫa-a-ra*⟨-*aš*⟩ (23) [^{d}XXX *ap-pa-an-d*]*u na-an ka-ri-pa-an-du* „(22) drinnen aber in seinem Innern sollen [ihm] den Sohn Išḫara (und) [der Mondgott ergreifen] und ihn fressen!“ Der Plural des Verbs erfordert nämlich eine zweite Gottheit neben ^{d}*Išḫara.* Da hier offenbar die vorher in der Protasis genannten *linkii̯anteš* einzeln aufgeführt werden, dürfte in der Lücke der Mondgott gestanden haben. Als Stütze dieser von V. Haas[86] abweichenden Interpretation der Stelle kann der auch sonst eng verwandte Text KBo VIII 35+[87] gelten (Vs. II 23′f.): *nu-uš-ma-aš-kán NI-IŠ* DINGIR^{MEŠ} DUMU$^{\text{ḪI.A}}$-*KU-NU* (24′) *an-da-an kar-di-iš-mi-pát az-zi-ik-kán-du* „und die Eidgötter sollen euch euere Kinder im Leibesinneren fressen!“[88]

Die *linkii̯anteš*, d.h.: der Mondgott und Išḫara, sind es also, die in der hethitischen Religion die klassische Eidesstrafe verhängen, nämlich das Leibesinnere der Eidbrüchigen durch Krankheiten (hauptsächlich Wassersucht) anschwellen zu lassen. Dies geht in unseren Texten aus allen Belegen hervor: Rs. III 12—23, IV 1—2, Zweiter Milit. Eid Vs. 9′ und besonders Rs. 21—23 (vgl. Komm.).

Somit sind aber die *linkii̯anteš* nicht die personifizierten Eide, sondern zwei in besonderem Maß zum Eid gehörige Götter. Also ist das denominale Suffix *-ant* hier wohl nicht als personifizierend oder individualisierend[89] aufzufassen, sondern es bezeichnet die Zugehörigkeit zum Grundwort[90].

Hinsichtlich der Bedeutung des Mondes in diesem Zusammenhang sei noch darauf hingewiesen, daß im Hethitischen sprachlich *armant-* „schwanger“ ein Zugehörigkeitsadjektiv zu *arma-* „Mond“ ist[91]. Dies zeigt, daß dem Einfluß des Mondes sowohl natürliches (Schwangerschaft) wie auch krankhaftes Anschwellen (Wassersucht) zugeschrieben wurde.

III 18 $^{\text{(UZU)}}$*šarḫuu̯ant-* bezeichnet hier den geschwollenen Bauch, da es sich um eine Beschreibung der Wassersucht handelt. Sollte zusätzlich noch im Sinne des vorangehenden Paragraphen ein Vergleich mit einer schwangeren Frau hineinkontaminiert sein, so würde die Bedeutung „von Leibesfrucht geschwellter Bauch“ sein, wodurch auch das Kind im Leibesinneren in Z. 22 in einem anderen Zusammenhang zu sehen wäre.

---

[86] V. Haas, Or. NS 40, 1971, p. 410 faßt (mit A. Goetze, ANET, 1950, p. 354 A. 3) DUMU als Subjekt auf („Söhne der Išḫara“ = Krankheitsdämonen), was jedoch die Konjektur DUMU⟨^{MEŠ}⟩ erfordert, ohne Parallele ist und bei der Wahl des zu ergänzenden Verbs mehr Schwierigkeiten macht als das phraseologisch passende *appandu.*

[87] Vgl. E. v. Schuler a.a.O. p. 115f.

[88] Übersetzung mit H. Otten, MDOG 88, 1955, p. 36. Diese an Männer gerichteten Worte beziehen sich auf die der Zeit eigene Vorstellung, daß der Nachkomme bereits vor der Zeugung im männlichen Körper voll entwickelt ist.

[89] Zur bisherigen Interpretation von *linkii̯anteš* als personifizierende Bildung (zu *lengai-* „Eid“) vgl. H. Kronasser, EHS p. 259ff. (mit Lit.).

[90] Somit kommt ein weiterer Beleg zu den von H. Kronasser, EHS p. 265 (zweifelnd) aufgeführten Zugehörigkeits-Adjektiven auf *-ant* von substantivischen Grundwörtern.

[91] Zum Bildungstyp vgl. H. Kronasser, EHS p. 265, der auch diesen Zusammenhang bereits erwägt.

Für *šarḫuu̯ant-* (Ges. § 77a) hat die ältere Version die Genitivverbindung *ŠA* ŠÀ^{BI}-*ŠA* „das ihres Inneren"; ŠÀ ist so auch hier nicht gleich *šarḫuu̯ant-* [92]. Die Bedeutung „das im Bauch Befindliche, Leibesfrucht" dürfte also die ursprüngliche sein und sich erst über „geschwollener Bauch" (so wohl unsere Stelle) zu „Bauch" entwickelt haben.

UGU-*a* „(nach) oben" ist Hapax neben normalem UGU. Da *karpan ḫark-* „sich aufgeladen haben, oben halten" [93] mit Kasus (oder Adverbien) der Ortsruhe konstruiert ist, wird auch hier UGU-*a* = *šarā* wie in Vs. I 18 eher Adverb der Ortsruhe sein als, auf die Aktionsart von *karp-* bezogen, die Ortsrichtung bezeichnen. In III 45 gibt UGU das alte *šarā* der Vorlage wieder, das im Duplikat bewahrt ist.

III 24—25 IGI$^{\text{ḪI.A}}$-*u̯a* kann hier nur Nom.-Akk. sein. Da der Platz des Objekts jedoch bereits durch *nan* besetzt ist, läßt sich die Stelle nur lösen durch Auffassung von *nan* IGI$^{\text{ḪI.A}}$-*u̯a kat-t*[*a*] als akkusativisches *σχῆμα καθ' ὅλον καὶ μέρος* (vgl. Vs. I 29—30, Rs. III 12, 17 mit Komm.).

Zur Ergänzung IGI$^{\text{ḪI.A}}$-*u̯a kat-t*[*a ḫu-u̯a-ap-p*]*a-a-i* und damit zur Lösung dieser schwierigen Stelle gelangt man auf folgendem Weg: Einen unserer Stelle sehr ähnlichen Kontext bietet KUB VII 46 6′ff., das sich durch die — allerdings sehr verderbte — Abschrift unpubl. Bo 3085 Vs.? I 10′ff. wiederherstellen läßt:

6′ . . . *nam-ma-kán* GI$^{\text{ḪI.A}}$
[(*ša-ra-a*)] *ḫu-it-ti-i̯a-an-zi* [a] *na-aš* IGI$^{\text{ḪI.A}}$-*u̯a*
8′ [(*kat-ta u̯*)]*a-aḫ-nu-u̯a-an-du-uš tar-na-an-zi*

[^{SAL}ŠU.G(I-*m*)]*a ki-iš-ša-an* [b] *me-ma-i ku-iš-u̯a*
10′ [(*A-NA* LUGAL SAL.)]LUGAL *a-ra-aḫ-zé-na-aš* UKÙ-*aš* [c]
[(ḪUL-*lu*) *ták-š*]*a-an ḫar-zi nu-u̯a-ra-a-an* DINGIR^{MEŠ} *QA-TAM-MA*
12′ [(IGI$^{\text{ḪI.A}}$-*u̯a*) *kat*]-*ta ḫu-u-u̯a-ap-pa-an-du*

---

a Bo 3085 Vs.? I 10′ *ša-ra-a ti-it-ti-i̯a-an-z*[*i*]; vgl. aber KBo XVII 18 II 12 (ah. Duktus) GI-*an ḫu-ut-ti-an-na-i tar-na-i̯-ma-za.*
b Bo 3085 Vs.? I 12′ *kiš-an* c I 13′ *an-tu-ri-u̯š*

„. . . Dann zückt man Pfeile und läßt sie mit den Spitzen [94] nach unten gedreht hinab. Die weise Frau spricht folgendermaßen: ‚Welcher Fremde dem König

---

[92] Entgegen E. v. Schuler, Die Kaškäer, 1965, p. 116. $^{\text{(UZU)}}$ŠÀ geht ^{UZU}*šarḫuu̯ant-* in KBo XIII 99 III 8′f. und unpubl. 662/u r. Kol. 4ff. voraus, was Identität beider ohnedies ausschließt.

[93] So mit H. Otten, ZA 63, 1973, p. 79, leicht variierend G. Neumann, KZ 87, 1973, p. 296: „festhalten".

[94] Zur Übersetzung von IGI$^{\text{ḪI.A}}$-*u̯a kat-ta* vgl. KUB IX 6 + I 1f., das ich wie folgt interpretieren möchte:

(2) . . . *nam-ma-at-ša-an* (3) EGIR-*pa ku-it* ^{GI}*pát-ta-a-ni kat-ta šu-uḫ-ḫa-a-i pát-tar-ma* (4) IGI$^{\text{ḪI.A}}$-*u̯a ša-ra-a na-a-i nam-ma-at kat-ta-an A-NA* ^{GIŠ}PISÀN (5) *ŠA* GI *da-a-i* „Was er nachher in den Korb hinunterschüttet, — den Korb (aber) lenkt er mit der Öffnung nach oben — das legt er in den Kasten aus Rohr".

und der Königin Böses zugefügt hat, den sollen die Götter ebenso 'ins Gras beißen lassen'!'". Unser Text zeigt, daß der idiomatische Ausdruck *šakuu̯a katta ḫuu̯appa-* (wörtlich „ihn mit den Augen nach unten gewendet beschädigen") nur beinhaltet, daß der Betreffende niedergeschlagen wird, wobei er mit dem Gesicht nach unten zu liegen kommt. Erst anschließend wird auf dem zur Erde Geworfenen herumgetrampelt (*išpar(ra)-*) (s.u.). Die gleichen Vorgänge erscheinen im folgenden Beleg, der übrigens ebenso wie der zweite Teil des beschriebenen Fluchs in unserem Text (Z. 27ff.) die Mißhandlung einer Stadt zum Inhalt hat: KUB VII 57 I 3ff.

. . . *i-i̯a-an-ni-ša-aš* ^{d}U-*ni ḫa-lu-ga-aš*[
4 *na-an-kán me-na-aḫ-ḫa-an-da* ^{d}LAMA-*aš ša-ku-u̯a-ạ-*[*it*]
ku̯-it-u̯a ú-u̯a-aš DUMU.LÚ.ULÙ.LU-*aš-ma-u̯a-an-na-aš* AN-×-×[
6 *ḫạ-lu-gạ-an ú-da-aš* ^{d}IŠKUR-*aš-u̯a* ^{URU}*Li-iḫ-zi-na-an* [
[IGI$^{\mathrm{HI.A}}$-*u̯a*] *kat-ta ḫu-u̯a-ap-pa-aḫ-ḫi nu-u̯a-aš-ša-an pa-i-mi*
8 [ ]*ḫu-u-ma-an-ni iš-pạ́r-aḫ-ḫi* $^{\mathrm{SAL.MEŠ}}$ŠU.GI *iš-pár-nu-mi*
[ ]× *u-i-e-ir UM-MA* ^{d}LAMA . . .

„Gegangen ist er zum Wettergott als Botschaft[95], und es blickte ihm der Schutzgott entgegen: ‚Warum bist du gekommen? Hast du Menschenkind uns, den Göttern(?), eine Botschaft gebracht?' (Ja, nämlich wegen folgender Aussage:) ‚Ich, der Wettergott, werde die Stadt Liḫzina aufs [Antlitz] werfen, und es wird dazu kommen, daß ich sie auf dem . . .[96] zertrete und die alten Weiber zerstreue'. Deshalb hat man mich hergeschickt. Darauf der Schutzgott: . . .".

Unter den weiteren Belegen braucht IBoT III 114 Rs. 1ff. nicht ausgeführt zu werden, da es KUB VII 46 (s.o.) weitgehend gleicht. Dagegen fällt KBo XX 67 Vs. II 50ff. und 60f.[97] aus der Reihe, da *šākuu̯a katta ḫuu̯appa-*[98] sich hier auf die Behandlung bestimmter Brote bezieht:

50 ^{LÚ}SÌLA.ŠU.DU$_8$-*aš-kán* LUGAL-*i* ^{NINDA}*ḫar-ši-uš da-a-i na-aš*[
51 *pa-a-i na-aš-ša-an PA-NI* ZAG.GAR.RA *A-NA* ^{GIŠ}BA[NŠUR
52 *A-NA* NINDA.KUR$_4$.RA$^{\mathrm{HI.A}}$ *še-ir* IGI$^{\mathrm{HI.A}}$-*u̯a kat-ta ḫ*[*u-u̯a-ap-pí*]

---

60 *na-an A-NA* [(GAL LÚ^{MEŠ} ^{GIŠ})]BANŠUR *pa-a-i na-an-ša-an pạ*-×-×-×
61 *A-NA* NINDA.KUR$_4$.RAH[$^{\mathrm{I.A}}$ *še-ir* I]GI$^{\mathrm{HI.A}}$-*u̯a kat-ta ḫu-u̯a-ap-pí*

„Der Mundschenk nimmt dem König die Dickbrote und gibt sie . . . und schlägt sie mit der Oberseite(?) nach unten vor dem Opfertisch auf das Tisch-

---

[95] So zu übersetzen wegen Z. 2 *apāš=u̯a paizzi* ^{d}U=*ni ḫalugaš*.

[96] Auch der zweite Beleg des Dat.-Lok. Sg. *ḫu-u-ma-an-ni*, KBo XXII 215 Rs. V 5'f. LUGAL-*uš ḫu-u-ma-an-ni* (6') [ ]×-*a-ri*, erlaubt keine Bedeutungsbestimmung.

[97] Zu diesem Passus läuft parallel KBo XVII 88 Z. 7ff.; Z. 9f. bietet *nanšan ištanāni piran* [ ] *šākuu̯a katta ḫuu̯appi*.

[98] Für den Stammansatz *ḫuu̯appa-* sei auf meine Dissertation verwiesen.

gestell (und zwar) auf die (übrigen) Dickbrote“[99]. (60f. ist ganz ähnlich aufzufassen.)

Wir haben also mit *šākuu̯a katta ḫuu̯appa-* einen hethitischen Spezialausdruck vor uns, dessen Bedeutungsskala zwar erfaßbar, wörtlich aber nicht übersetzbar ist.

III 25 Die Bedeutung „hinbreiten“[100] ist für *išpar(ra)-* hier, in Z. 31 und einer Anzahl von Belegen aus anderen Texten zu schwach. Der Vergleich mit der Stadtzerstörung hier und das Objekt dort lassen nur e i n e Bedeutung zu: „flachtreten, zertreten“. Dies fügt sich genau zur Grundbedeutung der *išpar(ra)-* zugrundeliegenden idg. Wurzel **sperh*$_{1,3}$-[101], wie sie in ai. *sphuráti* „stößt mit dem Fuß“, lat. *spernere* „zurückstoßen“, altisl. *sperna* „mit den Füßen wegstoßen“ usw. vorliegt. Die Nebenbedeutung „ausbreiten“ dürfte innerhethitisch in der Sprache der Landwirtschaft entstanden sein[102], wo das Ausbreiten meist mit dem Fuß geschieht (Stroh usw.).

III 28 [DINGIR^{M}]^{EŠ} Auf die seltene, meist jh. Zeichenform von MEŠ sei hingewiesen; sie begegnet auf dieser Tafel noch mehrfach (z. B. Rs. IV 10, 12) neben der normalen Form. Zur dritten Variante, die nur C aufweist, vgl. Komm. zu Fragment I 12′. — Die Ergänzung [DINGIR^{M}]^{EŠ} hat gegenüber ebenfalls möglichem [LÚ^{M}]^{EŠ} den Vorzug, daß es sich mit der Parallele KBo VIII 35+ Vs. II 16ff. („. . . sollen alle Eidgötter eure . . . Städte . . . vernichten!“) direkt an die Thematik der mh. Fluchformeln anschließen läßt (vgl. p. 79).

---

[99] Die Übersetzung wird bestätigt durch ib. II 40ff.

40 ^{LÚ}SÌLA.ŠU.DU$_8$-*aš-kán* LUGAL-*i* ^{NINDA}*ḫar-ši-in d[a-a-i*
41 *pa-a-i na-an-ša-an iš-ta-na-a-ni p[í-ra-an]*
42 *pár-ši-i̯a-an-ta-aš* ^{NINDA}*ḫar-ša-i̯a-aš* IGI$^{\text{ḪI.A}}$-*u̯a ka[t-ta]*
43 *še-ir da-a-i*

„der Mundschenk ni[mmt] dem König das Dickbrot [und] gibt [es . . .] und legt es v[or] dem Opfertisch auf die (schon) gebrochenen Dickbrote mit der Oberseite nach un[ten] darauf.“

[100] So J. Friedrich, HW p. 98 und E. Neu, StBoT 5, 1968, p. 168, obwohl A. Goetze für *išparr-* bereits 1928 eine Tätigkeit der Füße erwogen hatte (Madd. p. 143) — vgl. J. Friedrich, ZA 35, Nachtrag, in Hethitische Studien, 1924, p. 48. Eine seltenere Nebenbedeutung „ausstrecken“ darf man wegen KBo XVII 61 Vs. 17 *e-ik-za iš-pár-ra-an-za* und KUB IX 28 I 15 *iš-pa-a-ta . . . iš-pár-ra-an ḫar-zi* vermuten.

[101] Mit E. Benveniste, BSL 33, p. 139 entgegen HW.

[102] Die beiden Hauptbedeutungen des Verbums: „ausbreiten“ und „treten“, verteilen sich völlig ohne Ratio auf die beiden Stämme *išpar-* und *išparra-*. Es wird an anderer Stelle gezeigt werden, daß das Nebeneinander dieser Stämme auf einer innerhethitischen Entwicklung beruht und nicht auf indogermanische Verhältnisse zurückprojiziert werden darf. Vielmehr bilden *išparrizzi* und *sphuráti* eine unmittelbare Gleichung.

III 29 *dannatta* ... *i̯a-* entspricht dem militärischen Terminus *dannattaḫḫ-* „entvölkern“[103]. Die Endung *-a* des Adjektivs ist korrekt, wenn man URU-*i̯ašeššar* als Plural Neutrum auffaßt[104]. Diese Lösung ist der Annahme vorzuziehen, daß die Endung *-a* die Folge des prädikativen Gebrauchs sei, wofür es wenig sichere Parallelen gibt. (Oder verschriebener Sg. *dan-na-at-ta-⟨an⟩?*)

URU-*i̯a-še-eš-šar* E. Neu, StBoT 18, 1974, p. 106f., hat ein neben dem *a*-Stamm *ḫappira-* „Stadt“ stehendes *ḫappirii̯a-* gleicher Bedeutung nachgewiesen. Er sieht diesen Stamm mit Recht auch im Vorderglied des Kompositums URU-*(ri)i̯ašeššar*. Unter Heranziehung der Parallelbildung *tu-uz-zi-i̯a-še-eš-šar*[105] (< *tuzzi* „Heer“[106] + *ašeššar*) kann nun auch die Bildeweise und Bedeutung dieses Kompositums geklärt werden. Das Vorderglied ist nicht mit A. Kammenhuber[107] und H. Kronasser[108] als Dativ-Lok. *ḫappiri*, sondern als Stammform aufzufassen; es handelt sich also um ein Determinativkompositum vom Typ *šuppi-u̯ašḫar* „Zwiebel“ (< „reine Pflanze“ o. ä.)[109]. Die dadurch und durch den Kontext an unserer Stelle (URU-*ri-i̯a-še-eš-ša*[*r* KUB XXIII 116 I 6 ist fragm.) wahrscheinlichste Bedeutung ist „Stadtsiedlung“; parallel dazu dürfte *tuzzii̯ašeššar* „Heerlager“ heißen.

III 30 [*u̯a-lu*]*-ú-la-an* ist Akkusativobjekt zu *parai-* „blasen“ und ist nach dem Zusammenhang offenbar etwas wie „Blase“. Der ähnliche Kontext von unpubl. 78/e Vs. 2′ff.[110] erlaubt die vorgenommene Ergänzung; er bietet nämlich:

78/e Vs. 2′ -*i*]*t pa-ra-a-aš-ta pa-*[*ra-a*
3′]× *u̯a-a-lu-lu-uš iš-ša-a-aš*[
4′ I]GI$^{HI.A}$-*ŠU ú-u̯a-a-tar-še-it d*[*a-a-aš*]

Hier könnte *u̯alula-* zum Mund- oder Atembereich gehören, da der Begriff (als Akk. Pl.) neben „des Mundes“ steht und gleichzeitig neben dem einzigen weiteren Beleg von *parā-* „Luft“[111]. (Auch hier folgt auf *parā-* „Luft“ wohl das reimende Adverb *parā*.)

---

[103] Z.B. KBo III 4 III 44.

[104] „Kollektivisch“ interpretiert E. Neu die Form *dannatta* (IF 74, 1969, p. 240f.)

[105] In Fragm. 27 I 5′ der 'Deeds' (H. G. Güterbock, JCS 10, 1965, p. 85).

[106] Der mehrfach vermutete Stamm *tuzzii̯a-* „Heer“ darf für das urkundlich bezeugte Hethitisch nicht angesetzt werden; er dürfte daher auch in *tuzzii̯ašeššar* nicht verbaut sein.

[107] A. Kammenhuber, MIO 2, 1954, p. 406. [108] H. Kronasser, EHS p. 291.

[109] Zum Kompositionstyp vgl. A. Kammenhuber, KZ 77, 1961, p. 181ff.

[110] Diese Tafel ist als Parallele um so mehr von Interesse, als ihr Duktus in das 15. Jahrhundert gehören dürfte, wodurch sie der Sprache unseres Textes zeitlich nahesteht.

[111] An *p(a)rā-* „Luft“ ist mit E. Neu, StBoT 5 p. 168 (entgegen J. Friedrich, HW p. 159) um so mehr festzuhalten, als es durch das Verbum *p(a)rai-* „blasen, anfachen“ gestützt wird. Der Vergleich mit homerisch °ἔπρηθον „ich fachte an“, attisch πίμπρημι „ich fache an“ (ai. *prāṇaḥ* „Atem“ usw.) erfordert für das Hethitische den Ansatz eines Wurzelnomens mit Nominativ *proh$_1$-s*, Genitiv *preh$_1$-s*

Durch die Wendung „das Sehen der Augen“ (4′) rückt die Stelle in die Nähe des dritten Belegs von *u̯alula-*, KUB XXXIII 66 Vs. II 18′:

16′ *A-NA* DUMU.LÚ.ULÙ.LU-*ma tu-ik-ki-iš-ši* [
la-lu-uk-ki-it ḫar-ša-ni-iš⟨*-ši*⟩ KI.MIN *ša-ku-u̯*[*a-*
18′ *u̯a-a-lu-la-aš-ša-aš* KI.MIN IGI^ḪI.A^-*aš ḫar-ki*[(-)
KI.MIN *ḫa-an-ti-*[ ]×-*ši* KI.MIN *e-ne-*[*r* . . . KI.MIN
20′ KI.MIN *la-ap-li-pa-aš-ša* [KIMIN]

16′ „[Was(?)] dem Menschenkind aber an seinem Körper ist [(?) . . .
. . . . an seinem Kopf[112] desgleichen, [an seinen] Augen [
18′ an seinen *u̯alula* desgleichen, [am] Weißen der Augen . . .
an seiner Stirn(?) desgleichen, [an seiner] Brau[e desgleichen . . .
20′ desgleichen und an den Wimpern(?) [desgleichen]“.

Man denkt hier an einen Teil des Auges („Pupille“?), doch zeichnet sich noch keine semantische Lösung für alle drei Belege gemeinsam ab. Immerhin handelt es sich möglicherweise um einen paarigen Körperteil, da zwei Belege den Plural zeigen.

III 36 IM.ŠU.NÍG.NIGÍN.NA „Ofen“ wird man mit J. Friedrich[113] und A. Goetze[114] gegen O. R. Gurney[115] beibehalten; die Schwäche des Vergleichs III 42—45 in der bisherigen Übersetzung „Wie aber aus dem Ofen keine Wiese emporkommt“ entfällt bei näherer Betrachtung weitgehend: Nach dem Photo und gegen die Edition ist in 42 nicht *ú-el-lu*[116], sondern *ú-el-ku* zu lesen, also nicht „Wiese“, sondern „Pflanze(n)“. Das bei dem Wort für Ofen vorkom-

---

„Luft, Hauch, Atem“. Hiermit setzt das Wort *p(a)rā-* einen urindogermanischen Bildungstyp fort, dessen hohes Alter J. Schindler zuletzt in BSL LXVII, 1972, p. 31 ff. behandelt hat. Einen Genitiv des gleichen Typs (Nom. **dom-s*, Gen. **dem-s* „Haus“) hat ja das Hethitische vielleicht in *nekuz* „der Nacht“ bewahrt.

Auch semantisch stimmt *p(a)rā-* „Luft“ als Ergebnis der Handlung **preh₁-* „blasen“ (*p(a)rii̯anzi* „sie blasen < **preh₁-i̯o-nti*) zu der stets resultativen Bedeutung dieses Nominaltyps.

Dagegen bildet *p(a)rip(a)rai-* „anfachen“ mit *πίμπρημι* „ich fache an“ lediglich eine sekundäre, aber keine ererbte Gleichung. Denn *p(a)rip(a)rai-* löst als Neubildung ebenso erst in jh. Zeit das ältere *p(a)rai-* ab wie *πίμπρημι* in attischer Zeit das ältere *πρήθω*. Der Fall zeigt, welche Vorsicht die Aufstellung von Gleichungen bei den so produktiven reduplizierten Präsentien erfordert.

112 Zum Ansatz eines Stammes *ḫaršani̯-* (HW p. 59) besteht kein Anlaß. Der Stamm ist im Junghethitischen *ḫaršana-* in Hypostase für das altheth. *r/n*-Heteroklitikon *ḫaršar*.

113 Zuletzt in Heth. Keilschrift-Lesebuch II, 1960, p. 48. Allerdings ist IM hier kein Determinativ, was ^DUG^IM.ŠU.NÍGIN.NA (KBo II 4 II 16, III 20) zeigt.

114 ANET p. 354. 115 AAA 27, 1940, p. 70.

116 Somit erledigen sich auch die Versuche, unter Hinzuziehung des *-ma* des vorausgehenden Wortes ein Nomen *ku-ú-el-lu* zu lesen. (F. Josephson, Sentence Particles, 1972, liest für diese Stelle p. 124 *ku-ú-al-lu*(?), p. 170 A. 34 *ku-ú-el-lu* und p. 260 *ku-e-el*.)

mende Determinativ DUG (vgl. A. 115) zeigt, daß er zugleich als Gefäß dienen konnte und wohl transportabel war. Solche transportable Tonöfen sind für den Alten Orient und auch Ḫattuša[117] archäologisch bezeugt.

III 38—39 Zwischen *daitti* und *tezzi* liegt ein besonders krasser Fall von Personenwechsel innerhalb einer Handlungsreihe vor, ebenso in Z. 46. Daß der Wechsel nicht inhaltlicher Natur ist, zeigt der Vergleich mit dem parallel gebauten Rs. IV 4—5 oder Vs. II 44. Vielleicht liegt Einfluß des akkadischen Rituals mit seinem häufigen Gebrauch der 2. Sg. vor. Dagegen fehlt der in hurritisch und luwisch beeinflußten Ritualen häufige Wechsel zwischen 1. Sg. und 3. Sg.[118]

III 39—40 Der Akk. Pl. c. *ki-e* des Pronomens hier und in Vs. II 35 neben dem in gleicher Phrase im Text normalen und grammatikalisch korrekten *ku-u-uš* (*NI-IŠ* DINGIR^{LIM}) erklärt sich als Einfluß des daneben ständig vorkommenden N. Pl. c. *ki-e NI-IŠ* DINGIR^{LIM}. Die Entwicklung wurde begünstigt durch die gegen Beginn der jh. Zeit aufkommende sprachliche Unsicherheit in den Endungen der Demonstrativpronomina. (Vgl. J. Friedrich, EL.-B. § 112; zu den Endungen dieser Pronomina vgl. auch Komm. zu Vs. I 45 *apē*.)

III 40 ^{d}IŠKUR-*aš*. Ein in junger Zeit abgefaßter Text würde wohl ^{d}U geschrieben haben[119].

III 45 Für *za-aḫ-ḫé-li* bietet das Duplikat B *ḫa-aḫ-ḫal-l*[*i*. Da sich B aufgrund von anderen Kriterien als Vorlage von A erwiesen hat, wird man *zaḫḫeli* als (vielleicht umdeutende) Verschreibung betrachten, zumal eine solche graphisch durchaus naheliegt.

Zudem ist *zaḫḫeli* Hapax; es kann sich auch nicht, wie angenommen, hinter dem Ideogramm ZAG.AḪ.LI verbergen, wie der Akk. Sg. ZAG.AḪ.LI-*an* KBo III 22 (Anitta) 48 zeigt, der einen *a*-Stamm erwarten läßt. An unserer Stelle kann *ḫaḫḫal*[*i* nur Dat.-Lok. sein, da eine Ergänzung zum Instrumental °-*l*[*i-it* infolge des Kontextes ausscheidet.

Das Medium *i̯a-* mit der Grundbedeutung „gehen" würde in diesem Fall (*našta šarā ḫaḫḫali i̯ataru*) vielleicht aufzufassen sein als „und es (sc. das Feld) soll (hinauf) in die Macchia (über)gehen!"[120].

III 46 ff. KUŠ.SA$_5$ dürfte phonetisch KUŠ *ē*/*išḫaru̯il* lauten, da *ešḫaru̯il* stets in dieser Verbindung auftritt: KUŠ.UDU-*i̯a iš-ḫar-ú-i-*[*il* KUB VII 13 I 25′ bzw. *e-eš-ḫar-ú-i-il* ib. 14′, *e-eš-ḫar-ú-i-il* KUŠ-*an* KUB IX 4 II 5, KUŠ *iš-ḫar-ú-i-il*

---

[117] Vgl. W. Schirmer, WVDOG 81, p. 56 m. Abb. 218, 219.

[118] So in KUB XV 34, besonders Rs. IV.

[119] Zum Wettergott im Eid vgl. Kommentar zu Rs. III 16. — Für diesen graphischen Wechsel ein Beispiel aus vielen: KUB XXIX 3 Vs. 6′ (ah. Duktus) ^{d}IŠKUR-*an* gegen Var. KUB XXIX 1 Vs. I 26 (jh. Abschrift) ^{d}U-*an* (Bauritual).

[120] Ungern wird man fehlerhaften medialen Gebrauch von *i̯a-* „machen" erwägen: „es soll (nach) oben zu Macchia gemacht werden(?)".

unpubl. Bo 5969 Vs. I 3′. An unserer Stelle handelt es sich offensichtlich um einen Akt des Färbens, nicht des Blutig-Machens, weshalb auch das Verbum *ešḫarnuu̯anzi* hier so aufzufassen ist. Aus der Zwangsläufigkeit der Passage heraus darf eine Ergänzung *i[šḫar]u̯atar* vorgeschlagen werden, das zwar sonst nicht bezeugt ist, aber aus dem gut belegten[121] *ešḫaru̯aḫḫ-* jederzeit ableitbar war. (Vgl. *papraḫḫ-* : *papratar*.)

šu-ma-a-ša zeigt Einfachschreibung des Konsonanten vor enklit. *-a*, während an anderen Stellen Doppelschreibung erscheint (s. Glossar sub *-a*). Für eine Diskussion dieses Phänomens außerhalb des Althethitischen, für das der Gebrauch in StBoT 8 zu vergleichen ist, s. Ph. Houwink ten Cate, Fs. H. Otten, p. 119ff.

IV 5—11 Wieder bietet der Telipinu-Mythos einen fast gleichlautenden Analogiezauber (allerdings unter Vorziehung von *u̯aran paḫḫur*), vgl. E. Laroche, RHA 77, 1965, p. 95 Z. 21ff.: *ᵈTe-li-pí-nu-uš kar-di-mi-i̯a-u-u̯a-an-za* ZI-*ŠU k[a-ra-a-az-ši-iš]* (22) *ú-ri-u̯a-ra-an pa-a-aḫ-ḫur nu ki-i pa-a-aḫ-ḫur ma-a-aḫ-ḫa-[an ki-iš-ta-ri]* (23) *kar-pí-ša kar-di-mi-i̯a-az ša-a-u-u̯a-ar QA-TAM-M[A ki-iš-ta-ru]* „Telipinu ist zornig, sein Sinn (und) I[nneres(?)] (22) ist brennendes Feuer. Wie nun dieses Feuer (hier) [verlöscht], (23) so soll auch des Telipinu Wut, Zorn und Groll [verlöschen]!" Entfernt zu vergleichen ist: KUB XXXII 138 Vs.(?) 3′—4′ ... *i-da-a-lu* IGI^ḪI.A^-*u̯a* ...... *QA-TAM-MA ki-iš-ta-ru* „... böse(?) Augen ...... sollen ebenso verlöschen". (Ähnlich KUB XXXII 131 + IV 12f.; vgl. F. Sommer, OLZ 48, 1953, Sp. 10.) Einen etwas anderen Vergleich zeigen KUB XXXIII 49 Vs. II 10 und der Zweite Milit. Eid Vs. 17′—24′, wo das Auslöschen von Fackeln mit dem Auslöschen des Eidbrüchigen und der Seinen verglichen wird (siehe dort).

Die Länge des Fluches hier (5—17) legt es nahe, in ihm den letzten Fluch der Vereidigung zu sehen; es folgte also wohl keine dritte Tafel nach.

IV 11—12 *li-en-ki-aš* DINGIR^MEŠ^. Zum Inhaltlichen vgl. Komm. zu Rs. III 16, zum Lautlichen Vs. I 20.

IV 13—17 Die Passage demonstriert zusammen mit Vs. II 40 die Bedeutungsdifferenz von kollektivem *u̯ellu-* „ungemähtes Gras, Wiese, Au" und *u̯elku-* „Pflanze, Gras"[122] (mit Zusatz *ḫātan* „getrocknet": „Heu").

Der ungewöhnliche Dat.-Lok. *ḫali-* zum *i*-Stamm *ḫali-* „Hürde" erklärt sich möglicherweise durch die Parallelität zu *ašauni-*, zumal beide Wörter auch sonst nebeneinander erscheinen.

---

121 Belege bei E. Neu, StBoT 5, p. 32.

122 Zur Bedeutung von *u̯elku-* vgl. B. Rosenkranz, JEOL 19, 1965/66, p. 507, L. Jakob-Rost, MIO 1, 1953, p. 375 mit Lit.; A. Goetze, ANET p. 354, übersetzt umschreibend: *u̯ellu-* „offspring", *u̯elkuu̯an* „grass". Wir haben die allgemeine Bedeutung „Gewächs" gewählt, um *u̯elku(u̯an)-* einerseits gegenüber „Wiese" abzugrenzen, andererseits weitere Präzisierungen offenzulassen. (H. Eichners Vorschlag: „Halm", demnächst in 'Die Sprache', paßt an der Stelle Rs. IV 17 gut, normalerweise scheint *u̯elku-* aber die kollektive Bedeutung „Gewächs, Gras" zu haben.)

IV 15 *šu-up-li-eš-ši* Gegenüber normalem *šuppal-*, *šuppala-* ist die Schreibung *šu-up-li-* (Dat.-Lok. Sg.) als vereinzelte Synkope oder Schreibfehler aufzufassen.

Die andere Interpretationsmöglichkeit der drei *i*-Kasus: „in seiner Hürde und seinem Pferch für sein Vieh“ wird ihrer Parallelität nicht gerecht. Keinesfalls ist *šupli=ši* lokativisch aufzufassen[123], da der Sinn der Stelle eine Änderung der sicheren Bedeutung „Vieh“ von *šuppal(a)-* nicht notwendig macht.

IV 16 *ag-ga-li-it* Der bisherige Bedeutungsansatz[124] „Furche“ und die damit verbundene Auffassung von *IŠ-TU* A.ŠÀ-*ŠU* ... *aggalit* als σχῆμα („aus seinem Feld aus einer Furche“) wird durch den Beleg KUB XXXIX 14 I 3′ff. in Frage gestellt: (3′) *nam-ma-aš-ša-an* ^{GIŠ}A[PIN (4′) *an-tu-uḫ-ša-aš*[(5′) *nu ag-ga-la-an na-aš-*[*ma*(?)] (6′) *pí-en-na-a-i nu* I ^{DUG}[(7′) *nu ag-ga-li* EGIR-*an*[(8′) *nu ki-iš-ša-an* [*da-r*]*a-a*[*n-zi*] (9′) ^{GIŠ}APIN-*ịa-ụa-ra-an* × *Ú-UL nạ-ạ-*[

Es sind offenbar zwei Geräte, von denen hier die Rede ist. Dabei steht *aggala-* in Opposition zum normalen Pflug (^{GIŠ}APIN), so daß die Bedeutung „tiefgehender Pflug“, die an unserer Stelle (IV 16) am besten paßt, auch hier einleuchtet. Eine stärkere Stütze als die Seltenheit der Endung *-it* in ablativischer Funktion ist für diesen Bedeutungsansatz die Etymologie: *-ala-* bildet im Hethitischen Nomina Instrumenti[125] und kaum Nomina rei actae, so daß „Furche“ regelwidrig wäre.

IV 16—17 *IŠ-TU* A.ŠÀ-*ŠU-ma-aš-ši-kán* ... *ú-el-ku-ụa-an li-e ú-iz-zi* „Aus seinem Feld ... soll ihm keine Pflanze kommen!“. Das verwandte Ritual (vgl. das diesbezügliche Kapitel) KBo XVI 56 bietet in Z. 18′ NUMUN-*an ú-el-ku-ịa li-e ú-iz-zi* „... sollen Samen und Pflanzen nicht kommen!“. Vgl. auch Rs. III 42f. unseres Textes: GIM-*an-ma*! *ú-el-kụ ša-r*[*a*]*-a Ú-UL ú-iz-zi na-aš-ta* ... (44) *IŠ-TU* A.ŠÀ-*ŠU* ZÍZ-*tar* ŠE^{AM} *ša-ra-a li-e* (45) *ú-iz-zi* (s. Komm. dort).

Der gleichen Formel bedient sich die Magie bestimmter Texte, wenn Böses am Emporkommen gehindert werden soll. Wieder erweist sich hier der Telipinu-Mythos als verwandt: KUB XVII 10 (E. Laroche, RHA 77, 1965, p. 97) IV 15ff. *kat-ta-an da-an-ku-i ták-ni-i* ... (16) ... *na-aš-ta* (17) *nam-ma ša-ra-a Ú-UL ú-iz-zi* „Unten in der dunklen Erde ... und es wird (später) nicht mehr heraufkommen“.

Die Formel ist bis in junghethitische Zeit lebendig, wofür THeth 2 Kol. II 21ff. zu vergleichen ist: ... *al-ụa-an-za-ta* ... (22′) *ták-ni-i kat-ta-an-da te-e-ḫu-un* (23′) *na-at tar-ma-a-nu-un nu al-ụa-an-za-ta* (24′) ... *-kán* ... *ša-ra-a li-e ụ-ịz-zi* „... die Bezauberung (22′) habe ich hinunter in die Erde gelegt (23′) und sie festgesteckt, und die Bezauberung ... (24′) ... soll nicht

123 So seinerzeit A. Goetze, a.a.O., anders dann JCS 20, 1966, p. 128f.

124 Vgl. J. Friedrich, HW p. 337 mit Lit.

125 Vgl. die Beispiele bei H. Kronasser, EHS p. 172f. und N. v. Brock, RHA fasc. 71.

heraufkommen!". (Ähnlich KUB XXXIII 47 + 54 II 5′ff., XLI 8 I 6′, IX 11 +.)

Das hohe Alter dieser magischen Wendung, die eindeutig anatolischer Herkunft ist[126], geht schließlich aus ihrem Auftreten in dem althethitischen Ritual StBoT 8 hervor: (III 12) *ta-at a-ap-pa ša-ra-a li-e ú-e-iz-zi.*

IV 18 ERÍN^MEŠ^-*an* ist kollektiver Singular wie in KBo V 8 Rs. III 24f. ... *ku-in* 9 *LI-IM* ERÍN^MEŠ^ ^m^*P. ú-ua-te-it* „die 9000 Mann, die P. herbeiführte". Ähnlich KBo XXII 2 Rs. 7′f., ah. Duktus (StBoT 17). Vgl. dort H. Otten p. 45: Die Schreibung ERÍN^MEŠ^ gibt in alten Texten einen kollektiven Singular wieder ...

IV. 2. Fragmente zum Ersten Milit. Eid

Fragment I mit Duplikat Fragment II (Vs. I der ersten Tafel)

Vs. I 2′—5′ Hier sei trotz der schlechten Erhaltung der Stelle eine Übersetzung im Sinne des Bildes vom Weißdorn[1] vorgeschlagen, da die Zeilenreste sich dieser Ergänzung glatt fügen. Allerdings dient das Bild von der rupfenden Pflanze hier nicht zum Heilungszauber, der Übel wegreißen soll, sondern — entsprechend der Textgattung — zur Verfluchung: Wie der Weißdorn das Rind am Euter(?) reißt, so sollen dem Eidbrüchigen die Angehörigen usw. weggerissen werden. Die Bedeutung „Euter" sei in Anlehnung an das (leider ebenfalls unsichere) *pankur* „Milch" (vgl. Komm. S. 39) vorgeschlagen. Denn möglicherweise erscheint hier *pankur* absichtlich in zweierlei Bedeutung im Sinne eines Wortspiels, denn das in Z. 7′ und 15′ vorliegende „Angehörige" (o. ä.) fügt sich in Z. 5′ nicht in das Bild von dem rupfenden Strauch.

6′ Für die Form von *šarra-* „Eid übertreten" samt Variante vgl. das betreffende Kapitel (V 1).

7′ URU^DIDLI.(ḪI.A)^ scheint an mehreren Stellen nicht einfach „Städte" zu heißen. E. Neu, StBoT 18 p. 30 faßt es als „Stadtbefestigungen" auf, was an einigen Stellen auch sinnvoll erscheint. Aus *a-pí-el* URU^DIDLI.ḪI.A^-*aš* hier darf man wohl nicht folgern, daß die zu Vereidigenden Herren über mehrere Städte waren, sondern wird „dessen jeweilige Stadt" übersetzen.

8′f. Der Kasus von *ḫašša ḫanzašša*, das ja oft unflektiert[2] ist, läßt sich hier nicht feststellen. Für die Weiterführung mit *IŠ-TU* vgl. KUB XXXI 6 8′

---

[126] So H. Otten und V. Souček, StBoT 8, 1969, p. 106. ... *uelku=ia lē uizzi* findet sich auch noch in KUB XXXIV 85 (vgl. p. 87f.).

[1] Vgl. H. Otten, AfO 16, 1952, p. 69—71 (KUB XXXIV 76 I 4—8) UDU-*ši-kán kat-ta-an ar-*[*ḫa pa-iz-zi*] *nu-uš-ši-kán* ^SÍG^*e-eš-šar-*[*ri ḫu-it-ti-ia-az-zi*] GUD-*ši-kán kat-ta-an ar-*[*ḫa pa-iz-zi*] *nu-uš-ši-kán šu-uk-šu-*[*ka-an*] *ḫu-it-ti-ia-az-z*[*i* „das Schaf geht unter ihm weg, und er zupft ihm das Vlies, das Rind geht unter ihm weg, und er zupft ihm das *š.*"

[2] Zur (nur teilweisen) Flexion von *ḫašša ḫanzašša* vgl. J. Friedrich, Staatsv. II p. 36f. und KUB XXIII 72 Rs. 38—39, KUB XXIX 1 IV 24f.

]ME NAM.RA[MEŠ] *IŠ-TU* GUD UDU ANŠE *pí-e-ḫ[u-* „]hundert Deportierte mit Rind, Schaf und Esel brach[te man] fort". Die Reihenfolge innerhalb der Verfluchung, in der das Vieh vor den Pflanzen genannt wird, weicht vom Usus der Großreichszeit ab und hat eine Parallele in einem mittelhethitischen Kaška-Vertrag[3].

11′ ERÍN[MEŠ]-*az* kann sowohl Ablativ wie Nominativ sein. Der fragmentarische Kontext läßt keine Entscheidung zu.

12′ C schreibt MEŠ im Gegensatz zu A und B konstant als zusammengerücktes ME+EŠ[4].

IV. 3. Der Zweite Militärische Eid

Vs. 3′ Die Spuren schließen eine Ergänzung [GIŠ]*z[u-up-pa-ri*[ḪI.A]] „Fackeln" nicht aus; es wird also vielleicht über zwanzig Zeilen, sicher aber fünfzehn Zeilen lang mit denselben Objekten hantiert, was innerhalb der Eidestexte und auch in der Ritualliteratur selten ist.

Vs. 4′ Zur Ergänzung vgl. Komm. zu Vs. 16′.

Vs. 5′ Der ausschließliche Gebrauch von *mema-* „sprechen" in diesem Text gegenüber ausschließlichem *tar-/te-* „sprechen, sagen" im Ersten Milit. Eid ist ein wichtiger stilistischer Unterschied[1] zwischen beiden Texten. Die heth. Rituale bevorzugen im allgemeinen *mema-*.

Vs. 9′ [d]*Um-pa-aš* ist der hurritische Name des Mondgottes, mit dem hier [d]XXX wechselt (Rs. 21, 23, vgl. Komm. dort). Der *u*-Stamm [d]*Umpu-* ist die Regel[2]; er findet sich (ebenfalls in Verbindung mit [d]*Šarruma-*) beispielsweise in der hurritischen Götteraufzählung KBo XVII 98 V 21′. Der hier vorliegende *a*-Stamm läßt sich sonst nur noch in hurritischem Kontext sicher[3] nachweisen ([d]*Um-pa-an* KUB XXVII 38 III 16) und muß somit keine hethitische Umbildung sein.

Ebenso wie [d]*Umpu-* gehört [d]*Šarruma-* der hurritisch-hethitischen Göttersphäre an, die sich ja erst ab dem Ende des 15. Jahrhunderts in Klein-

---

[3] Vgl. E. v. Schuler, Die Kaškäer p. 134.

[4] Vgl. H. Otten-V. Souček, StBoT 8, 1969, p. 43 zu ME+EŠ.

[1] Der stilistische Unterschied zwischen *te-/tar-* und *mema-* wird besonders deutlich in Verbindung mit *laman-* „Name". Die Wendung *na-an . . . ŠUM-ŠU te-iz-zi* „er nennt ihn mit Namen" ist sehr häufig (z.B. KBo XVII 54 I 7′), *ŠUM-an memai* gibt es dagegen nur in einem Text in der ganz anderen Bedeutung „sie wird deinen Namen immer wieder preisen und aussprechen" (KBo IV 6 Vs. 19′f., Rs. 25′f.).

Auch sonst scheint *te-* eine höhere Stilebene zu bezeichnen als *mema-*, was die Verbindung mit idg. *$d^h eh_1$- „festsetzen" semantisch stützt.

[2] Vgl. E. Laroche, Recherches p. 63.

[3] KUB XVI 28, 6 [d]XXX-*ba* ist m.E. zu unsicher, um als Stütze für den heth. *a*-Stamm zu gelten.

asien etablierte[4]. Ihr Vorkommen spricht also für jh. Abfassungszeit des Textes.

Vs. 16′ Dieser Abschnitt kann schon wegen seiner Kürze nur im Sinne eines Segensspruches ergänzt werden (vgl. Komm. zu Rs. 6—7 und 29—30).

Vs. 24′ *kištaru* Vgl. Komm. zum Ersten Milit. Eid, Tafel 2 Rs. IV 5—11. Der Editor rechnet hier mit zwei Textzeilen, was aber in Anbetracht des Erhaltungszustands der Tafel wenig sinnvoll scheint. Offen bleibt allerdings die Frage, wie die Zuordnung der beiden auf dem unteren Rand befindlichen Zeilen im Kontext zu erfolgen hat; sie dürften keinen Kolophon darstellen, obwohl die Bestimmung von Vorder- und Rückseite gemäß der 'Textzusammenstellung' ja nicht sicher ist.

Rs. 1 (und 5) *arḫa duu̯arnai-* heißt wegen Erster Milit. Eid, Tafel 2 Rs. III 41 (Objekt „Pflug") eher „völlig zerbrechen" (vgl. *arḫa ḫarnink-*) als mit J. Friedrich, HW p. 232 „abbrechen". Hier in Z. 5 steht *duu̯arnai-* mit Köpfen[5] und — als Vergleichsgegenstände — Töpfen(?) als Objekten.

Rs. 4 Für *uttar paḫš-* „Wort(e), Gebot bewahren", das ebenso wie *linkii̯a ar-*[6] „zum Eid stehen" in gewisser Weise Oppositum zum Terminus *lingain/uttar šarra-* „Eid/Wort(e) übertreten" ist, vergleiche KUB I 16 III 28 (HAB) *ma-a-an at-ta-aš ut-tar pa-aḫ-ḫa-aš-ta.*

Rs. 6—7 Es werden hier nochmals die beiden Verben *paḫš-* und *duu̯arnai-* des vorangehenden Abschnitts aufgegriffen. Ein sinnvoller Zusammenhang ergibt sich nur, wenn man sie im einen Fall in positiver, im anderen in negativer Aussage auffaßt. Daher erfolgte in Zeile 3f. die Ergänzung im Sinne der Protasis eines Fluchs, während hier im Sinne eines Segensspruches ergänzt wurde. Diese Segenssprüche, die sich auch durch ihre Kürze und geringe Zahl von den umgebenden Fluchformeln abheben, machen ein Hauptcharakteristikum des Zweiten Milit. Eides aus und sind ein Dokument der gegenüber der Abfassungszeit des Ersten Milit. Eides geänderten Geisteshaltung. Denn ihr Fehlen im älteren Ersten Milit. Eid ist kein Zufall: In den gesamten Texten, die die 'spezielle Form' der Fluchformel aufweisen (vgl. p. 104ff.) — sie sind alle nicht junghethitisch — fehlen diese Segenssprüche[7]. Dagegen finden sie

---

[4] Vgl. V. Haas, Nerik, 1970, p. 4; A. Kammenhuber, MSS 29, 1971, p. 97f.; E. Laroche, Syria 40, 1963, p. 292; eine Abschrift eines der ältesten Texte dieser Schicht ist KBo XXI 34 +.

[5] Im Zusammenhang mit Körperteilen erscheint *duu̯arnai-* „brechen" auch in den hethitischen Gesetzen, vgl. J. Friedrich, Ges. p. 52 Z. 27 *ták-ku* LÚ *EL-LUM* ŠU-*ZU na-aš-ma* GÌR-*ŠU ku-iš-ki du-u̯a-ar-ni-iz-zi* „Wenn jemand eines freien Mannes Hand oder Fuß zerbricht ...". Vgl. auch KBo XX 73 Rs. IV 11 *ḫa-aš-ta-i-ma du-u̯a-ar-ni-iš-kán-du* „(seine) Knochen aber sollen sie zerbrechen!". Charakteristischerweise hat *parš-* „brechen" mit seinen Weiterbildungen diese Spezialbedeutung nicht.

[6] Z.B. KUB XXIII 68 Rs. 11.

[7] Es gibt eine Ausnahme von zwei Zeilen: KBo VIII 35 + Vs. II 14′—15′ (Segensspruch).

sich in den Staatsverträgen der Großreichszeit regelmäßig neben den Fluchformeln, auch dort in der Wortwahl diesen angeglichen. Auch der Stil des vorliegenden Textes ist also insofern junghethitisch.

Rs. 9ff. Die gleiche Vorstellung zeigt BdU[8] (KUB VII 41+) Rs. IV 1ff.: ... *nu* GE$_6$-*iš* KI-*aš* [(*la-ga-aš-mi-it*)] *ar-ḫa e-ip-⟨du⟩ pár-na-aš* URU-*aš e-eš-ḫar u̯a-aš-túl pa-ap-ra-tar NI-EŠ* DINGIR^{LIM} ḪUL-*lu-un* GÌR-*an pa-an-ga-u̯a-aš* EME-*an* GAM *pa-a-šu*[9] „... und die dunkle Erde soll euer 'Schiefes' wegnehmen; des Hauses (und) der Stadt Bluttat, Sünde, Verunreinigung, (Mein)-Eides-Folgen ... und den bösen Leumund(?) soll die hinunterschlucken!". Eine noch engere Parallele bildet eine Passage aus KUB XXIX 7, das als Kizzuwatna-Ritual auch der hurritischen Sphäre unseres Textes nahesteht: (54f.) *nu ki-i ma-aḫ-ḫa-an u̯a-a-tar da-an-ku-iš ta-ga-an-zi-pa-aš* (55) *kat-ta pa-aš-ta a-pa-a-at-ta i-da-a-lu ut-tar ta-ga-an-zi-pa-aš kat-ta QA-TAM-MA pa-aš-du* „Und wie die dunkle Erde dieses Wasser (55) verschluckt hat, ebenso soll die Erde auch jene böse Sache verschlucken!".

Rs. 10, 12 *te-ik-ku-uš-ši-i[z-zi]* Das Verbum ist erstens kein *-ai-*, sondern ein *-i̯a-*Stamm[10], und zweitens intransitiv (beides entgegen HW p. 220). An Belegen sei hingewiesen auf KBo XXIII 103 I 3ff. [*na-aš-*]*ta ma-aḫ-ḫa-an* LUGAL-*uš pa-ra-a* (4) *te-ik-ku-uš-ši-i-iz-zi nu* $^{\mathrm{SAL.MEŠ}}$KI.SIKIL (5) ^{URU}*ZI-IP-LA-AN-TI ki-iš-ša-an* SÌR^{RU} „und wenn der König sich zeigt (oder „ein Zeichen gibt"), singen die Mädchen aus Ziplanta folgendermaßen" (sprachlich alter Text), *te-i*]*k-ku-uš-ši-iz-zi* unpubl. Bo 805 Z. 8′ (junge Abschrift eines Textes mit protohattischen Götternamen), ^{d}XXX *te-ik-ku-uš-ši-i̯a-az-z*[*i* „der Mond zeigt sich" KBo XIII 20 8′, *te-ik-ku-uš-ši-e-iz-zi* KUB VIII 30 Rs. 10′ in ähnlichem Kontext, Prät. 3. Sg. *te-ik-ku-uš-ši-e-it* KBo III 60 Vs. I 5 (sprachlich alt). Nur aus junger Zeit gibt es zwei Formen, die sowohl durch ihre transitive Bedeutung wie durch ihre Stammbildung ganz aus dem Befund herausfallen: *te-ik-ku-uš-ša-mi* KBo V 3 + I 10 (1. Sg. Präs. eines *-ai-*Stamms der *mi*-Klasse) und *te-ik-ku-uš-še-eš-ta* KBo IV 12 Vs. 12 (3. Sg. Prät. eines *-ai-*Stamms der *ḫi*-Klasse). Das ganze Problem wird in größerem Zusammenhang in meiner Dissertation zur Sprache kommen.

---

[8] Vgl. H. Otten, ZA 54, 1961, p. 134f. mit etwas anderer Umschrift und Übersetzung (ohne Emendation).

[9] *pa-a-šu* (neben *pa-aš-du*) darf nunmehr auf Grund unserer Stelle auch hier als 3. Sg. (Imp.) aufgefaßt werden. Grammatisch ist *pāšu* die korrektere Form, wie an anderer Stelle zu zeigen sein wird.

[10] Ein *-ai-*Verbum wäre hier auch nicht als primär zu erwarten, da kein nominaler *a*-Stamm existiert, von dem es abgeleitet sein könnte. Dagegen ist *tekuššii̯a-* in die Gruppe der mit Suffixkonglomerat *-uššii̯a-* gebildeten Verben des Typs *karuššii̯a-* „verhüllen" einzuordnen. Eine Verknüpfung mit der in griech. *τέκμαρ* „Wahrzeichen" vorliegenden Wurzel ist möglich, doch besteht gegen die bekannte Zuordnung zu idg. **deik̑-* „zeigen" kein lautlicher Einwand, da altes *$d(h)\bar{e}^{\circ}$ im hethitischen Anlaut als TE wiedergegeben wird, was Fälle wie *te-* „(feierlich) sagen" zu idg. *$d^{h}eh_{1}$- „festsetzen" oder *tekan-* „Erde" zeigen.

Rs. 14ff. Für magischen Zusammenhang zwischen roter Farbe und Blut vgl. die Farbsymbolik des ah. Rituals StBoT 8, wo die (rote?) Flüssigkeit *tarlipa-* als Blut fungiert: (I 26′f.) *te-eš-šum-mi-uš tar-li-pí-it šu-u-u̯a-mu-uš* ... *pí-e-tu-mi-ni ta-ru-e-ni-ma-at e-eš-ḫar* „... Becher voll mit *t.* ... bringen wir und nennen es Blut". Auch in dem Ritual der Allī (KBo XII 126, L. Jakob-Rost, THeth 2, 1972) liegt ein Bezug zwischen „blutrot sein" und roter Wolle vor, doch ist wegen des Fehljoins an dieser Stelle in THeth 2 (I 37—73) dazu H. Otten, ZA 63, 1973, p. 78 einzusehen. Demnach ist der Text folgendermaßen herzustellen: (I „37"f.) [EGIR-*a*]*n-da-ma ŠA* SÍG SA_5 *ka-a-pí-na-an QA-TAM-MA* [ ] („38") [*ku-i-š*]*a-an iš-ḫar-nu-uš-ki-it ku-i-ša-an al-u̯a-an-za-aḫ-*[*ḫi-iš-ki-i*]*t* ... „Dann ... sie ebenso einen Faden aus roter Wolle ... ‚Wer ihn jeweils blutrot gemacht hat, wer ihn jeweils bezaubert hat ...'".

Rs. 17 Die Wendung *ANA* ... *menaḫḫanda laḫuu̯ai-* ist in der Bedeutung „vor jemandem ausgießen, davorgießen" gut bezeugt (HW p. 125). In der vorliegenden Bedeutung „etwas zu etwas dazu ausgießen" (in Korrespondenz zu „mischen" in Z. 20) ist sie jedoch singulär. Dagegen scheint eine vergleichbare Bedeutung in KUB IX 31 II 8f. vorzuliegen, wo *menaḫḫanda laḫuu̯ai-* aber ohne Dativobjekt konstruiert ist: *na-at-ša-an* ^{GIŠ}*la-aḫ-ḫu-ri šu-uḫ-ḫa-i nu me-na-aḫ-ḫa-an-da* (9) GEŠTIN *la-aḫ-ḫu-u-u̯a-i.* Man fragt sich, ob an unserer Stelle elliptischer oder einfach fehlerhafter Gebrauch vorliegt.

Rs. 18 Eine Alternativergänzung wäre: *ma-aḫ-ḫa-an* [*ar-ḫa la-a-ḫu-un*].

Rs. 19 Die Ergänzung erfolgte in Anlehnung an Z. 27. Liest man dagegen als Alternative[11] *I-NA* [ZI] *RA-MA-NI-*, so wäre das: „der Eid soll in euere eigene Seele gemischt werden!"[12]. Damit könnte hier die gleiche Auffassung von der ‘Seelenflüssigkeit'[13] vorliegen wie in KUB XIII 3 II 29ff.: *ku-iš-u̯a pa-ap-ra-tar i-i̯a-zi nu-u̯a* LUGAL-*i* (30) *ḫar-ra-an u̯a-a-tar pa-a-i* (III 1) *nu-u̯a-kán a-pí-e-el* ZI-*an* DINGIR^{MEŠ} *ú-u̯i*$_5$*-te-na-aš* (2) *i-u̯a-ar la-a-aḫ-ḫu-u̯a-ten.* „Wer Unreinheit begeht und dem König verdorbenes Wasser gibt, dessen Seele[14] sollt ihr Götter wie Wasser ausgießen!". Vgl. auch KUB XXX 10 Rs. 14f. *nu-mu pít-tu-li-i̯a-i pí-ra-an* (15) *iš-ta-an-za-aš-mi-iš ta-ma-at-ta pí-e-di za-ap-pí-iš-ki-iz-zi* „und vor Angst vertropft meine Seele immer wieder (wörtl.: an immer anderer Stelle)".

---

[11] Eine Ergänzungsmöglichkeit *I-NA* [*A*]-*RA-MA-NI*° in Anlehnung an KUB XXI 47 + KUB XXIII 82 Vs.? 9′f. besteht nicht, da *A-RA-MA-NI*° dort im Sinne von KBo V 3 + I 22 als gewissermaßen haplologische Form für *A-NA RA-MA-NI*° aufzufassen sein wird. (Vgl. auch KUB XXI 47 + Vs.? 8′f. *A-NA* SAG.DU-*K*[*U-NU*] (9′) ZI$^{\text{ḪI.A}}$-*KU-NU A̩-RA̩-MA̩*-[.... S]AG.DU-*I̯A* (10′) ZI-*I̯A A-RA-MA-NI-I̯A*[; KBo V 3 + I 22 *ma-aḫ-ḫa-an A-NA* SAG.DU-*KA* ZI-*KA Ù A-NA RA-MA-NI-KA*).

[12] Vgl. ×-*ŠU Ù* NÍ.TE$^{\text{ME.EŠ}}$-*ŠU ḫar-nam-ni-i̯a-az-zi* KUB XLII 98 Vs. I 24′.

[13] Zur bisherigen Diskussion betr. „Seelenflüssigkeit" vgl. A. Kammenhuber, ZA 57, 1965, p. 177ff. Das Motiv vom Ausgießen der Seele findet sich im akkadischen Raum bereits im Kodex Hammurabi (XXVI 93, Hinweis von H. Eichner).

[14] J. Friedrich, MAOG 4, 1928, p. 49 übersetzt: „Person".

Rs. 20 *im-me-at-ta-ru* Da dieses Wort relativ häufig das Zeichen ME statt MI zeigt[15], liegt unter Umständen eine lautliche Differenz zu den -*i̯a*-Verben vor. (Vgl. etwa *mi̯a-* „wachsen" mit sehr konsequenter Schreibung MI.) Daher könnte E. H. Sturtevant[16] mit seiner Analyse in Präverb **en* „hinein, darin"[17] und idg. **mei̯-* „wechseln, tauschen" das Richtige getroffen haben.

Rs. 21—22 Die folgende Deutung dieser beiden schwierigen Zeilen sei nur als Hypothese vorgeschlagen. Da es in Z. 25 heißt: „Sie nehmen den Stein mit der Hand herunter"[18], muß der Stein vorher oben gelegen haben, d.h. auf dem Kopf, von dem ja auch in Z. 21 die Rede ist. Somit wäre dort die Ergänzung [*ki-i-u̯a ku*]-*it* SAG.DU-*az* „dies was auf dem Kopf ist" gerechtfertigt. Die vorausgehende magische Handlung („er legt ihnen Steine auf die Köpfe" oder dgl.) wurde hier ausnahmsweise ausgelassen, ist aber vorausgesetzt. Deshalb und aufgrund der Phraseologie des Textes entschieden wir uns nicht für die Alternativergänzung: [NA_4-*it-u̯a ku*]-*it* . . .

Hinter SAG.DU-*az* endet offensichtlich ein Nominalsatz, so daß diese Form wohl lokativisch aufzufassen ist. Dieser Gebrauch des Ablativs liegt auch vor in *kunnaz* „rechts".

Zeile 21 sagt aus, daß der Mondgott den Vereidigten mit einem Stein den Kopf hämmern soll (*u̯alḫannai-*).

Durch den Vergleich mit dieser Stelle lassen sich wohl auch folgende, bisher teilweise dunkle Passagen erhellen: Ullikummi[19] 1. Tafel C III 26′ — B III 19′

26′ [(*I-NA* ITU I.KAM-*ma-u̯a-ra-aš* IK)]U-*an pár-ga-u-e-*[(*eš*)-*kad-d*(*a-ru*)]
27′ [(SAG.DU-*i-ma-u̯a-aš-ši-kán k*)]*u-iš* NA_4-*aš* (B III 18′) *u̯a-al-ḫa-an-ni-iš-kat-ta-ri* (19′) *nu-u̯a-ra-aš* IGI$^{HI.A}$-*i u̯a-aš-ši-i̯a-at-ta-ru*

(26′) „in einem Monat aber soll er um ein Längenmaß größer werden, (27′) der Stein aber, der ihm am Kopf (B III 18′) eingehämmert wird, (19′) der soll ihn an (den) Auge(n) bedecken!" (fast identisch A IV 24′—26′).

Vorher ist davon die Rede, daß der Stein dem Riesen Upelluri auf die Schulter gepflanzt wird und dort wachsen soll, so daß *u̯alḫannai-* ganz offenbar den ersteren Vorgang wieder aufgreift. Noch eine weitere Stelle zeigt „schlagen" im Zusammenhang mit Stein und Kopf, wobei hier das Grundverb *u̯alḫ-* steht,

---

[15] Vgl. *im-me-at-ti* (Al.-Vertr. III 1), *im-me-i̯a-ši* (KBo XXI 20 Rs. 17′) usw.

[16] Comp. Gramm., 1933, p. 224.

[17] Die Präposition **en* hätte dann in diesem Wort lautgesetzlich ihre Vokalqualität behalten, während vor Resonant + Konsonant *en* zu *an* wurde. (Vgl. *andan* „drinnen" < **en-dom*, *anduri̯a-* „drinnen befindlich" < **en-d^hur-i̯o-* „innerhalb der Tür(en) befindlich".)

[18] Allerdings kann *katta ēpp-* auch „in die Hand nehmen" heißen (HW p. 41).

[19] Textzusammenstellung H. G. Güterbock, JCS 5, 1951, p. 156, mit anderer Übersetzung: "but the stone which is thrown at his head . . ." (p. 157) Es paßt aber nicht in den Zusammenhang, daß Upelluri ein Stein an den Kopf geworfen wird, vielmehr wird er ihm auf die Schulter gepflanzt. (E. Neu, StBoT 5, 1968, p. 193 läßt die genaue Deutung offen: „. . . ihm aber an den Kopf geschlagen wird.")

da das durative Moment durch nebenstehendes *zinniški-* ausgedrückt ist: Theogonie I 34—36[20]. Als Folge von Wehen wird angedroht: (34) ... *nu ú-u̯a-ši* (35) *ŠA* $^{\text{ḪUR.SAG}}$ *TA-AŠ-ŠA* $^{\text{NA}_4}$*pí-ru-nu-uš IŠ-TU* SAG.DU-*KA* GUL-*aḫ-ḫu-u-an-zi* (36) *zi-in-ni-iš-ki-ši* „und du wirst am Ende die Felsen des Berges Tašša mit deinem Kopf schlagen".

Aufgrund dieser Parallelen ist *u̯alḫ(annai)-* auch an unserer Stelle mit „heftig schlagen, wiederholt schlagen"[21] zu übersetzen.

Rs. 22—23 Man könnte ŠÀ-*az* wegen des vorausgehenden *-z*]*a*, wenn dieses ablativisch ist, auch als Nominativ auffassen (= *karaz*?). In Anlehnung an die sinngemäß verwandte Stelle Rs. III 17 ff. des Ersten Milit. Eides hieße es dann: „Und euch soll aus dem ... das Leibesinnere laufen ...".

ḫu-u-u̯a-a-ú steht neben *ḫu-u̯a-a-i* (3. Sg. Prs., Erster Milit. Eid, Tafel 2, Vs. II 41). Der Wechsel zwischen *ḫu-*° und *ḫu-u*° gehört zu den Fällen von schwankender Pleneschreibung, die keine lautliche oder chronologische Ratio erkennen lassen.

Die Lesung *u̯-ur-tu-uš* ist wahrscheinlicher als 𒑱 *ur-tu-uš*, obwohl vom Alter des Textes her nichts gegen einen Glossenkeil spräche. Der andere Beleg, ABoT 47 Vs.? 11, hat die Schreibung *úr-tu-uš*. Es scheint hier von (kultischer?) Reinigung die Rede zu sein.

Rs. 23—24 Der Inhalt dieser Phrase läßt sich m.E. in Anlehnung an KBo X 2 Vs. II 52—53 (Annalen Hattušilis I.) rekonstruieren: (52) ... *na-aš-ta* ŠÀ KUR.KUR^{MEŠ} (53) *an-da* ^{d}UTU-*uš ti-i̯a-at* „und die Sonnengottheit trat (dann) mitten in die Länder hinein" (fast identisch ist Vs. I 50). Hier muß zwar aufgrund des Kontextes der Großkönig gemeint sein, jedoch in bewußter Gleichsetzung mit dem Sonnengott selbst, denn sonst wäre der Ausdruck ^{d}UTU$^{\check{S}I}$ „Majestät" gebraucht. Daher ist hier mit Sicherheit eine bereits existierende Formel verwendet: *„Der Sonnengott tritt in die Länder ein."

An unserer Stelle muß in Z. 24 aufgrund des Textaufbaues ein Imperativ vorliegen. Wegen der Indikativ-Form *ii̯attari* muß also in der Lücke vorher die Verneinung [*li-e*] ergänzt werden. Zur somit vorliegenden Drohung „soll nicht in die Länder gehen, um sich sehen zu lassen" ergibt sich in Anlehnung an obige Formel der Mondgott als einzig passendes Subjekt. (Zur zentralen Stellung des Mondgottes im Eid vgl. p. 74.) Wenn die obige Formel wirklich (mit O. Carruba[22]) der älteren Sprache angehört, so wäre sie im Zweiten Milit. Eid isoliert.

anda ii̯a- als „hereinkommen" findet sich auch (mit *-mu* „mir") ABoT 60 Rs. 5f. ... *ku-i-e-eš an-da i-i̯a-an-ta-at* „welche (zu mir) hereingekommen waren".

---

[20] Textzusammenstellung E. Laroche, RHA fasc. 82, 1968, p. 41.

[21] In sehr ähnlicher Verwendung erscheint *u̯alḫannai-* BdU II 76 *ŠA* $^{\text{NA}_4}$*ḫa-ra-ra-zi* $^{\text{NA}_4}$*ku-un-ku-nu-uz-it u̯a-al-aḫ-ḫa-na-i*; Übersetzung mit H. Otten, ZA 54, 1961, p. 129 „Mit dem Basalt? des Mahlsteines stampft er (es)."

[22] Vgl. O. Carruba, ZDMG Suppl. I, Teil I, 1969, p. 231f.

KUR.KUR^{MEŠ}. Diese sumerische Form des Plurals (Verdoppelung) ist in der ah. Graphik nicht üblich. Einer der ältesten Belege ist VBoT 1 Z. 5 KUR.KUR$^{ḪI.A}$-*mi-kán an-da* (Z. 10 KUR$^{ḪI.A}$-*ti*), der wohl dem Gebrauch der ägyptischen Kanzlei entspricht.

Rs. 26 Möglicherweise wirkt NA_4 „Stein", das Subjekt des Fluches, semantisch noch in Form des Adjektivs *ukturi-* „beständig" im folgenden Segensspruch nach; einen inhaltlichen Bezug zwischen diesen beiden Begriffen zeigt jedenfalls das mittelhethitische Ritual KBo XV 10 Vs. II 5f. *ki-i* ^{NA_4}*pí-e-ru ma-a-aḫ-ḫa-an uk-tu-u-ri* . . . DUMU^{MEŠ}-*ŠU QA-TAM-MA uk-tu-u-ri-eš a-ša-an-du* „wie dieser Felsen dauerhaft ist, . . . ebenso sollen seine Söhne dauerhaft sein!".

Rs. 27ff. Da sich überall im Text die Segenssprüche unmittelbar an die Aussage der Fluchformeln anschließen, wird man auch hier in Zeile 26 das pluralische *me-mi-an-zi* „sie sprechen" auf den/die Vereidiger und nicht die zu Vereidigenden beziehen.

Ferner ist *ki-i*(-*ma*) in Zeile 29 als ungewöhnliche Schreibung für den Plural des genus commune von *ka-* „dieser" aufzufassen, da es mit dem Commune *NIŠ* DINGIR^{LIM} und [*uk-tu-u*]-*ri-eš* (Pl. c.) korrespondiert.

Rs. 31 Der Reinigungspriester ^{LÚ}*patili-* gehört zum hurritischen Kultpersonal; sein Hauptaufgabenbereich ist das Geburtsritual. Daher ist sein Erscheinen hier bei der Vereidigung überraschend.

Rs. 32 Diese Ergänzung, KÁ KI[SLAḪ, wurde wegen der Parallele KBo XXI 109 II 17 einem ebenfalls möglichen KÁ KỊ.L[AM, das Hapax wäre, vorgezogen.

V. LEXIKALISCHES, SPRACHGESCHICHTLICHES, SYNTAKTISCHES

1. Die Formen von *šarra-* im Ersten Militärischen Eid

šarra- kommt hier nur in der Bedeutung ,,Eid übertreten" vor. Hierbei läßt sich eine erstaunliche Formenvielfalt feststellen:

šar-ra-ad-da	Prs. 3. Sg. Med.	II 11, 24, III 16
šar-ra-at-ta	,, ,,	I 40 (C)
šar-ri-iz-zi	Prs. 3. Sg. Akt.	I 21, 40, II 35, 46, III 20, 27, 34, 40, IV 7, Fr. I 6′
šar-ri-e-iz-zi	,, ,,	I 51
šar-ra-a-i	,, ,,	Fr. I 14′ (b), 20′ (b)

Der heth. Gesamtbefund ergibt nun, daß *šarra-* in der Bedeutung ,,Eid übertreten" — und nur in dieser — im Alt- und Mittelhethitischen ganz überwiegend medial flektiert, im Junghethitischen dagegen ausschließlich aktivisch. Die Belege sind:

1) Ah. Duktus

KUB XXXVI 108 Vs. 10 (Zidanza I.) *na-aš-ta li-in-ga-en šar-ra-at*[*-ta*][1] (Prs. 3. Sg.)

2) Ah. in junger Abschrift

HAB II 49f. *ut-tar* [*li-e k*]*u-iš-ki šar-ra-at-ta* (Prs. 3. Sg.)

KBo III 27, 24′f. (Edikt Ḫattušilis I.) *u*[*d-d*]*a-a-ar-me-i*[*t*] *šar-ra-at-tu-ma* (Prs. 2. Pl.)

KBo III 28 Vs. II (?) 20f. (Fragm. einer Palast-Chronik) *ud-da-a-ar-ra-me-it li-e šar-ra-at-tu-ma* (Prs. 2. Pl.).

3) Mittelhethitisch

Madduwatta Vs. 42 (Datierung H. Otten, StBoT 11) *zi-ga-kán* . . . *šar-ra-at-ta* (Prät. 2. Sg.)

Rs. 20 *li-in-ga-in šar-ra-at-ta-at* (Prät. 3. Sg.).

---

[1] H. Ottens Ergänzung *šar-ra-at-*[*ti*] (Prs. 2. Sg. Aktiv, JCS 5, 1951, p. 129) findet auch aus dem Kontext keine Stütze.

KUB XXXIV 40, 5 (nennt Kantuzili, hat alte Zeichenformen)[2] *NI-I*]*Š* DINGIR*LIM* *šar-ra-at-ta* (Prs. 3. Sg.).

KUB XXIII 68 Rs. 27 (Išmerika-Vertrag, Datierung H. Otten, StBoT 11 passim) [*ku-iš ku-u-uš NI-IŠ* D]INGIRMEŠ *šar-ra-at-ta* (Prs. 3. Sg.).

KBo XVI 24 + 25 Vs. I 12′f. (instruktionsartig) *ku-iš-ša-an A-NA* LUGAL-*ma* [*i-da-a-lu t*]*ák-ki-i*[*š-zi* . . . *šar-ra-*]*at-ta-ma* (Prs. 3. Sg.).

Dazu im Join KBo XVI 25 IV 72′ *ša*]*r-ra-at-ta*[. . . (73′) . . . *QA-DU* D]AM-*ŠU* DUMUM[EŠ-*ŠU* . . . (Prs. 3. Sg.).

KUB XXIII 72 Vs. 14 (Vertrag mit Mita von Paḫḫuwa, mh. nach H. Otten, StBoT 11 passim) *na-aš-ta li-in-*[*ga-a-u*]*š šar-ra-at-ta-at* (Prät. 3. Sg.).

KUB XXX 10 Vs. 12′ (Gebet des Kantuzili, mh.[3]) *li-in-ga-in-na-aš-ta Ú-UL ku-uš-ša-an-ka šar-ra-aḫ-ḫa-at* (Prät. 1. Sg.).

KBo VIII 35 + II 16 (CTH 139) (ältester Kaška-Vertrag)[4] *ma-a-na-aš-ta ku-u-ša li-in-ga-a-uš šar-ra-ad-du-ma* (Prs. 2. Pl.). — Ebenso *šar-ra-ad-du-ma* ib. 22, Med. auch im Dupl. (KUB XXIII 78).

KUB XXVI 62 I 42′ *šar-ra-at-ta-ri* (I 40′) *linga-*[]; zu den älteren Kaška-Verträgen gehörig (Text E. v. Schuler, Die Kaškäer p. 142—145). (*-ri* bei *šarra-* erst mh. belegt!)

KBo XVI 47 Vs. 13′f. (H. Otten, IM VII: 15./14. Jh.) *nu-kán ka-a-aš-ma NI-IŠ* DINGIR*LIM* *zi-ik šar-ra-at-ta* (Prs. 2. Sg.).

Diesem deutlichen Befund steht nur ein einziger (fragmentarischer) Aktiv-Beleg aus ah. Zeit gegenüber:

KUB XXXVI 106 Rs. 5′ (ah. Vertrag mit den Ḫapiru) *t*]*up-pí-aš ut-ta-a-ar ša̩r-ri̩-i̩t*[(Prät. 3. Sg., *mi*-Konjug.).

In mh. Zeit erscheint einmal im Vertrag[5] mit Mita von P. neben dem Medium (s.o.) auch eine Aktiv-Form, Rs. 3 *ud-da-a-ar* . . . *šar-ra-aš* (Prät. 3. Sg., *ḫi*-Konjug.).

Ferner zeigen die Texte des Königs Arnuwanda, die ja in das Ende der mh. Zeit (knapp vor Šuppiluliuma I.) zu datieren sind, bereits das Aktiv, wobei die Entscheidung darüber, ob es sich hier um Originale handelt, für unsere Fragestellung irrelevant ist: KUB XVII 21 + IV 17, KUB XXXVI 115 + II 7′, 12′.

---

[2] Vgl. F. Sommer - H. Otten, OLZ 48, 1953, Sp. 15 A. 4 (CTH 275 „Protocoles de succession dynastique").

[3] Vgl. F. Josephson, Sentence Particles, 1972, p. 46 usw.

[4] Aus graphischen, sprachlichen und stilistischen Gründen deutlich vor 1400 (gegen E. v. Schuler, Die Kaškäer, p. 113).

[5] Der Beleg *šarraškit* (Vs. 37) zählt hier nicht, da bei *-ški-* die Diathesenverteilung anders ist.

Ganz anders ist die Diathesen-Verteilung in den jungen Texten[6]. In den Staatsverträgen von Šuppiluliuma I. an begegnet 28mal die aktivische Wendung *NĪŠ* DINGIR^{LIM} *šarratti* (*šarrai*)[7] (Prs. 2./3. Sg.). Dagegen gibt es für mediales „(Eid) übertreten" keinen Beleg.

Beweisend für die chronologische Verteilung der Diathesen bei *šarra-* sind schließlich die Fälle in Duplikaten verschiedenen Alters. Dies sind erstens der Erste Milit. Eid (vgl. p. 8) und zweitens KUB XXIV 4+, wo O. Carruba[8] die Duplikate (noch ohne Kenntnis der Verteilung bei *šarra-*) ausführlich und richtig datierte. Er schrieb die ursprüngliche Verfasserschaft dieses Textes nicht erst Muršili II. zu. Prompt zeigt dieser Text mediales *šar-ra-an-ta-ti*[9] (3. Pl. Prät.), während bei Muršili II. sonst immer nur Aktiv begegnet. Das von Carruba als typisch jung gegenübergestellte Duplikat hat erwartungsgemäß Aktiv: *šar-r*[*i-ir*][10]. Für *šarra-* „übertreten" ergibt sich also von der mittleren zur junghethitischen Zeit ein deutlicher Übergang vom Medium zum Aktiv bei ganz gleichbleibendem Gebrauch.

Die übrige mit *šarra-* verbundene Problematik kann nur im Zusammenhang der umfangreichen primär thematischen Klasse des Hethitischen geklärt werden, die demnächst in meiner Dissertation, Stammbildung des hethitischen Verbums, zum erstenmal dargestellt werden wird.

V. 2. *ḫimma-*

Die Bedeutung des Wortes *ḫimma-*, das im Kult eine zentrale Rolle spielt, wurde vielfach diskutiert. Die Bedeutungsansätze reichen von „kultische Speisen"[1] über „ein bestimmtes Fest"[2] bis „kultische Gemeinde"[3].

ḫimma- begegnet im Ersten Milit. Eid Rs. III 36ff.:

(36) *nu-uš-ma-aš* IM.ŠU.NÍG.NIGÍN.NA *pí-ra-an kat-ta da-it-ti*
(37) ^{GIŠ}APIN-*i̯a* ^{GIŠ}MAR.GÍD.DA ^{GIŠ}GIGIR *ḫi-im-ma-aš pí-ra-an*
(38) *kat-ta da-it-ti na-at ar-ḫa du-u̯a-ar-na-an-zi*

(36) „Nun stellst du vor sie einen Ofen hin (37) und stellst einen Pflug, Lastwagen (und) Streitwagen *ḫimmaš piran* (38) hin und sie zerbrechen es ganz."

---

[6] Der chronologische Vergleich ist wegen der Vielzahl historischer Texte aus allen Epochen mit Sicherheit zu führen.

[7] Aktives *uddar šarra-* hat auch KBo XXII 6, das als graphisch und sprachlich junger Text von H. G. Güterbock, MDOG 101, 1969, p. 26 als archaisierende Erzählung verstanden wird. Unsere Form bestätigt die junge Abfassungszeit.

[8] ZDMG, Suppl. I, Teil I, 1969, p. 239—245 mit A. 3 (p. 243); bestätigend E. Neu-C. Rüster, StBoT 21 p. 3f. und s. bereits StBoT 6 p. 60.

[9] KUB XXIV 4+ Vs. 18.

[10] KUB XXIV 3 II 29.

[1] So J. Friedrich, HW p. 69; O. R. Gurney, AAA 27, 1940, p. 69.

[2] So H. Kronasser, EHS, 1966, p. 165.

[3] So A. Goetze, ANET, 1950, p. 354 „congregation".

Die Tatsache, daß ^{GIŠ}GIGIR *ḫimmaš* auch ohne folgende Postposition belegt ist (s.u.), spricht gegen A. Goetzes Auffassung[4] von *piran* als Postpos. zu *ḫimmaš*, in dem er einen Genitiv sah. Auch regieren im Ersten Milit. Eid lokale Postpositionen sonst immer den Dativ. — Will man daher an *piran* als Postposition festhalten, so müßte *ḫimmaš* Dativ Pl. sein, wogegen aber der Kontext ebenso wie das Fehlen jeder Parallele sprechen. Man wird daher in *piran* keine Postposition, sondern wegen der Parallelität der Ausdrücke *piran katta daitti* ein Adverb „davor" sehen[5]. Zu diesem Verb *dai-* ist *nu⸗šmaš* der vorangehenden Zeile nochmals als Dativobjekt zu ergänzen: (37) „und einen Pflug, Lastwagen (und) Streitwagen des *ḫimma-* (38) stellst du vor (sie) nieder ..."

Da im Ersten Milit. Eid auch sonst mit Modellen gearbeitet wird (vgl. Tafel 2, Rs. III 12—29), ist hier der Gebrauch von modellartigen Imitationen möglich, wie sie ja auch archäologisch nachgewiesen sind (Votivgaben). Dieser Spezifizierung der Geräte müßte dann also der Zusatz *ḫimmaš* entsprechen; übersetzen wir daher probeweise „der Nachahmung". Zu dieser Auffassung des Genitivs als Genitivus Qualitatis paßt die Tatsache, daß er nachgestellt ist[6].

Diese Deutung von *ḫimmaš* wird durch die folgende Stelle, von der O. R. Gurney bei seiner Untersuchung[7] nur ein Teil zur Verfügung stand, bestätigt:

IBoT III 93 + KBo XV 21 I 6ff. (ergänzt nach Duplikat KBo XV 19 I 7ff.)[8]. (6) ... II *ki-li-iš* (7) *ŠA* ^{GIŠ}*zu-un-na-aš* I ^{GIŠ}G[(IGIR *ḫi-im*)]*-ma-aš i-i̯a-an nu* IM-*aš* ANŠE.KUR.RA^{MEŠ} (8) *tu-u-ri-i̯a-an-te-eš A-NA* [^{GIŠ}GIGIR-*m*]*a-aš-ša-an* II *an-tu-uḫ-še-eš* IM-*aš* (9) *a-ra-an-ta-ri ú-e-ra-aš-*[*ša Š*]*A* IM *ḫi-im-ma-aš i-i̯a-an-za* „... 2 *kila-* aus *zunna*-Holz, 1 Streitwagen der Nachahmung ist hergestellt, Pferde aus Ton sind angeschirrt, auf dem Streitwagen aber stehen zwei Männer aus Ton, und auch ein Ton-*u̯era* der Nachahmung ist gemacht".

Die Stelle zeigt:

1) *ḫimmaš* kann kein Material sein, denn es steht zusätzlich hinter der Materialangabe „Ton".

2) Es handelt sich hier eindeutig um Modellfiguren aus Ton; wegen der großen Ähnlichkeit zur Stelle im Ersten Milit. Eid ist daher auch dort mit Modellfiguren zu rechnen.

---

[4] A.a.O. p. 354.

[5] Ein Präverb erwägt bereits O. R. Gurney a.a.O., 1940, p. 70.

[6] Zu den vergleichbaren, häufig nachgestellten Genitiven 'materiae' und 'objectivus' vgl. Komm. zu Erster Milit. Eid, Tafel 2 Vs. II 39.

[7] O. R. Gurney a.a.O. p. 62ff.

[8] Für Zeile 7—9 vgl. H. M. Kümmel, StBoT 3, 1967, p. 139 (ohne Deutung von *ḫimmaš*) und StBoT 15 p. 4.

3) Ist *ḫimma-* kein Material, und stellt man andererseits den Umstand in Rechnung, daß nicht von normalen Streitwagen usw. die Rede ist, so ist der Bedeutungsansatz „Nachahmung" gerechtfertigt.

An unserer Stelle wird man annehmen dürfen, daß alle drei Objekte in Zeile 37 gegenüber dem parallel gestellten Objekt in 36 durch den Genitiv *ḫimmaš* charakterisiert sind, da zwar ein transportabler Ofen, kaum aber ein Lastwagen und Streitwagen hier im Original verwendet und zerbrochen werden können. Zur Bedeutung „Nachahmung" würde es auch passen, daß *ḫimmaš* oft hinter Gegenständen steht, die außerdem noch durch den Zusatz TUR „klein" als Modellfiguren charakterisiert sind:]$_{x}$ AD.KID *ḫimmaš* TUR^{TIM} KUB XLII 94 Vs. I 10′ und]*našma* 1 TUKUL TUR *ḫimm*[*aš* 348/b Vs. 4′. — Der Beleg KBo XXI 1 I 10f. 40$^{?}$ ^{NINDA}*ma-re-e-eš* ZÍD.DA ZÍZ TUR^{TIM} *tar-na-aš* II-*ŠU* IX NINDA UMBIN$^{\text{ḪI.A}}$ (11) ZÍD.DA ZÍZ TUR^{TIM} *ḫi-im-ma-aš* zeigt eine Parallelität von *ḫimmaš* und — bisher dunklem — *tarnaš* (wohl kleine Maßeinheit mit HW p. 215), während das Herstellungsmaterial durch ZÍD.DA ZÍZ angegeben wird; ähnlich II 15f.

Zu diesem Befund stimmen auch die übrigen Belege. Am häufigsten ist das Wort im nachgestellten Genitivus Qualitatis gebraucht, wobei es besonders als Zusatz bei Broten[9] und Geräten[10] steht. Dies beruht aber nur auf dem häufigen Vorkommen dieser Gegenstände im Kult, in dessen Bereich auch der Begriff „Substitut" naturgemäß oft auftaucht; keinesfalls ist *ḫimma-* aber selbst ein kultisches Mahl oder ein bestimmter Kult.

Die meisten anderen Belege sind Akkusative im Plural. Ein Beispiel: HT 38 Rs. 7f. (Ritualanfang) ^{d}UTU$^{\check{S}I}$-*kán ku-u̯a-pí*[. . .] (8) *nu ku-u-uš ḫi-im-mu-uš* [*iš-ša-an-zi* „Wenn die Majestät . . . (8), dann [macht man] folgende Nachahmungen" (in Anlehnung an unv. Bo 2819)[11]. Noch deutlicher erscheint die Bedeutung „Nachahmung, Modellfigur" in KUB XXXIX 7 Vs. II 7ff. *I-NA* UD XIII KAM *na-aš-ta* É-*ri an-da la-aḫ-ḫa-an-za-na-aš*^{MUŠEN} *ḫi-mu-uš i-i̯a-an-zi nu ŠA* GIŠ$^{\text{ḪI.A}}$ X *la-ḫa-an-za*^{MUŠEN} *i-i̯a-an-za* . . . *iš-na-aš-ša la-aḫ-ḫa-an-za*$^{\text{MUŠEN ḪI.A}}$ *i-i̯a-an-za* . . . „Am 13. Tage: Man macht im Haus die Nachahmungen der *l.*-Vögel. Aus Holz sind 10 *l.*-Vögel gemacht, . . . und aus Teig sind 10 *l.*-Vögel gemacht"[12].

Auch die Belege, die *ḫimma-* in einer Aufreihung neben Festen nennen und seinerzeit zum Bedeutungsansatz „ein bestimmter Kult" führten, widersprechen unserem Bedeutungsansatz nicht. Sie erklären sich nach dem Gesetz der wachsenden Glieder (in der Aufzählung) wie folgt: KUB XXIV 3 I 24 *ḫi-im-mu-uš* SISKUR.SISKUR$^{\text{ḪI.A}}$ EZEN$^{\text{ḪI.A}}$ „Nachahmungen (Darbringung

---

[9] NINDA$^{(\text{ḪI.A})}$ *ḫi-im-ma-aš* KUB XII 18 Vs. 3, XXVII 49 IV 7 usw.

[10] KUB IV 1 III 11f. usw.; ^{GIŠ}BANŠUR$^{\text{ḪI.A}}$ *ḫimmaš* KUB XXVII 66 II 13.

[11] Zu bisherigen Interpretationen dieser Wendung vgl. N. v. Brock, RHA 71, 1962, p. 105.

[12] Vgl. H. Otten, TR p. 36.

in Substituten), Opfer (Darbringungen in Realien), Feste"; KUB XXXV 131 + XXV 37 IV 3 *ḫi-im-mu-uš ḫa-az-zi-ú-i* SÌRḪI.A-*i̯a* „Substitute, Opferzurüstung(en) und Gesänge" (als pars pro toto für „Feste").

Der Gesamtbefund zeigt, daß *ḫimma-* in abstraktem Sinn „Nachahmung" und konkret „Substitut" bedeutet, wobei es nur für Sachen und Tiere verwendet wird, während *tarpalli-* (HW p. 216) das Substitut für Menschen bezeichnet.

Die so für *ḫimma-* gewonnene Bedeutung erlaubt (mit G. Neumann mündl.) eine Verknüpfung mit lat. *imago* „(Ab)bild", dem ein mit dem lat. Abstraktionssuffix *-go* erweiterter Stamm **ḫ*$_2$*ima-* zugrunde liegt.

V. 3. Die Bedeutung von (GIŠ)*ḫueša-* und die Terminologie des Handspinnens

Im Ersten Militärischen Eid (Tafel 2 Vs. II 42—Rs. III 1) werden drei Attribute als typisch weiblich dargestellt: ein Frauengewand, GIŠ*ḫulali-* und GIŠ*ḫueša-*. Als typisch männliche Attribute stehen ihnen Bogen, Pfeile und (sonstige) Waffen gegenüber. Zunächst wurde GIŠ*ḫueša-* allgemein mit „Spiegel" wiedergegeben[1]. A. Goetze[2] machte den Übersetzungsversuch „Spinnwirtel", H. Kronasser schlug „Spindel" vor[3]. Da jedoch in der wissenschaftlichen Literatur weiterhin die Bedeutung „Spiegel" beibehalten wurde[4], scheint eine kurze Diskussion der Belege angebracht. Hierbei sei — unser Ergebnis vorwegnehmend — die Bedeutung „Spindel" eingesetzt.

Die folgende Stelle nennt GIŠ*ḫueša-* und GIŠ*ḫulali-* im gleichen Zusammenhang wie der Erste Milit. Eid: KUB IX 27 Vs. I 22ff. ... *na-aš-kán* GIM-*an* KÁ.GALḪI.A *TIM* (23) [*pa-r*]*a-a ti-i̯a-zi nu-uš-ši-iš-ša-an* GIŠ*ḫu-u-e̯-ša̯-*[*an*] (24) [GIŠ]*ḫu-u-la-li-i̯a ar-ḫa da-aḫ-ḫi*[5] *nu-uš-ši* GIŠBAN [...] (25) [*p*]*í-iḫ-ḫi* ... „Wenn er nun aus dem Tor hervortritt, nehme ich ihm Spindel und Rocken weg und gebe ihm einen Bogen ..." (Im folgenden heißt es dann: „Ich habe dir das Weibsein (fort)genommen und die Mannheit gegeben ...".)

Ergiebiger ist KUB XXIX 1 + (Bauritual). Hier ist von zwei alten Göttinnen, einer Art Nornen, die Rede: II 6 ... GIŠ*ḫu-u-la-li ḫar-zi* (7) GIŠ*ḫu-u-šu-uš šu-u-u̯a-du-uš ḫar-kán-zi* (8) *nu* LUGAL-*u̯a-aš* MU.KAMḪI.A-*uš ma-al-ki̯-i̯a-an-zi* (9) *ú-it-ta-an-na ku-ut-ri-eš-mi-it kap-pu-u-u̯a-u-u̯a-ar-ša-me-it* (10)

---

[1] J. Friedrich, HW; H. Ehelolf, als Versuch einer Lehnübersetzung aus dem Ägyptischen, Vorwort zu KUB XXIX p. III; N. v. Brock, RHA fasc. 71, 1962, p. 122 A. 3; H. Kronasser, Die Sprache 7, 1961, p. 151; EHS, 1966, p. 165.

[2] A. Goetze bei H. Kronasser, Die Sprache 8, 1962, p. 111 (mit Lit.).

[3] H. Kronasser, Festschrift Pisani, 1969, p. 609ff.

[4] Zuletzt F. Josephson, Sentence Particles, 1972, p. 239 "may they place spindle and mirror in their hands".

[5] *da-aḫ-ḫi* statt *pí-iḫ-ḫi* nach Photo gegen die Edition.

Ú-UL du-uq-qa-a-ri „(6) . . . (Die eine) hält einen Rocken (7), und sie halten volle Spindeln. (8) Und sie spinnen des Königs Jahre: (9) Der Jahre Kürze und Zählmöglichkeit (10) gibt es nicht (ist nicht möglich)". Hier kann mit *ḫueša-* weder „Spiegel" noch „Wirtel" gemeint sein, sondern nur „Spindel", denn der Wirtel, der ein Schwungrad ist, kann nicht „voll" (mit Faserstoff) sein.

Somit spricht alles für H. Kronassers Bedeutungsvorschlag: *ḫueša-* „Spindel"[6]. Möglicherweise hat er auch das Wort für den Spinnwirtel richtig erkannt: *panzakitti-*. Denn es heißt KUB VII 1 + II 32f.: *ḫu-i-ša-aš-u̯a pa-an-za-ki-it-ti-iš* GIM-*an* (33) *ú-e-ḫa-at-ta* „Wie der Wirtel der Spindel sich dreht . . .". Der Wirtel ist nun tatsächlich dasjenige Gerät beim Handspinnen[7], für das die Drehung am meisten typisch ist, nämlich die auf der Spindel steckende Schwungscheibe. Diese Wirteln sind archäologisch — auch in Boğazköy — gut bezeugt; sie können aus Stein, Ton, aber auch aus Holz bestehen[8]. Im Hinblick darauf ist KBo XXII 145 Vs. II? 8′ besonders interessant, wo von (einem?) *panzakitti-* aus Buchsbaum die Rede ist[9].

Auch der an den meisten Textstellen neben der Spindel genannte Gegenstand ^{GIŠ}*ḫulali-* bedarf einer kurzen Erörterung. Noch heute gehören, wie zur Hethiterzeit[10], die mit der Spindel in der Hand umherwandernden Frauen in Südostanatolien zum Landschaftsbild. Dabei zwirbeln sie mit der linken Hand den Faden, der dann auf die Spindel (in der rechten Hand) aufgewickelt wird, die durch den aufgesteckten Wirtel leichter in Schwung gehalten werden kann. Der Faserstoff selbst ist entweder um den linken Arm geschlungen oder um ein Holz, das man unter dem linken Arm eingeklemmt trägt. Von ihm läuft der Faden über die linke Hand zur Spindel. Dieses Holz nun, den Rocken[11], bezeichnet ^{GIŠ}*ḫulali-*. Damit erklärt sich sowohl das Determinativ GIŠ wie auch der Kontext der oben zitierten Stelle im Bauritual mit nur „einem" Rocken.

Der Beleg KUB XLIII 60 IV 6′ zeigt anstelle des häufigen Nebeneinanders von ^{GIŠ}*ḫulali-* und ^{GIŠ}*ḫueša-* die Folge ^{GIŠ}*ḫu-u-la-li* I ^{GIŠ}BAL, wobei unser

6 Auch das Nebeneinander von ^{GIŠ}*ḫueša-* und ^{GIŠ}GA.ZUM „Kamm" (164/d Z. 10′) ist kein Argument für die Bedeutung „Spiegel", da es auch Kämme für Wolle gab (z.B. KUB XII 26 II 4).

7 Zum Aufbau der Handspindel, des damals (bis ca. 1200 v.Chr.) einzigen Spinngeräts, vgl. A. Salonen, Die Hausgeräte der Alten Mesopotamier, 1965, I, p. 152f.

8 Vgl. M. Ebert, Reallexikon der Vorgeschichte, Band XIII, 1929, p. 268.

9 KBo XXII 145 Vs. II?: 5′ *ki-i-ma ḫu-u-ga-an-ta-aš* ×[. . .] (6′) SÍG ZA.GÌN *da-a-i na-at* ×[. . .] (7′) *pa-ra-a ḫa-an-da-a-an an-d*[*a* . . .] (8′) *Ù ŠA* ^{GIŠ}TÚG *pa-an-za-ki-i*[*t-* . . .] (9′) *na-a-i na-at-ša-an A-N*[*A* . . .] (10′) *ša-ra-a šu-uḫ-ḫa-*[*a-i*].

10 Dies bestätigt die hieroglyphenluwische Karatepe-Inschrift; vgl. H. Bossert, JKF I, 1951, p. 269 Satz XXXIVf. „. . . wohin ein Mann sich fürchtet, einen Weg zu gehen, (XXXV) spazierten auch in meinen Tagen sogar Frauen mit der (den) Spindel(n)"; zum Bildzeichen für Spindel ib. p. 280.

11 Für den Handspinnrocken, auch „Wocken", vgl. Der Kleine Pauly, 23. Lieferung, 1973, Sp. 313.

Bedeutungsansatz „Spindel“ für *ḫueša-* durch den Wechsel mit dem Sumerogramm für „Spindel“ bestätigt wird.

Weitere mögliche Bedeutungen von *ḫulali-*, das auch ohne Determinativ GIŠ vorkommt, interessieren in unserem Zusammenhang nicht. Eine Auffassung von *ḫulalii̯a-* „umwickeln“ als Denominativ zu *ḫulali-* gewinnt durch die Figura etymologica ^{GIŠ}*ḫu-la-li ḫu-la-li-i̯a-az-zi* (unpubl. Bo 3117 II 7′) Bestätigung. Interessant ist, daß *ḫulali-* von der gleichen Wurzel abgeleitet ist, die auch *ḫulana-* „Wolle“ zugrunde liegt. Da *ḫulana-* aber eine direkte Fortsetzung des urindogermanischen Wortes für „Wolle“ darstellt[12], sollte auch die Bedeutung „Wolle“ primär sein. Dies berechtigt zu der Annahme, daß nicht Flachs, sondern Wolle der erste Stoff war, den die Hethiter zum Spinnen verwendeten.

Graphisch bzw. lautlich verhält sich $^{(GIŠ)}$*ḫueša-* sehr ähnlich bestimmten Ableitungen von *ḫueš-* „leben“[13]. Belegt ist von $^{(GIŠ)}$*ḫueša-*: *ḫu-i-š°*, *ḫu-e-š°*, *ḫu-u-i-š°*, *ḫu-u-e-š°*, *ḫu-u-š°*. Bei *ḫuišu̯ant-* „lebendig“ und *ḫuiš-* „leben“ ergibt sich mit H. Otten[14] folgende chronologische Verteilung: Die ah. Originale schreiben durchweg *ḫu-šu-u̯a-°*, *ḫu-uš-u̯a-°* und *ḫu-u-uš-u̯a-°*, junge Abschriften[15] zeigen vielfach die Mischschreibungen *ḫu-u-(i)-iš-u̯a-°*, während im Junghethitischen *ḫu-iš-u̯a-°* normal ist. Ganz entsprechend dazu zeigt bei „Spindel“ der Beleg alter Sprache (KUB XXIX 1+ II 6) als einziger die Form mit *u* statt *ui/ue* (^{GIŠ}*ḫu-u-šu-uš*). Die von der Etymologie aus zu erwartende Form mit Diphthong erweist sich hier als die innerhethitisch jüngere. Die Deutung von Schreibungen allgemein muß so lange davon ausgehen, daß diese die tatsächlich gesprochenen Laute wiederzugeben versuchen, als kein Gegenbeweis geführt ist[16]. Daher scheint hier im Ah. gesprochenes *u*, im Jh. gesprochenes *ui/ue* vorzuliegen.

Dieser weitverbreitete Wechsel *ui/u* wurde vielfach diskutiert[17]. Zunächst ist zu sagen, daß dieses *u* nicht öfter Pleneschreibung zeigt als normales *u*; also *ui/ue* > *u* (Synkope), nicht *ū*. Da die Etymologie überall *ui/ue* als älter erweist, muß m.E. trotz der innerhethitischen chronologischen Verteilung ein Lautwandel *ui* > *u* angenommen werden. Die Frage, weshalb dieser Lautwandel im Junghethitischen in so großem Umfang rückgängig gemacht wurde, kann hier nicht diskutiert werden.

---

[12] Zur Etymologie vgl. J. Friedrich, KZ 77, 1961, p. 257.

[13] Zur Wortbildung von ^{GIŠ}*ḫueša-* ergeben sich zwei Anschlußmöglichkeiten. Gehört es über eine Grundbedeutung „die Bewegliche“ zu *ḫueš-* „leben“, so dürfte wegen anderer Ableitungen wie *ḫui-tar* „Tierwelt“ die Analyse eher **hui-sā-* als **huis-ā-* lauten. Eine Alternativmöglichkeit ist, bei Auffassung von *ḫuša-* als der ursprünglichsten Lautform, der Ansatz eines Nomens **h(e)u-sā-* zu idg. **heu̯-* „weben“. (Zur Wurzel vgl. zuletzt K. Hoffmann, Die Sprache 20, 1974, p. 23 A. 17.)

[14] H. Otten und V. Souček, StBoT 8, 1969, p. 57.

[15] Z.B. KUB XXXI 64 I 17′, KBo III 38 Rs. 25′ (gegen Dupl.).

[16] Es besteht also kein Anlaß, für *ḫu-u-šu-uš* mit H. Kronasser a.a.O. A. 3 automatisch eine Lautung *hwesus* anzunehmen.

[17] Vgl. H. Otten und V. Souček a.a.O. (mit Lit.).

V. 4. Die syntaktische Entwicklung der Satzpartikeln -*(a)šta* und -*kan*

Zum Problem der heth. Satzpartikeln -*kan*, -*šan*, -*(a)šta*, -*ap(a)* und -*an*[1] existiert eine umfangreiche Diskussion meist jüngeren Datums. Als bisherige Ergebnisse sind allgemein anerkannt:

1) Die Verwendung der Partikeln nimmt im Laufe der Jahrhunderte in den Texten stark zu.

2) Umgekehrt verringert sich die Zahl der gebrauchten Partikeln im Laufe der Entwicklung von 5 auf 2[2].

3) Eine partielle Vertauschbarkeit von -*(a)šta* und -*kan* wurde festgestellt[3]; ihr Umfang ist umstritten.

Der zuletzt genannte Punkt hätte zunächst untersucht werden müssen, wenn man die Bedeutung von -*kan* und -*(a)šta* feststellen wollte. Jedoch begann man erst spät mit der konsequenten Auswertung von Texten, die -*(a)šta* und -*kan* nebeneinander in scheinbar gleicher Verwendung zeigen[4], und auch dann geschah es ohne weitere Sichtung des Materials.

Es fällt allein schon statistisch ins Auge, daß sich in einem Teil der heth. Texte -*(a)šta* und -*kan* quantitativ etwa die Waage halten, in anderen nicht, so daß man mit chronologischer Verteilung rechnen muß. Daher kann ein Urteil über das generelle Verhältnis der beiden im Gesamt-Hethitischen nicht anhand eines Textes gefällt werden, in dem -*(a)šta* gegenüber -*kan* und -*šan* kaum mehr halb so oft vertreten ist[5].

Ebenso muß es unergiebig bleiben, wenn in einem Text mit starkem Wechsel von -*kan* und -*(a)šta* bei jeweils e i n e m Verbum eine Erklärung ad hoc gesucht wird, statt daß man den Mechanismus des Wechsels in diesem Text aus den Einzelfällen abstrahiert. Hiermit soll F. Josephsons[6] verdienstvolle Sammlung samt Deutungsversuch nicht abgewertet werden; er hat jedoch wider Willen in sein Untersuchungsmaterial Texte einbezogen, die nicht mehr den ursprünglichen Partikelgebrauch aufweisen.

---

[1] Zur Partikel -*an* vgl. H. Otten-V. Souček, StBoT 8, p. 81ff.

[2] Nämlich: Reduktion auf -*kan* und -*šan*. O. Carrubas Bemerkung (Or. NS 33, 1964, p. 405) „-*(a)šta* und -*ap(a)* fast ausschließlich in altheth. Texten" trifft nur zu, wenn man (wie damals) keinen Unterschied zwischen Althethitisch und Mittelhethitisch macht.

[3] Vgl. A. Kammenhuber, Hipp. Heth., 1961, p. 270 A. 6; O. Carruba a.a.O. p. 407f. und besonders H. G. Güterbock, RHA 74, 1964, p. 107f.

[4] So z.B. O. Carruba in geringem Ausmaß a.a.O.

[5] So O. Carruba, Die satzeinleitenden Partikeln, 1969, p. 12ff. (am Wišuri̯anza-Text).

[6] F. Josephson, The Function of the Sentence Particles in Old and Middle Hittite, Uppsala 1972.

Dies sei am Beispiel des Ersten Milit. Eides illustriert, denn dieser Text ist durch seine Formelhaftigkeit wie kein anderer dazu geeignet, den Partikelgebrauch festzustellen:

-*(a)šta* und -*kan* wechseln hier ständig beim gleichen Verbum in scheinbar gleicher Phrase. Dabei läßt sich feststellen[7], daß die Verteilung von -*kan* und -*(a)šta* silbenrhythmisch geregelt ist:

Wird ein Satz, in dem eine Partikel erforderlich ist, durch *nu* ohne weitere Enklitika eingeleitet, so tritt -*(a)šta* an (→ *našta*). Wird der Satz dagegen mit einem nicht vokalisch auslautenden Wort begonnen, und können damit die beiden ersten Silben des (Teil-)Satzes nicht von der Partikel -*ašta* miteingenommen werden, so tritt -*kan* als Variante ein.

Es heißt also z.B.: *našta kuiš* ... *šarrizzi* (z.B. Tafel 2 Vs. I 21)

aber: *kuiš=kan* ... *šarrizzi* (z.B. Tafel 2 Vs. I 40)

Diese Regel ist — mit Duplikaten — durch über 30 Stellen gesichert. Interessanterweise hat hier — im syntaktischen Bereich — der junghethitische Abschreiber keine Änderungen vorgenommen (s.u.).

Obige Regel sei nunmehr an den Belegstellen (sämtliche aus Tafel 2) mit F. Josephsons und O. Carrubas[8] Deutung konfrontiert: Die Wendung *INA QATI dai-* steht in Vs. I 47 mit -*(a)šta* und Rs. III 1 mit -*kan*[9]. F. Josephson erklärt den Unterschied dadurch, daß das Verb im ersten Fall am Anfang mehrerer gleichgeordneter Handlungen liegt, im zweiten am Ende einer Reihe von Imperativen (a.a.O. p. 244, 245). Diese Deutung wird widerlegt durch die bei F. Josephson nicht aufgeführte Stelle Rs. III 13, wo die Phrase ebenfalls am Anfang gleichgeordneter Handlungen liegt, aber diesmal mit -*kan*.

uizzi steht in idiomatisch gleicher Verwendung in Rs. III 43, 45 mit -*(a)šta*, in Rs. IV 17 mit -*kan*. Hier hat F. Josephson die gleiche Erklärung, während doch der Beleg Rs. III 45 mitten in einer Handlungsreihe steht.

šarra- kommt mit *našta* und -*kan* in jeweils sieben Belegen vor. Hier weiß F. Josephson keine Erklärung mehr: "The difference between -*(a)šta* and -*kan* seems to be very slight ..." (a.a.O. p. 234). O. Carruba erwähnt die Fälle mit -*kan* nicht[10].

In allen diesen Fällen erklärt sich jedoch der Befund problemlos, wenn man eine silbenrhythmische[11], komplementäre Verteilungsregel anerkennt, wonach

---

[7] Den Anstoß zur Untersuchung gab eine gelegentliche Bemerkung H. Eichners über die Möglichkeit komplementärer Verteilung von Satzpartikeln.

[8] Vgl. A. 5 und 6. [9] *na-aš-ta* bzw. *nu-uš-ma-aš-kán.*

[10] A.a.O. p. 14.

[11] Das Schwanken von -*kan* und -*ašta* ist daher zwar ein Charakteristikum der Sprache vor Beginn der Großreichszeit, aber es ist nicht willkürlich. (Willkür deutet Ph. Houwink ten Cate, Records, 1970, p. 70 A. 88 an.)

-*kan* nur unmittelbar hinter *nu* durch -(*a*)*šta* ersetzt wird[12]. Eine diesbezügliche Überprüfung des gesamten hethitischen Materials würde den Rahmen dieser Arbeit sprengen. Es sei nur gesagt, daß der Partikelgebrauch des Ersten Milit. Eides mit den oben aufgeführten Charakteristika (häufiges *našta*, kein *nukan*) noch in einer großen Zahl weiterer Texte zu finden ist.

Dazu gehören z.B. die größeren Texte Madduwattaš[13] und der Telipinu-Mythos[14], ferner die Texte KUB XXXVI 115+ und KUB IV 1+ (bei E. von Schuler, Die Kaškäer p. 134—138, 168—170), das Ritual KUB XV 34+[15] usw. Dagegen wirkt in älteren Texten, z.B. im Kaška-Vertrag KBo VIII 35+, der Gebrauch der Partikel stellenweise geradezu umgekehrt zum Ersten Milit. Eid: z.B. II 22 *nu-kan* . . . *šarradduma* und II 16 *mān-ašta šarradduma*. (Vgl. das Beispiel p. 79.)

Wir haben hier deutlich ein älteres Sprachstadium vor uns, in dem -*kan* und -(*a*)*šta* noch nicht rhythmische Varianten sind und demzufolge eine unterschiedliche Wortbedeutung aufweisen. Nur diese Texte dürfen also für eine Untersuchung der Bedeutung der einzelnen Partikeln herangezogen werden. Zu ihnen gehören die gesamten althethitischen[16] und ein Teil der mittelhethitischen Texte. Unter den letzteren seien genannt: KBo VIII 35, der Šunaššura-Vertrag[17], KBo XVI 47[18], der Vertrag mit Mita von Paḫḫuwa[19] usw. Die nächste Entwicklungsstufe bildet die besprochene Textgruppe um den Ersten Milit. Eid, in der -*ašta* und -*kan* nur mehr rhythmische Varianten sind[20].

Im nächstfolgenden Stadium tritt -*kan* wieder häufig unmittelbar an *nu*, während *našta* (als einzige Vertretung von -*ašta*) weitgehend zurückgedrängt ist (teilweise auf formelhafte Sprache beschränkt). Hierzu gehören der von O. Carruba[21] angeführte Text, die Totenrituale (H. Otten, Berlin 1958), Ulippi CTH 481, die jh. Staatsverträge, Tunnawi CTH 409, usw.

---

[12] Die silbenrhythmische, komplementäre Verteilung von -*ašta* und -*kan* läßt sich an vielen heth. Textstellen illustrieren, ein Beispiel: KUB XI 16 Rs. IV 12f. *ta-aš-ta pár-aš-na-u-u̯a-aš* . . . (13) *ú-iz-zi*, aber ib. 20f. *pár-aš-na-u-u̯a-aš-kán* . . . (21) *ú-iz-zi*. Da sich *ta* silbenrhythmisch wie *nu* verhält, wird es hinsichtlich -*ašta* ebenso behandelt wie dieses. Daran läßt sich zeigen, daß wirklich eine silbenrhythmische Regel und nicht ein nur lexikalisches Fortbestehen von *našta* vorliegt.

[13] CTH 147; nach H. Otten, StBoT 11: mh.; A. Goetzes Ergänzung [*nu*-]*kán* in Rs. 37 ist sehr zweifelhaft (Madduwattaš, 1928). Beweisend für die rhythmische Verteilung ist außer dem statistischen Befund auch die Einzelstelle Vs. 64: *našta ŠA* [I]*ATTARIŠŠIJA=i̯a* 1 LÚ SIG_5-*in kuenir anzel=a=kan* 1 LÚ SIG_5 [I]*Zidanzan kuenir*.

[14] CTH 324; E. Laroches *n*[*u-ká*]*n*(?) in A I 32 ist nach einem Alternativ-Vorschlag wohl eher *p*[*a-i*]*t*(?) zu lesen (RHA 77, 1965, p. 91 A. 13).

[15] Vgl. nunmehr V. Haas-G. Wilhelm, Hurritische u. luwische Riten aus Kizzuwatna (= AOAT 1974) p. 182ff.

[16] Diese sind meist durch die Graphik *nu-uk-kán* charakterisiert.

[17] Zur Datierung vgl. Ph. Houwink ten Cate, Records p. 77.

[18] Wende 15./14. Jh. (H. Otten, IM 17, 1967, p. 55).

[19] CTH 146 mh.

[20] Daß der Erste Milit. Eid innerhalb dieser Epoche eher am Anfang steht, zeigt die vereinzelte Stelle IV 5, an der -*ašta* noch im alten Gebrauch erscheint: *ki-i-i̯a-aš-ta*.

[21] Die Satzeinleitenden Partikeln, 1969, p. 12ff. (Textbeispiel Wišurijanza.)

In den spätesten hethitischen Texten erscheint *-ašta* schließlich überhaupt nicht mehr. Dazu gehören alle Texte Šuppiluliumas II., der Vertrag Tutḫalijas IV. mit Šaušgamuwa (StBoT 16), die 'Mythologie étrangère' und vor allem Texte wie KUB V 1, wo *nu-kán* die große Mehrheit der *-kan*-Belege darstellt.

Für das Vorkommen der Partikeln *-(a)šta* und *-kan* ergibt sich also folgendes chronologisches Schema[22]:

Stadium	Vorkommende Partikel-verbindungen	Begleitumstände
I	*-(a)šta, našta, -kan, nukan*	Bedeutungsdifferenz, keine Vertauschbarkeit
II	*našta, -kan*	rhythmische Vertauschbarkeit
III	(*našta*), *-kan, nukan*	*našta* selten (formelhaft?)
IV	*-kan, nukan*	*nukan* sehr häufig

[22] Somit kann das Vorkommen von *-(a)šta* (außerhalb von *našta*) und *nukan* für die Datierung von Texten herangezogen werden; das gleiche gilt (bei umfangreicheren Texten) für das Fehlen einer oder mehrerer dieser Verbindungen.

Der 2. Milit. Eid zeigt, wie schon angedeutet, einen ganz anderen Partikelgebrauch als der erste: *-kan* und *-šan* sind viel häufiger, *-(a)šta* fehlt (im erhaltenen Text), *nukan* kommt vor (Rs. 13). Er gehört daher sprachlich einer späteren Zeitstufe an (s.o.).

VI. STIL UND INHALT DER MILITÄRISCHEN EIDE

1. Zur vergleichenden Religions- und Kulturgeschichte

Die religions- und kulturgeschichtlichen Züge der Militärischen Eide, die im außerhethitischen Raum ihre Entsprechungen finden, gliedern sich in zwei Bereiche. Der erste umfaßt den Eid und seine Entwicklung, der zweite eine Reihe von Analogiezaubern, für die sich jeweils Parallelen finden lassen.

I) Der Eid bei den Hethitern und sein Verhältnis zu urindogermanischen Schwurformen:

1) Die Wassersucht als Eidesstrafe.

An der Stelle Rs. III 12ff. des Ersten Milit. Eides wird ein Eidbrüchiger durch eine Figur dargestellt, deren Inneres mit Wasser gefüllt ist. Es wird von ihr gesagt, daß ihr Inneres angeschwollen sei, weil sie den Eid gebrochen hat (vgl. Komm. dort).

Werfen wir einen Blick auf die Eidesvorstellungen anderer indogermanischer Völker, so bietet sich das Indien der vedischen Zeit zum Vergleich an. Dort sah man in der Wassersucht die göttliche Strafe für Eidbruch: In einem berühmten Lied[1] des Rigveda wendet sich ein Wassersüchtiger an den Gott Varuṇa mit der Bitte um Verzeihung, falls er gegen des Gottes Gebote verstoßen habe. Das klassische Vergehen gegen Varuṇa ist aber der Eidbruch[2], denn man schwört ja beim Wasser, dem Wohnsitz Varuṇas. Eine genaue Entsprechung zu unserer Stelle ist Atharvaveda 4, 16, 7 (Die Rede ist von dem, der gegen den Vertrag des Varuṇa verstößt:) „Er soll als Wassersüchtiger dasitzen, der den Bauch hängen läßt wie ein reifenloses Faß, das ringsherum aufgeschnitten wird“[3].

Nun findet sich die Wassersucht als Strafe für Eidbruch noch an einer dritten Stelle, nämlich häufig und in zentraler Stellung in den babylonischen

---

[1] RV. 7,89.

[2] Vgl. H. Lüders, Varuṇa, Göttingen 1959, Bd. II p. 667: „In der alten vedischen Literatur wird nur ein Gott beim Eide angerufen, das ist Varuṇa . . . Nach dem Bisherigen müssen wir erwarten, daß er auch Zeuge und Rächer des Meineids ist. Tatsächlich geht darin nun aber das ganze Wesen des Meineids auf . . . Zu dieser Auffassung stimmt aber auch weiter, daß Varuṇa im Wasser wohnt. Denn den feierlichen Eid hat man . . . unter Berührung von Wasser geschworen.“

[3] ‘. . . *ā́stāṃ jālmá udáraṃ sraṃsayitvā́ kóśa ivābandháḥ parikr̥tyámānaḥ*’ (*jālmá-* „Wassersüchtiger“ gehört zu **jálman-* „quellend“; es entwickelte sich erst später zum Schimpfwort, vgl. W. Wüst, Vergl. und etym. Wörterbuch des Alt-Indoarischen I, 1935, p. 102 A. 7.)

Texten der Kassitenzeit (12. Jh.) und vereinzelt und in nicht zentraler Position auch im späteren Mesopotamien[4]. Ein kassitisches Beispiel (B.B.St. No. 7 II 25f., Fluchformel im Fall von Eidbruch): „May Marduk, king of heaven and earth, fill his body with dropsy, which has a grip that can never be loosened."[5]

Man wird sich daher zunächst fragen, ob in der Wassersucht als Eidesstrafe nicht ein Wandermotiv vorliegt. Es hätte dann aus dem Kleinasien des späten 15. Jahrhunderts seinen Weg nach Mesopotamien genommen (bezeugt im 12. Jh.), um aber bereits etwa gleichzeitig[6] in Indien aufzutauchen.

Die große Ungewöhnlichkeit eines solchen Weges nach Raum und Zeit ist durchaus nicht das einzige Argument, das gegen diese These spricht:

a) In der Zeit des Rigveda, also im 12. Jh., wirkt das Motiv 'Wassersucht' nicht wie eben erst entlehnt, sondern ist fest im Gebäude der Mythologie verankert. Sie ist eine Konsequenz des Schwörens beim Wasser, dessen Überwachung ebenso wie das Strafen durch Wassersucht gar den Hauptaufgabenbereich der Gottheit Varuṇa bildet. Varuṇa aber gehört wiederum zu einer geschlossenen Gruppe moralischer Gottheiten, die bereits aus der indoiranischen Zeit stammt (vor Trennung der Iranier und Indoarier, also vor 1500). Daher ist er auch bereits bei den Mitanni-Ariern, lange vor der Kassiten-Zeit, ein Vertragsgott[7].

b) Die Wassersucht als Eidesstrafe wird nur erklärbar aus der Vorstellung, daß man beim Wasser schwört. Die vedischen Inder stiegen nun tatsächlich

---

[4] Auch in einem Vasallenvertrag der Assyrerzeit kommt eine Verfluchung durch Wassersucht vor. Allerdings ist sie kürzer als diejenigen aus der Kassitenzeit und steht im Gegensatz zu diesen nicht mehr an zentraler Stelle, sondern unter über 100 anderen Verfluchungen. Text bei D. J. Wiseman, The Vassal-Treaties of Esarhaddon, 1958, p. 67, Z. 521f.: ^{d}*e-a* LUGAL ZU.AB[EN IDIM A.MEŠ *lā* TI.LA] (522) *liš-qi-ku-nu a-ga-nu-ti-l*[*a-a li-mal-li-ku-nu*] "May Ea king of the Deep, [the lord of springs] give you to drink [unhealthy] water [may he fill you with] dropsy."

[5] *Marduk šar šamê u erṣeti a-ga-nu-til-la-a ša rikissu lā ippaṭṭaru liṣān karassu.* Zu diesen Belegen, auf die mich H. Otten aufmerksam machte, vgl. CAD sub *agannutillû*, zu einer ähnlichen Formel W. von Soden, JAOS 71, 1951, p. 268.

In etwas jüngerer Zeit findet sich das Motiv der Wassersucht als Strafe für Meineid auch im Alten Testament wieder (4. Buch Mose 5, 11ff.). Ein Opfer wird beschrieben, durch das sich offenbaren soll, ob eine Ehefrau untreu war; Z. 18f. „. . . und der Priester soll in seiner Hand bitteres verfluchtes Wasser haben und soll das Weib beschwören: Hat kein Mann bei dir gelegen, . . . so sollen dir diese bitteren verfluchten Wasser nicht schaden. Wo du aber deinem Mann untreu geworden bist . . . der Herr setze dich zum Fluch . . ., daß der Herr deine Hüfte schwinden und deinen Bauch schwellen lasse! So gehe nun das verfluchte Wasser in deinen Leib, daß dein Bauch schwelle und deine Hüfte schwinde! . . . Ist aber ein solches Weib nicht verunreinigt, so wird es ihr nicht schaden, daß sie kann schwanger werden . . .".

[6] Aufgrund sprachlicher Kriterien ist die Hauptmasse der rigvedischen Hymnen vor dem 11. Jh. anzusetzen (K. Hoffmann mündlich).

[7] Vgl. A. Kammenhuber, Die Arier im Vorderen Orient, 1968, p. 144.

zum Schwören ins Wasser[8], das Element des Gottes Varuṇa. Aber noch bei einem weiteren indogermanischen Volk ist der Schwur beim Wasser überliefert, nämlich bei den Griechen. Der furchtbarste Schwur ist dort (seit Homer) der Schwur beim stygischen Wasser[9]. An einer Belegstelle könnte sogar noch das Wasser allgemein gemeint sein[10].

c) Gehen wir aber nicht von einer entlehnten, sondern von einer ererbten indogermanischen Vorstellung aus, so fügen sich wohl auch die kassitischen Belege bestens ein. Für die Kassiten wurde nämlich indogermanische bzw. indoarische Herkunft bereits vielfach vermutet[11]. Bei der Entlehnungstheorie hätte man den doppelten 'Zufall' in Kauf zu nehmen, daß innerhalb der langen akkad. Schrifttradition die 'Wassersucht' erst in der Kassitenzeit auftaucht (12. Jh.) und nur in dieser relativ kurzen Epoche eine zentrale Stellung innerhalb der Fluchformeln einnimmt, und daß andererseits ausgerechnet für diese Kassiten indogermanische Herkunft diskutiert wurde. Es besteht also durchaus die Möglichkeit, daß der Schwur beim Wasser und die Wassersucht als göttliche Eidesstrafe bereits der urindogermanischen Religion und Ethik angehörten.

2) Die Selbstverfluchung

Im Ersten Milit. Eid findet sich häufig die Selbstverfluchung „So soll es sein" (I 46, II 4, 29, Fr. I 18′). Nun wurde aber die Selbstverfluchung schon früher aufgrund des Altindischen, Lateinischen, Griechischen und Germanischen als ein Hauptcharakteristikum des Eides der Indogermanen erwiesen[12]. Man darf daher auch dieses Charakteristikum der Milit. Eide als vermutlich ererbt betrachten.

---

[8] Vgl. K. Hoffmann, KZ 83, 1969, p. 202 (zu AVP. V 36 4): *apaḥ pragāhya yadi vā sam āmiṣe* . . . „Wenn du entweder, nachdem du dich ins Wasser begeben hast, einen Vertragseid geleistet hast . . ." Zu diesem Aufsatz vgl. weiter Komm. zu Vs. I 35 mit A. 4. Vgl. auch H. Lüders a. a. O. Bd. I, p. 28ff.

[9] Vgl. H. Lüders a. a. O. p. 34.

[10] Vielleicht enthält die Theogonie sogar noch eine Spur davon, daß ursprünglich das Wasser allgemein und nicht nur das des Styx Schwurkraft besaß: (784f., freundlicher Hinweis von A. Heubeck) *Ζεύς δὲ τε Ἶριν ἔπεμπε θεῶν μέγαν ὅρκον ἐνεῖκαι* (785) *τηλόθεν ἐν χρυσέῃ προχόῳ, πολυώνυμον ὕδωρ, ψυχρόν*, (786) *ὅ τ' ἐκ' πέτρης καταλείβεται ἠλιβάτοιο* (787) *ὑψηλῆς* „Zeus aber entsandte die Iris, um den großen Eid der Götter zu holen, von ferne in goldener Kanne, das viel benannte Wasser, das kalte, wie es niederfließt vom schwer ersteigbaren, hohen Felsen".

[11] Zur Diskussion vgl. A. Kammenhuber a. a. O. p. 47ff. mit Lit.

[12] Vgl. H. Lüders, Varuṇa Bd. II, 1959, besonders p. 663. „Der Eid ist also für den Kreis der indogermanischen Völker eine Selbstverwünschung für den Fall der Unwahrheit der Aussage, zum Tode für die eigene Person, zum Verderben für den eigenen Besitz, und ich zweifle auch gar nicht, daß man in diesem Sinn schon vor der Trennung der Völker geschworen hat, wenn auch ein einziges durchgehendes Wort für 'schwören' fehlt. Als wahrscheinlich muß es ferner gelten, daß man auch die eigene Person oder die Sache oder Person, bei der man schwur, berührte." Diese Beschreibung ist den Milit. Eiden wie auf den Leib geschnitten. (Das idg. Wort für „schwören" ist inzwischen auch gefunden, vgl. K. Hoffmann a. a. O. p. 202.) Zur Eidsymbolik bei Griechen und Römern vgl. auch J. Friedrich, ZA 35, 1924, p. 170ff.

3) Die Schwurgottheiten

Die beiden 'klassischen' Eidgötter sind der Mondgott und Išḫara, die „Königin" des Eides (vgl. Komm. zu Erster Milit. Eid Rs. III 16). Der Mondgott ist im Ersten Milit. Eid wohl in Rs. III 23 zu ergänzen; im Zweiten Milit. Eid spielt er als strafende Gottheit eine zentrale Rolle, die in auffälligem Gegensatz zu seiner geringen Bedeutung im heth. Pantheon außerhalb des Eides steht. Um so auffälliger ist es, daß Varuṇa, der ja die Wassersucht als Eidesstrafe im indischen Bereich verhängt, ebenfalls zugleich Mondgott ist.

Išḫara (vgl. Komm. ib.) kommt im Ersten Milit. Eid als strafende Gottheit vor. Diese frühe Bezeugung spricht für H. Kronassers Vermutung, daß die Gottheit gar nicht hurritischer Herkunft sei (EHS p. 186); jedenfalls ist sie schon lange vor der 'Hurritisierung' des heth. Pantheons zu finden, so daß ihre Verbindung mit dem Mondgott im Eid schon sehr alt sein kann. Möglicherweise werden die beiden Gottheiten sogar unter dem Namen *linkii̯anteš* („die zum Eid Gehörigen") zusammengefaßt. (Vgl. Komm. zum Ersten Milit. Eid Rs. III 16.)

II) Parallelen zu einzelnen Analogiezaubern der Milit. Eide:

a) Im Ersten Milit. Eid Vs. II 16 heißt es: „Und wie vom Salz kein Same existiert, so sollen auch jenem Menschen . . . Nachkommenschaft . . . zugrunde gehen!". Hier ist zu vergleichen, was Lukas-Evangelium 14,35 vom Salz gesagt wird[13]: „Es ist weder auf das Land noch in den Mist nütze, sondern man wird es wegwerfen." Vgl. hier auch Vs. II 31ff. „Wie . . . man . . . Malz nicht auf das Feld schafft und keinen Samen daraus gewinnt . . ." Im akkadischen Bereich scheint dieses Bild nicht zu existieren.

b) Dagegen hat die Strafe „er soll wie Wachs schmelzen" (Erster Milit. Eid Vs. II 2) als naheliegende Vorstellung sowohl im Akkadischen (s. CAD sub *iškuru*) wie auch im Alten Testament Psalm 68,3 ihre Entsprechung, dort auf die Feinde Jahwes bezogen.

c) Zur Stelle Zweiter Milit. Eid Rs. 13ff. „Dies ist nicht Wein, es ist euer Blut. Und wie dies die Erde verschluckt hat, so soll auch euer Blut und . . . die Erde verschlucken!" gibt es eine entfernte Parallele im althethitischen StBoT 8, wo ein Zusammenhang zwischen der (roten) Flüssigkeit *tarlipa-* und Blut hergestellt wird (vgl. Glossar dort).

Vor allem aber springt der Vergleich mit dem Neuen Testament ins Auge[14], wo die 'Wandlung' gleichermaßen auf der Farbe als Tertium Comparationis zwischen Wein und Blut aufbauen dürfte wie der Analogiezauber hier. In ihrer relativ klaren Aussage scheinen diese Belege nicht ohne Bedeutung für

[13] Vgl. S. Segert, ArOr 26, 1958, p. 504.

[14] Vgl. die Worte Jesu bei Matthäus 27f.: „Und er nahm den Kelch (mit Wein) . . ., gab ihnen den und sprach: (28) ‚Das ist mein Blut des neuen Bundes, welches vergossen wird für viele zur Vergebung der Sünden'."

die religionsgeschichtliche und theologische Beurteilung der Abendmahlsworte und ihres Hintergrundes[15] zu sein.

d) Zur Stilistik der zuletzt besprochenen Stelle: „Dies ist nicht Wein, es ist euer Blut" vergleiche den assyrischen Vertrag zwischen Assurnirari und Mati'ilu von Bīt-Agūsi[16], wo ebenfalls ein etwaiger Eidbruch (des Mati'ilu) verflucht wird: „Dieser Kopf ist nicht der Kopf des Bockes, der Kopf des Mati'ilu ist es . . ." Für die spezielle Ausprägung der Analogiezauber unserer Texte darf also — soweit nicht Elementarparallelen vorliegen — orientalischer Ursprung angenommen werden.

e) Parallelen zur Verwandlung von Kriegern in Weiber (Erster Milit. Eid Vs. II 41): Aus der althethitischen Vorstellungswelt kommt eine Anekdote aus der akkadisch geschriebenen Uršu-Tafel unserer Stelle sehr nahe, an der die Feigheit von Kriegern gebrandmarkt werden soll: KBo I 11 Rs. 16′f. *pí-la-qa ub-lu-ni* GI$^{\text{ḪI.A}}$ *it-ba-lu ki-ra-as-sà* (17′) *ub-lu-nim* SAG.GUL *it-ba-lu* „Eine Spindel brachten sie, Pfeile trugen sie weg, einen Schminkspachtel (?) brachten sie, eine Keule trugen sie weg"[17].

Für die griechische Antike sei exemplarisch auf die Sage von Herakles und Omphale[18] hingewiesen. Eine erstaunlich enge Parallele zu unserer Stelle bietet sich in der arabischen Geschichtsschreibung des Mittelalters: Im Kitāb al-Aḫbar aṭ-ṭiwāl[19] bezichtigt König Hormizd seinen Feldherrn der Veruntreuung von Kriegsbeute und schickt ihm eine Halskette, einen Frauengürtel und eine Handspindel. Hier allerdings sind die weiblichen Attribute — m. E. anders als in unserem Text[20] — zugleich Symbol für Treulosigkeit. Gemeinsam ist jedoch

---

[15] Zum Problem vgl. zuletzt H. Patsch, Abendmahl und historischer Jesus, Stuttgart 1972, p. 49f., der sich gegenüber der roten Farbe als Tertium Comparationis skeptisch äußert. (Vgl. ebendort p. 228; zur Frage des Rotweins: G. H. Dalman, Arbeit und Sitte in Palästina, Bd. IV, 1928/1935, p. 366 und H. Kosmala, Wein oder Traubensaft? Judaica 19, 1963, p. 65ff.).

[16] Vgl. J. Friedrich, ZA 35, 1924, p. 170.

[17] Freundlicher Hinweis von F. Starke.

[18] Zur Zusammenstellung der Quellen über Herakles in der Rolle eines spinnenden Mädchens bei Omphale vgl. R. v. Ranke-Graves, Griechische Mythologie II p. 156ff.

[19] Verfasser ist Abū Ḥanifa ad-Dinawari (9. Jh.), dargestellt eine Episode aus der sassanidischen Geschichte; ediert von Guirgass, Leiden 1912. Dort p. 84, 20—85, 12f. (F. Starke machte mich freundlicherweise auf diese Stelle aufmerksam und übersetzte sie): „Es steht für mich fest, daß du mir von jener Kriegsbeute nur einen geringen Anteil geschickt hast. . . . Hiermit sende ich dir nun eine Kette — lege sie um deinen Hals! —, einen Frauengürtel — umgürte dich damit! — und eine Spindel — sie soll in deiner Hand sein! —, denn Treulosigkeit und Undankbarkeit gehören zu den Charakterzügen der Frauen."

[20] In unserem Text werden vielerlei Gegenstände und Handlungsweisen verwendet, die die Strafen für Eidbruch darstellen sollen, sonst aber wesensmäßig nichts mit Treulosigkeit zu tun haben, sondern erst zu ihr in Bezug gesetzt werden müssen. Daher ist eine Sonderstellung auch für die weiblichen Attribute nicht anzunehmen, zumal die Stellung der Frau bei den Hethitern auch sonst nicht so niedrig gewesen zu sein scheint wie im Orient des Mittelalters. Vielmehr soll die Verwandlung ebenso nur dem Heer des Eidbrechers die Schlagkraft nehmen wie das „Blenden" in Vs. I 24ff.

allen drei Stellen die dahinter stehende Kriegerideologie, für die naturgemäß das Weiblich- bzw. Weibisch-Sein Untauglichkeit bedeutet.

f) Im Ersten Milit. Eid Vs. II 26f. wird das Zermahlen der Knochen des Eidbrüchigen als Strafe angedroht. Vielen alten Völkern war die Vorstellung gemeinsam, daß die Zerstörung der Knochen die eigentliche Vernichtung der Existenz bedeute, nach der auch keinerlei Weiterleben nach dem Tod mehr möglich sei.

Ein besonders drastisches Beispiel aus dem assyrischen Bereich ist Asb. 56 VI 74 (s. CAD sub *eṣemtu*) "I had his (own) sons crush these bones, the bones of PN, which they had taken to Assyria . . .". Weiter ist hier die Stelle 19, 31f. aus dem Johannes-Evangelium zu nennen, wo den beiden Schächern am Kreuz die Gebeine zerschlagen werden, Christus dagegen, dem es ja bestimmt ist aufzuerstehen, nicht. Doch ist die Vorstellung nicht auf den orientalischen Raum beschränkt; im vedischen Indien beispielsweise wird die *nir-r̥ti-*, die völlige Auslöschung der Existenz, durch den Verzweiflungstod des sich Herabstürzens erreicht, also die Zerstörung der Knochen (vgl. das Dialoglied der Urvaśī im Rigveda).

VI. 2. Chronologische und stilistische Einordnung der Militärischen Eide anhand der Fluchformeln

Inhalt und zugleich stilistisches Hauptmerkmal der beiden Militärischen Eide ist der stete Wechsel von magischer Handlung und Fluchformel. Dies unterscheidet sie von allen anderen Textgattungen.

Die Fluchformeln haben die Militärischen Eide mit einer Reihe von Literaturgattungen gemeinsam, wobei aber ihre Verwendung in jeder Gattung anders ist. Die beiden Militärischen Eide unterscheiden sich dabei in der Art ihrer Fluchformeln so stark, daß sie hier getrennt untersucht werden müssen.

A. Der Erste Militärische Eid

Aus den Fluchformeln des Ersten Milit. Eides lassen sich bestimmte Charakteristika isolieren, die typisch sind und sie von den Fluchformeln der meisten anderen Texte und des Zweiten Milit. Eides deutlich unterscheiden. Die Form der so charakterisierten Fluchformel sei 'Spezielle Form' genannt.

Erstes Beispiel (Vs. I 21ff.): *na-aš-ta ku-iš ku-u-uš NI-IŠ* DINGIR*LIM* *šar-r[i-iz-zi] na-aš-ta A-NA* LUGAL KUR URU*ḪAT-TI ap-pa-a-li da-[a-i]* . . . *na-an ki-e NI-IŠ* DINGIR*LIM* *ap-pa-an-[du] nu* . . . *da-šu-u̯a-[aḫ-ḫa-an-du]* „Wer nun diese Eide übertri[tt] und sich gegen den König des Landes Ḫatti hinterhältig beträ[gt] . . ., den sollen diese Eide ergreifen und . . . blen[den]".

Charakteristika sind hier:

1) *kuiš šarrizzi* „wer übertritt"
2) *appali dai* „er beträgt sich hinterhältig"
3) *na-an kē NI-IŠ* DINGIR*LIM* *appandu* „ihn sollen diese Eide ergreifen"
4) der Imperativ am Ende, der sehr oft *ḫarninkandu* „sie sollen vernichten" oder *ḫarkdu* „er soll zugrunde gehen" lautet.

Zweites Beispiel (Rs. III 5f.) *nu-u̯a-kán ku-iš A-NA* LUGAL SAL.LUGAL ḪUL-*lu ták-ki-iš-z*[*i na*]-*an NI-IŠ* DINGIR^MEŠ^ *ap-pa-an-du . . . na-an-kán . . . QA-DU* D[AM^MEŠ^-*ŠÚ* DUMU^M^]^EŠ^-*ŠÚ pa-an-kur-ši-it iš-tar-n*[*a ar-ḫa ḫar-ni*]-*in-kán-du* „Wer nun dem König und der Königin Böses zufügt, den sollen die Eide ergreifen und ihn . . . mit [seinen] Fr[auen] (und) seinen [Söhn]en (auch) hinsichtlich seiner Nachkommenschaft mitten [hinweg aust]ilgen!"

Charakteristika sind hier:

1) *kuiš ANA* LUGAL . . . ḪUL-*lu takkišzi* „wer dem König Böses zufügt".
2) *nan NĪŠ* DINGIR^MEŠ^ *appandu* (s.o.)
3) *nan QA-DU* DAM^MEŠ^-*ŠÚ* DUMU^MEŠ^-*ŠÚ* . . . *ḫarninkandu* „sie sollen ihn mit seinen Frauen, seinen Söhnen (usw.) vernichten!"

Für den Text insgesamt typisch ist die Stellung der Flüche jeweils am Ende des Abschnitts (also vor dem Paragraphenstrich) sowie das Fehlen von Segenssprüchen im Sinne des Zweiten Milit. Eides.

Die hier aufgeführten Charakteristika der 'Speziellen Form' finden sich aus syntaktischen Gründen sowohl im Ersten Milit. Eid wie auch in den nun zu untersuchenden Texten nie alle an einem Beispiel, doch sind die Hauptcharakteristika: „die Eide sollen ergreifen und mit Frauen, Söhnen . . . vernichten" stets vorhanden:

a) Die Verträge

Der frühest datierbare Beleg der 'Speziellen Form' findet sich in der Vertragsliteratur:

1) KUB XXXVI 106 (einkol.)

Von den (außer Spuren) erhaltenen sechs Paragraphen enthalten zwei je eine Fluchformel. Dies setzt den Text deutlich von den Staatsverträgen der Großreichszeit ab, wo nur einmal je Vertrag eine (stereotype) Fluchformel erscheint.

Vs. (8′) [ ]*ạ-ạp-pa-li da-at-te-e-ni nu ku-iš*[(9′) (-)]*i̯a-az-zi na-an ki-e da-aš-ša-u-ẹ-*[*eš*] (10′) *NI-IŠ* DINGIR^MEŠ^ *ap-pa-an-t*[*u*] (Paragraphenstrich) [„Wenn . . .] ihr täuscht; wer nun [(9′)] tut, den sollen diese mächtigen (10′) Eide ergreifen!" — Rs. (5) [*nu ku-iš tu*]*p-pí-aš ut-ta-a-ar ṣar-rị-ịt* [(6)

na-an ki-e(?)]*li-in-ki-ịa-an-te-eš ap-pa-an-tu* (7) *na-aš ḫar-ak-tu* (Paragraphenstrich) „[und wer] die Gebote der Tafel übertrat(?), (6) [den] sollen [diese] Eidgötter ergreifen (7) und er soll zugrunde gehen!" Die erste Formel enthält die Charakteristika: *appali dā-*, *nu kuiš* . . ., *nan kē NĪŠ* DINGIR^{MEŠ} *appantu*; bei der zweiten Formel findet sich: *kuiš* . . . *šarrit, nan kē linkiịanteš appantu, ḫarktu*. In Rs. Z. 4 darf man außerdem noch mit [. . . *i-da-a-lu*] *ták-ki-iš-*[*zi* . . .] rechnen.

Diese deutlichen stilistischen Züge, die den Text mit den Milit. Eiden verbinden und von den späteren Verträgen trennen, passen zur Datierung dieser Tafel, die H. Otten[1] aufgrund von Duktus und Schreibung vornahm, und die seither unbestritten blieb[2]. Sie stammt aus der althethitischen Zeit vor dem Jahr 1500 und gehört somit zu den ältesten Verträgen überhaupt.

Außerdem ist der Vertrag mit einer Gruppe von Leuten geschlossen, die dem königlichen Vertragspartner nicht ebenbürtig waren (Ḫapiru-Nomaden), so daß sich eine ähnliche Abschreckungs-Notwendigkeit ergab wie im Ersten Milit. Eid und den Instruktionen (vgl. hierzu im folgenden), wenn die Wirkung des Vertrages andauern sollte.

Der zweite Vertrag, in dem sich die 'Spezielle Form' findet, ist der zwischen dem König Arnuwanda und den Leuten von Išmerika. Auch dieser Vertrag ist nicht jung, sondern stammt aus mittelhethitischer Zeit, wie H. Otten durch Vergleich mit dem Madduwatta-Text und dem Vertrag mit Mita von Paḫḫuwa wahrscheinlich machte[3]. Von den Bearbeitern A. Kempinski und S. Košak wurde er überzeugend Arnuwanda, dem Vater Šuppiluliumas, zugeschrieben[4]. Hier finden sich folgende Formeln:

KUB XXVI 41 Vs. 14′f. [*ku-iš* (15′) *i-da*]*-a-lu ták-ki-eš-zi na-an ki-e* [*NI-IŠ* DINGIR^{MEŠ}[5] *ap-pa-an-du* (16′) *na-a*]*n QA-DU* É*-ŠU* A.ŠÀ$^{ḪI.A}$*-ŠU* ^{GI}[^{Š}SAR.GEŠTIN$^{ḪI.A}$*-ŠU* (17′) *QA-D*]*U a-pí-e-el ŠUM-ŠU* NUMUN*-ŠU*[(18′)]*ḫar-ni-in-kán-*[*du*] „Wer Böses zufügt, den sollen diese Eide ergreifen und ihn mit seinem Hausstand, seinen Feldern, [seinen Weingärten, mi]t seinem Namen und seiner Nachkommenschaft [ ] vernichten!"

Die Merkmale der 'Speziellen Form' sind hier: *kuiš idālu takkešzi, nan kē NĪŠ* DINGIR^{MEŠ} *appandu* (sichere Ergänzung), *QADU* É*-ŠU* . . . *ḫarninkandu* (und Paragraphenstrich dahinter). Die Formel findet sich in Resten im gleichen Vertrag Vs. 22 (*QADU* DAM*-ŠU* usw.) und, besser erhalten, in KUB XXIII 68 + Rs. 27f.: [*ku-iš-ma-kán ku-u-uš NI-EŠ* D]INGIR^{MEŠ} *šar-ra-at-ta*

[1] H. Otten, ZA 52, 1954, p. 216—223.

[2] Vgl. O. Carruba, ZDMG Suppl. I, Teil I, 1969, p. 237f. und zuletzt F. Josephson, Sentence Particles, 1972, p. 43.

[3] StBoT 11, 1969, passim. [4] WO 5, 1970, p. 191—217.

[5] Hier ist nicht mit A. Kempinski und S. Košak [^{LIM}], sondern [^{MEŠ}] zu ergänzen, da in diesem Vertrag wie in allen nicht jungen Texten *NI-IŠ* DINGIR^{MEŠ} geschrieben ist. (Vgl. Duplikat KUB XXIII 68 Rs. 27f.; auch in KUB XXVI 41 Vs. 2 ist ^{M}[^{EŠ}] zu lesen. Vgl. auch Komm. zum Ersten Milit. Eid Tafel 1 Vs. I 43.)

na-an ki-e NI-EŠ DINGIR$^{\text{ME}[\text{Š}}$ *ap-pa-an-du* (28) ... *na-an Q*]*A-DU* É-*ŠU* A.ŠÀ-*ŠU* ^{GIŠ}SAR.GEŠTIN-*ŠU* [*ḫar-ni-in-kán-du*].

Kriterien der 'Speziellen Form': *kuiš šarratta, nan kē NĪŠ* DINGIR^{MEŠ} *appandu, nan QADU* É-*ŠU* ... (usw.), *ḫarninkandu* (dahinter Paragraphenstrich).

Auch A. Kempinski und S. Košak fiel die Übereinstimmung dieser Stellen mit dem Ersten Milit. Eid auf (vgl. A. 4), doch erkannten sie die Besonderheit der hier vorliegenden Fluchformeln nicht und verglichen daher auch KBo XIX 58, das aber die 'Spezielle Form' nicht zeigt und mit den jungen Staatsverträgen auf einer Stufe steht.

Ergebnis: Auch hier zeigt ein Vertrag starke stilistische Übereinstimmungen mit dem Ersten Milit. Eid; auch hier ist der Vertrag sprachlich und graphisch nicht jung[6]. Auch er ist mit einer Gruppe von dem Vertragspartner nicht ebenbürtigen Personen geschlossen und hat daher besondere Abschreckungsabsichten.

Zur gleichen Gruppe gehört auch der dritte zu behandelnde Vertrag (KBo VIII 35). Er wurde von einem unbekannten Hethiterkönig mit Angehörigen des Kaška-Volkes geschlossen[7].

Hier lauten die Formeln (Vs. II 16′ff.):

ma-a-na-aš-ta ku-u-ša li-in-ga-a-uš šar-ra-ad-du-ma šu-ma-a-ša-kán (17′) *li-in-ki-aš* DINGIR^{MEŠ}-*eš ḫu-u-ma-an-te-eš* KUR$^{\text{ḪI.A}}$-*KU-NU* URU$^{\text{DIDLI.ḪI.A}}$-*KU-NU* DAM^{MEŠ}-*KU-NU* DUMU^{MEŠ}-*KU-NU* A.ŠÀ$^{\text{ḪI.A}}$-*KU-NU* ^{GIŠ}SAR.GEŠTIN$^{\text{ḪI.A}}$-*KU-NU* GUD$^{\text{ḪI.A}}$-*KU-NU* UDU$^{\text{ḪI.A}}$-*KU-NU ḫar-ni-in-kán-du* „Wenn ihr diese Eide übertretet, dann sollen euch aber alle Eidgötter euere Länder, Städte, Frauen, Söhne, Felder, Weingärten, Rinder und Schafe vernichten!" (19′) *nu ma-a-an A-NA* KUR^{URU}*ḪA-A*[*T-T*]*I pár-ḫu-u̯a-an-zi ú-u̯a-at-te-ni nu-uš-ma-aš-kán* (20′) ^{d}ZA.BA$_4$.BA$_4$-*aš* ^{GIŠ}TUKUL$^{\text{ḪI.A}}$-*KU-N*[*U*] *a̤-ap-pa na-a-ú nu šu-me-in-za-an-pát* ^{UZU}Ì *e-iz-za-aš-du* (21′) GI$^{\text{ḪI.A}}$-*KU-NU-ma-kán a-ap-pa* [*na*]-*a̤-ú nu šu-me-in-za-an-pát ki-ir-še-me-it iš-kar-ra-an-ni-an-*[*du*] „Wenn ihr kommt, um ins Land Hatti einzufallen, soll euch Zababa eure Waffen umwenden und euer eigenes (Fett)fleisch fressen! Eure Pfeile aber soll er euch umwenden, und eure eigenen Herzen sollen sie durchbohren!" (22′) *nu-kán ma-a-an li-in-ga-*[*a-u*]*š šar-ra-ad-du-ma nu-za* GUD$^{\text{ḪI.A}}$-*KU-NU* UDU$^{\text{ḪI.A}}$-*KU-NU* (23′) *an-du-uḫ-še-eš li-e ḫa-aš-*[*ša-an-z*]*i nu-uš-*[*m*]*a-aš-kán NI-IŠ* DINGIR^{MEŠ} DUMU$^{\text{ḪI.A}}$-*KU-NU* (24′) *an-da-an kar-di-iš-mi-pá*[*t a*]*z-zi-ik-kán-du* „Wenn ihr die Eide brecht, sollen eure Rinder, eure Schafe (und) die Menschen nicht geb[ären]! Und die Eide sollen euch eure Söhne drinnen in eurem Herzen fressen!"

---

[6] Vgl. H. Otten, StBoT 11, 1969, p. 29; zuletzt F. Josephson, a.a.O. p. 44.

[7] Vgl. E. v. Schuler, Die Kaškäer, 1965, p. 109—117 (ohne Umschrift), der p. 113 kurz auf die Ähnlichkeit zum Ersten Milit. Eid hinweist.

Zur Beurteilung der Formeln ist zu sagen, daß das typische *appandu* hier fehlt. Jedoch finden sich sowohl die anderen Anzeichen der 'Speziellen Form' als auch mehrere zusätzliche Parallelen zu Fluchformeln des Ersten Milit. Eides:

1) Die Häufung von drei Verfluchungen hintereinander findet sich sonst nur in den Milit. Eiden.
2) Zur Verfluchung von URU$^{\text{DIDLI.ḪI.A}}$ in 17′ vergleiche Erster Milit. Eid Tafel 1 Rs. Kol. II(?) 7′ mit Komm.
3) Zu 21′ vgl. Erster Milit. Eid Tafel 2 Vs. II 51f. „Bogen, Pfeile und sonstige Waffen sollen sie ihnen in den Händen zerbrechen".
4) Zu 22′—23′ vgl. Erster Milit. Eid Tafel 2 Vs. II 38f. „Seine Frauen sollen Söhne und Töchter nicht gebären ... seine Rinder und Schafe sollen Kalb und Lamm nicht werfen!".
5) Zu 23′—24′ vgl. Erster Milit. Eid Tafel 2 Rs. III 22—23. „Drinnen aber sollen [ihm?] den Nachkommen die Išḫara (und) [der Mondgott ergreif]en und ihn auffressen!".

Hinzu kommen die Kriterien der 'Speziellen Form': *mān* ... *šarradduma*, KUR$^{\text{ḪI.A}}$-*KUNU* ... DAM^{MEŠ}-*KUNU* (usw.), *linkii̯as* DINGIR^{MEŠ} ... *ḫarninkandu*, *NĪŠ* DINGIR^{MEŠ} ... *azzikkandu*. Dahinter folgt jeweils der Paragraphenstrich.

Auch dieser Text richtet sich an eine Gruppe von Vertragspartnern, die abgeschreckt werden sollen; auch sie sind der im Rang niedrigere Kontrahent.

Daher finden sich in den besprochenen drei Verträgen Fluchformeln, während sie anderen Verträgen der gleichen Epochen fehlen, nämlich dann, wenn man es nur mit einem einzigen und bekannten Partner zu tun hatte, so daß kollektive, wiederholte Verfluchungen unnötig waren[8].

Als Beispiel hierfür seien die chronologisch sicher einzuordnenden Verträge mit Pillija von Kizzuwatna[9] und mit Mita von Paḫḫuwa[10] genannt.

Der Pillija-Vertrag zeigt alle Anzeichen alter Graphik und Sprache. Er kann zeitlich nicht vom Ḫapiru-Vertrag getrennt werden, zeigt aber, soweit erhalten, keine Anzeichen von wiederholten und drastischen Fluchformeln. Man hielt diese offenbar dem bekannten fürstlichen Partner gegenüber für unangebracht. Das gleiche gilt für den Vertrag mit Mita von Paḫḫuwa (CTH 146), der (mit H. Otten[11]) zeitlich zu den mh. Verträgen mit den Leuten von Išmerika (oben behandelt) und dem Madduwatta-Text (CTH 147) gehört,

---

[8] E. v. Schuler (In Memoriam Bossert = Anadolu Araştırmaları, 1965, p. 455) vermutet bereits einen Zusammenhang zwischen dem Abweichen bestimmter Verträge vom normalen Formular und der Vereidigung mehrerer Partner; er scheidet jedoch nicht chronologisch bzw. anhand der Fluchformeln.

[9] H. Otten, JCS 5, 1951, p. 129ff. (KUB XXXVI 108).

[10] Bearbeitung: O. R. Gurney, AAA 28, 1948, p. 32—47.

[11] StBoT 11, 1969, passim.

sowie für die ebenfalls mh. Verträge KBo XVI 47[12] und denjenigen mit Šunaššura (CTH 41 und 131).

Im Gegensatz zur bisher dargestellten 'Speziellen Form' der alten Verträge mit Partner-Kollektiven begegnet in den Staatsverträgen der Großreichszeit die Fluchformel nur einmal in jedem Vertrag und ist folgendermaßen charakterisiert:

1) Sie ist weit umfangreicher als die 'Spezielle Form'.
2) Sie hat einen Segensspruch für den Fall der Eidestreue neben sich, der sich soweit wie möglich der gleichen Worte bedient (ebenso der gleichfalls junge Zweite Milit. Eid).
3) Sie hat ein festes Schema: Zuerst werden der Eidbrüchige und seine Familie verflucht, dann sein Haus, Stadt und Land, dann seine Felder usw., dann sein Vieh.
4) Sie zeigt weder das charakteristische *appandu* noch die meisten anderen Charakteristika der 'Speziellen Form'. Statt deren drastischer Sprache findet sich hier nur die blasse Wendung: „Das soll (dir) unter Eid gelegt sein." Den Raum der Fluchformeln und Vereidigtenlisten in den alten Verträgen nehmen hier die Sachbestimmungen ein[13].

b) Die Instruktionen

Der wichtigste Instruktionstext, KUB XIII 4, ist sicher jung. Er weist keine Fluchformeln auf, sondern nur Wendungen wie „ihr werdet mit eueren Frauen und Söhnen zugrunde gehen" (Rs. IV 55) oder im Sinne von 'Gottes Mühlen mahlen langsam ...' (Vs. II 29f.). Die wohl etwas älteren Instruktionen KUB XIII 3 zeigen recht häufig am Paragraphen-Ende die Wendung: *QA-DU*$_4$ DAM-*ŠU-ši* DUMU^{MEŠ}-*ŠU* ḪUL-*lu ḫi-in-kán pí-e-an-zi* (Vs. II 19), was zwar in etwa an Wendungen des Ersten Milit. Eides anklingt, sich aber, abgesehen von allen Unterschieden zur 'Speziellen Form', auch dadurch absetzt, daß nicht die Eidgötter, sondern Menschen die angedrohte Strafe vollziehen sollen.

Daß die Instruktionen als Textgattung vor die junghethitische Zeit zurückreichen, wird unter anderem durch die Militärinstruktionen des Tutḫalija (CTH 259) gezeigt, die den oben behandelten Verträgen mit Išmerika und Paḫḫuwa und dem Madduwatta-Text sprachlich und graphisch nahestehen[14].

Es gibt jedoch noch andere, ältere Instruktionen, und diese weisen die 'Spezielle Form' der Fluchformel auf: KBo XVI 24 (+) 25. Beide Stücke

---

[12] Vgl. H. Otten, IM 17, 1967, p. 55—62.

[13] Als wohl einziger Text zeigt der Kaškäervertrag KUB XXVI 19 (Übersetzung bei E. v. Schuler, Die Kaškäer p. 130ff.) eine Übergangsform zwischen den 'Speziellen Fluchformeln' und denen der klassischen Verträge; er enthält nur eine Formel, die aber das Charakteristikum *appandu* aufweist. (Vertrag mit mehreren Partnern.)

[14] Vgl. H. Otten, StBoT 11, 1969, p. 30.

gehören mit H. Otten (Inhaltsübersicht zu KBo XVI) zur gleichen Tafel und zeigen mittelhethitischen Duktus[15].

Die Tafel regelt die Verpflichtungen einer Gruppe von Personen gegenüber dem Hethiterkönig. Wegen der Schwurgötterliste am Ende des Textes (25 Rs. IV 66′—70′) glaubt man zunächst, einen Vertrag vor sich zu haben, zumal immer wieder vor Abtrünnigkeit gewarnt wird (z. B. 25 Vs. I 27′). Daneben finden sich aber Passagen, die in einem Vertrag undenkbar sind und an den Telipinu-Erlaß erinnern. In 25 Rs. IV 8′—20′ wird warnend an die Zeit erinnert, als die Diener „ihrer Herren Blut suchten" und Ḫuzzija ermordet wurde. Auch wendet sich der Text an bestimmte Berufsgruppen wie ^{LÚ}*ME-ŠE-DU* DUMU.É.GAL (24 r. Kol. 10′), ^{LÚ}UGULA *LI-IM* ^{LÚ}DUGUD-*ša* (25 I 31′).

Dies alles reimt sich zusammen, wenn man in dem Text eine Instruktion für überwiegend militärische Beamte erkennt: Es ist häufig von *tuzzi-* und ERÍN^{MEŠ} „Truppen" die Rede, deren Versorgung sowie Aushebung geregelt wird (25 Vs. I 23′—34′). Auch ließ man sich die Kampfmoral angelegen sein (35′ ff.).

Als Eidesvorschrift für Militärführer steht der Text somit neben den gleich alten und stilistisch verwandten Militärinstruktionen eines Tutḫalija (CTH 259) einerseits und dem Ersten Milit. Eid andererseits. Weiteres bleibt einer Bearbeitung vorbehalten.

Die Fluchformeln gehören der 'Speziellen Form' an und beschließen fast jeden Paragraphen. Ein Beispiel:

KBo XVI 25 Vs. I 58′ f. . . . *na-an ki-*[*e NI-IŠ* DIN]GIR^{MEŠ} *ap-pa-an-du* (59′) [*na-an QA-DU* É(?)]-*ŠU* DAM-*ŠU* DUMU^{MEŠ}-*ŠU ḫar-ni-in-ká*[*n*]-*du.* (Ganz ähnlich Vs. I 16′, 22′, 29′, 39′, 50′, 59′, 65′, Rs. IV 7, 16, 26, 63 und KBo XVI 24 Vs. I 1′, 6′, 14′, 26′, Vs. II 6′, 12′, 20′.) Diesen Texten steht (mit H. Otten[16]) die Tafel KBo XVI 31 inhaltlich und graphisch nahe. Auch dieses kurze Fragment zeigt eine Fluchformel, die jedoch zu fragmentarisch ist, um sich für die Spezielle Form sichern zu lassen: 4′ . . . *na-an ki-i NI-IŠ* DINGIR^{MEŠ} (5′) . . .]-*ŠU ḫar-ni-in-kán-du.*

Ebenfalls aus sprachlichen und graphischen Gründen zugehörig ist die Instruktion KUB XXIII 76 mit wiederholten Verfluchungen, in denen aber kein *appandu* erhalten ist. Das graphisch etwas jüngere KBo XVI 28 hat ebenfalls mehrere Verfluchungen.

Dagegen läßt sich für KBo XVI 46[17] die 'Spezielle Form' erweisen: Vs. (?) 6′ [*ap*]-*pa-an-du na-an Q*[*A-DU* DAM]-*ŠU* DUMU^{MEŠ}-[*ŠU ḫar-ni-in-kán-du*] (dahinter Paragraphenstrich); ähnlich die Zz. 12′ und 18′. Die von der Graphik ausgegangene Datierung wird somit durch stilistische Argumente bestätigt.

[15] Zustimmend A. Kammenhuber, Or. NS 39, 1970, p. 550. Inhaltlich steht diesem Text das unpublizierte Bo 6830 am nächsten.

[16] Inhaltsübersicht von KBo XVI; Ph. Houwink ten Cate, Records, 1970, p. 4, 26.

[17] H. Otten (mündl.): mittelheth. Duktus. Vgl. auch Ph. Houwink ten Cate a. a. O., p. 4. (Verwandt ist auch KBo XVI 31.)

c) Ein Brief

Der Kuriosität halber sei hier noch ein Fall von Verschleppung der 'Speziellen Form' der Fluchformel in einen Text ganz anderer Gattung aufgeführt, nämlich einen Brief: KBo XII 62. Diese 20 Zeilen umfassende Tafel handelt von den Machenschaften einer Dame namens Kupapa, Gattin des Duddumi. Der Briefschreiber sagt von sich: (10′) [*m*]*a-a-aḫ-ḫa-an tup-pí u-uḫ-ḫu-un nu-za am-mu-uk ma-a-aḫ-ḫa-an* (11′) *ki̯-iš-ḫa-at nu* DINGIR^MEŠ ^I^*Du-ud-du-mi-in-pát QA-DU* DAM-*ŠU* (12′) [DUM]U^MEŠ^-*ŠU QA-TAM-NA ḫar-ni-in-kán-du* „Als ich die Tafel gesehen hatte, wie mir da (zumute) wurde, ebenso sollen die Götter den Duddumi mit seiner Frau und seinen Söhnen vernichten!" Die Formel ist hier zu einer Art Beschimpfung profanisiert und durch *QA-TAM-MA* „ebenso" nicht mit einer Eidesformel oder magischen Handlung, sondern einer Alltagssituation verknüpft. Der Grund ist wohl, daß die Fluchformel in einer bestimmten Epoche in der offiziellen Literatur so häufig war, daß sie dem Briefschreiber förmlich auf der Zunge lag und so in den Brief geriet. Den Zeichenformen nach ist der Text vor der Großreichszeit anzusetzen.

Aus dem Bisherigen ergibt sich, daß der Erste Milit. Eid seine Fluchformeln mit den frühen Verträgen (soweit der Vertragspartner ein Kollektiv ist), den frühen Instruktionen und einem Brief gemeinsam hat, die alle der Zeit zwischen 1500 und ca. 1380 v. Chr. angehören. Die 'Spezielle Form' beschränkt sich also auf eine bestimmte Epoche, in der sie mehreren Literaturgattungen angehört. Es ergibt sich nun die Frage nach der Priorität: Gehen die Fluchformeln von den Verträgen, den Militärischen Eiden oder den Instruktionen aus? E. v. Schuler[18] stellte fest, daß die Übergänge zwischen Eid und Instruktion 'fließend' sind (a.a.O. p. 2): „Den Treueid enthalten nur die SAG-Instruktionen und die DUGUD-Eide; in anderen Instruktionen läßt er sich nicht mehr feststellen." Diese Aussage läßt sich nun aufgrund des vorher Behandelten modifizieren: Die ältesten Instruktionen enthalten sämtliche den Treueid (samt Fluchformeln). Auf sie trifft genau E. v. Schulers Charakterisierung der SAG-Instruktionen (a.a.O.) zu, nämlich „starrer, systematischer Aufbau", wobei jeder „einzelne Anweisungs-Paragraph eine durch formelhafte Wendungen bestimmte Gestalt" aufweist. In den frühesten Instruktionen endet sogar fast jeder Paragraph mit der Fluchformel. Auch hier nehmen das Gebot der Treue und das Verbot des Abfalls eine so zentrale Stellung ein, daß sie gegenüber den sachlichen Bestimmungen fast überwiegen[19].

Aufgrund dieser Beobachtungen erweist sich der Erste Militärische Eid als Prototyp der Instruktionstexte, denn er besteht nur aus Treueverpflichtungen mit Eid und Fluchformeln. (Die Analogiezauber dienen der drastischen Wirkung.) Das völlige Fehlen konkreter Verpflichtungen läßt sich bei der Vereidigung von Truppenführern aus deren jeweils wechselnden Aufgaben erklären.

---

[18] Dienstanweisungen, 1957, p. 1ff.

[19] In der Eidesleistung des Ašḫapāla überwiegen dagegen bereits weitaus die Sachbestimmungen.

Es zeigt gleichzeitig, daß dieses ursprüngliche Vereidigungsritual allein die Treueverpflichtung selbst zum Ziel hatte; von diesem Stadium sind auch die frühen Instruktionen noch nicht weit entfernt.

Die Instruktionen entwickeln sich also von einem Formular aus, das unter ständig wiederholter Androhung drastischer göttlicher Strafen zur Vereidigung bestimmter Personengruppen auf die Herrscherdynastie diente.

Das gleiche gilt aber für die oben behandelten frühen Staatsverträge mit Personengruppen. Auch hier sind die Paragraphen mit den Vertragsbestimmungen kurz und häufig von den stereotypen Fluchformeln beschlossen. Auch hier nehmen die Sachbestimmungen gegenüber Eid und Fluchformeln wenig Raum ein; von den erhaltenen 23 Zeilen des ältesten Vertrages mit mehreren Partnern (KUB XXXVI 106) handeln sogar nur ganze fünf Zeilen von konkreten Abmachungen.

Nun scheinen die Verträge mit Partner-Gruppen in der Frühzeit des hethitischen Reiches häufiger gewesen zu sein als zur Großreichszeit. Aus alt- und mittelhethitischer Zeit sind mindestens vier Verträge mit Kollektiven bezeugt (s.o.) gegenüber fünf mit einzelnen Partnern[20].

Im Großreich steht den vielen Verträgen mit einzelnen Herrschern und Vasallen nur der eine Kollektiv-Vertrag mit Ḫuqqana und den Leuten von Ḫajaša gegenüber. Es ist wohl kein Zufall, daß es sich gerade bei diesem Vertrag um den ältesten aus der Zeit Šuppiluliumas I. zu handeln scheint.

Es läßt sich annehmen, daß die Hethiter zur Zeit der Entstehung ihrer ersten Verträge noch weitgehend mit Gruppen von Stammesführern oder deren Exponenten zu verhandeln hatten und weniger mit absolutistisch regierenden Fürsten. So sei die Vermutung angeschlossen, daß sich aus dem gleichen Vereidigungs- und Fluchformular sowohl die Vereidigungen für Gruppen von 'Beamten' entwickelten als auch die für benachbarte Häuptlinge. In beiden Bereichen traten dann im Laufe der Entwicklung die Fluchformeln gegenüber den Sachbestimmungen zurück. Dies wurde dadurch möglich, daß man es in immer stärkerem Maße nicht mehr mit anonymen Partnerkollektiven zu tun hatte, deren Namen erst aufgezählt werden mußten, sondern mit bekannten Stadtfürsten und Dynastien. Mit dem steigenden Niveau der Partner trat an die Stelle der ständigen Drohungen der gelegentliche Hinweis: „Dies soll unter Eid gelegt sein".

Hierin liegt auch der Grund dafür, daß diese alten Verträge in junghethitischer Zeit nicht mehr abgeschrieben wurden; sie waren stilistisch überholt und hatten auch inhaltlich keinen exemplarischen Wert.

Das gleiche gilt für die Instruktionen. Hier wurden die Fluchformeln um so mehr zurückgedrängt, je differenzierter die einzelnen Vorschriften behandelt werden mußten und je mehr die hohen Beamten mit dem Königshaus versippt

[20] Die Verträge von Zidanza I. (KUB XXXVI 108) und Zidanza II. (KUB XXXVI 107), der Vertrag mit Mita, KBo XVI 47 und der Šunaššura-Vertrag, der wohl schon etwas später zu datieren ist.

waren. Denn eine Verfluchung der ganzen Sippe des Vereidigten (im Sinne der 'Speziellen Form') hätte sich ja gegen das Herrscherhaus selbst gerichtet[21]. (Die jüngsten Instruktionen beinhalten gar keine Vereidigung mehr.)

Aus dem gleichen Grund kann es sich auch bei der Vereidigung im Ersten Milit. Eid keinesfalls um Angehörige der Königsfamilie handeln. Es ist überhaupt fraglich, ob es sich um Hethiter im engsten Sinn handelt, denn sie haben mehrere Frauen, was sonst nur bei Ausländern vorkommt (vgl. Komm. zu Tafel 2 Vs. II 38). Die Stellen Fragment I 5′ff. „wer . . ., dessen Land [sollen nachher die Ei]de ebenso . . ." und: „[. . . den sollen diese Eide ergreifen und] seine Stadt mitsamt der Einwohner[schaft . . . ebenso . . ." lassen vermuten, daß die zu Vereidigenden Herren über Städte waren.

ERÍN^{MEŠ} im Kolophon von Tafel 2 heißt also nicht „Heer" oder „Truppe", sondern bezeichnet hier eine Gruppe militärischer Befehlshaber[22]. Dies beweisen die Stellen „dessen Heer sollen sie blenden" (Tafel 2 Vs. I 25), „seine Heere sollen sie zu Weibern machen" (Tafel 2 Vs. II 49). Da die zu Vereidigenden also sogar eigene Heere hatten, wurde der Name 'Soldateneid' in der vorliegenden Arbeit durch '(Erster) Militärischer Eid' ersetzt.

Der Text richtet sich somit an die gleiche Art von zu Vereidigenden wie die stilistisch verwandten frühen Staatsverträge und Instruktionen, nämlich an eine Gruppe von Adeligen, die nicht aus Ḫattuša selbst stammen und im Rang tief unter dem Hethiterkönig stehen.

B. Der Zweite Militärische Eid

Der Zweite Milit. Eid ist junghethitisch (vgl. Kommentar). Dementsprechend weicht er auch stilistisch stark vom Ersten Milit. Eid ab:

1) Seine Verfluchungen enthalten keine festen Formeln mehr, sondern richten sich ganz nach der vorausgehenden magischen Handlung; sie gehören also nicht der 'Speziellen Form' an.

2) Neben den Verfluchungen finden sich Segenssprüche von ähnlichem Wortlaut, was ebenso in den jungen Staatsverträgen die Regel ist, nicht dagegen in den älteren Texten.

Der Zweite Milit. Eid hätte den stilistisch überholten Ersten also ebenso ersetzen können wie die jungen Vertrags- und Instruktionsformulare es bei ihren Vorgängern taten, die man in junger Zeit nicht mehr abschrieb (siehe oben). Warum der Erste Milit. Eid dennoch in der späten Großreichszeit mehrfach abgeschrieben wurde, muß um so mehr ein Rätsel bleiben, als sich auch

[21] Vgl. E. v. Schuler, Dienstanweisungen, 1957, p. 4.

[22] Die Situation ist die gleiche wie in den Würdenträgereiden des Arnuwanda, wo die Würdenträger den Eid im Namen ihrer Truppen sprechen (KUB XXXI 44 II 4ff., KUB XXXI 42 III 9ff.). Auch sonst wird man, wenn von einer Truppenvereidigung die Rede ist (wie z.B. KBo XVI 29 Vs.? 17′), damit rechnen müssen, daß nicht jeder einzelne Soldat, sondern nur die Repräsentanten gemeint sind.

der Status der zu Vereidigenden seit seiner Abfassungszeit geändert hatte[23]. Wegen der zahlreichen Abschreibfehler und Radierungen der Tafel A (und teilweise auch B) ist es nicht auszuschließen, daß der Text als Schultext diente und uns nur deshalb in jungen Abschriften überliefert ist.

VI. 3. Die den Militärischen Eiden verwandten Rituale

Während der Zweite Militärische Eid mit keinem anderen Text mehr als ein stilistisches Merkmal gemeinsam hat, ist der Erste nicht nur in seinen Fluchformeln (vgl. Kapitel VI. 2.), sondern auch in Inhalt und Stil seiner Analogiezauber mit einigen Texten enger verwandt.

Es handelt sich durchweg um Rituale. An erster Stelle ist KBo XVI 56 + KUB XXXIV 85 zu nennen. (Trotz der engen Zugehörigkeit dieses Textes zum Ersten Milit. Eid wurde hier auf seine Wiedergabe verzichtet, da er inzwischen von C. Kühne in der Festschrift H. Otten p. 161ff. bearbeitet worden ist.) Diesem Ritual ist der Erste Milit. Eid stilistisch eng verwandt, so daß man für beide Texte die gleiche geistige Situation voraussetzen möchte. Die graphische Ähnlichkeit mit dem jungen Hauptexemplar KBo VI 34 dürfte auch hier auf eine junge Abschrift schließen lassen.

Daß diese Verwandtschaft beider Texte allerdings nicht inhaltlicher Natur ist, hat C. Kühne richtig gesehen. Denn hier soll einem zu Entsühnenden (*kedani* DUMU.LÚ.ULÙ.LU) die Bezauberung weggenommen werden, bzw. er soll bewahrt werden vor den Machenschaften „jenes bösen Menschen" (*idālau̯aš antuḫšaš* = *apēl*). Der Text ist also im Gegensatz zu den Fluchformeln der Milit. Eide eher der Weißen Magie[1] zuzurechnen.

Im folgenden werden einige in unserem Zusammenhang relevante Stellen dieses Textes besprochen und den (ausgezeichneten) Ausführungen C. Kühnes (a.a.O.) kleine Verbesserungsvorschläge angefügt:

2′f. darf man wohl im Sinne von 14′f. ergänzen (s. dort).

6′ (11′, 19′) Zu DUMU.LÚ.ULÙ.LU vgl. Erster Milit. Eid, Tafel 2 Rs. III 9, 34.

8′ *šallattaru* „soll zergehen" steht den Formen *šal-li-i̯a-it-ta* (I 50) und *šal-li-it-ta-ru* (II 2) des Ersten Milit. Eides gegenüber, was im Hinblick auf die Stammbildung der *-i̯a*-Verben von Interesse ist.

---

[23] Unter den zentralistischen Verhältnissen der Großreichszeit war es sicher nicht nötig, Truppenführer aus dem weiteren Kernland in der drastischen Weise des Ersten Milit. Eides auf den Großkönig einzuschwören. Ähnliche Maßnahmen scheinen erst wieder in der Verfallszeit des Großreichs unter Šuppiluliuma II. nötig geworden zu sein.

[1] Will man überhaupt den Versuch unternehmen, die der christlichen Denkwelt entstammenden Begriffe 'Schwarze Magie' und 'Weiße Magie' auf Altorientalisches zu übertragen, so sollte die Magie nur dort 'weiß' genannt werden, wo sie zur Abwehr von Übel dient und von Priestern eines anerkannten Kultes ausgeführt wird. (Zur Magie vgl. H. Bächtold-Stäubli, Handwörterbuch des dt. Aberglaubens, 1927—1941: 'Kunst'.)

9′ Vgl. wörtlich Erster Milit. Eid, Tafel 2 Vs. II 16 (mit Komm.).

11′ *idālu takkišzi*. Vgl. Erster Milit. Eid, Tafel 2 passim.

14′ *ša-ra-az⟨-zi⟩-i̯a-az*. Erstarrte Ablative sind unter den Ortsadverbien häufig (vgl. *kunnaz* usw.). Eine Auffassung von *ša-ra-az-⟨zi⟩*[2]*-i̯a-az pu-u-ri-i̯a-az* als „Oberlippe“ (Abl.) führt zu keiner Lösung der Stelle[3], so daß auch die unsichere Ergänzung *ša-ra-az-zi-i̯a-az* [*pu-u-ri-i̯*]*a-az* KUB XXV 37 Vs. I 25f. als Parallele entfällt.

Zur Ergänzung der gängigen Wendung *aššu memiški-* vgl. an ebenfalls mittelhethitischen Belegen KBo VII 28 Vs. 18′ und KUB XLIII 23 Vs. 8. Die ganze Passage lautet dann:

14′ [*nu-uš-ši-ša-an š*]*a-ra-az-⟨zi⟩-i̯a-az pu-u-ri-i̯a-az a-ạš-š*[*u*]
[*me-mi-iš-ki-i*]*z-zi ŠA-PAL* ZI-*ŠU-ma-aš-ši-ša-an ị-*[*da-a-lu*]
16′ [*me-mi-iš-ki-i*]*z-zi nu a-pí-e-el-la i-da-a-la-u-aš*
[*an-tu-uḫ-ša-aš*] *A-U̯A-TE*^{MEŠ} *ki-iš-ša-an ḫar-ak-du*
18′ [*IŠ-TU* A.ŠÀ-*ŠU*] NUMUN-*an ú-el-ku-i̯a* [*li-*]*ẹ ụ-iz-zi*

14′ „[Und] er ihm [gegenüber] oben mit den Lippen Gut[es]
[spric]ht, unten in seinem Sinn aber B[öses]
16′ [spric]ht, — auch desjenigen bösen
[Menschen] Worte sollen folgendermaßen zugrunde gehen:
18′ [aus seinem Feld] soll ihm Samen und Gewächs [nic]ht kommen!“

16′—17′ Aufbau und Stil ähneln wieder stark den Fluchformeln des Ersten Milit. Eides. *kiššan* „folgendermaßen“ steht hier syntaktisch an dem Platz, den sonst *QATAMMA* = *apeniššan* „ebenso“ einnimmt. Der Satz dürfte sich hier aber auf das Folgende beziehen; nach *ḫarkdu* ist also ein Doppelpunkt zu denken[4].

18′ Vgl. wörtlich Erster Milit. Eid, Tafel 2 Rs. III 44—45, IV 16—17. Daher darf [*IŠ-TU* A.ŠÀ-*ŠU* NU]MUN-*an* ... ergänzt werden.

21′ Zu *pa-an-*[(*kur*) vgl. Erster Milit. Eid, Tafel 2 Rs. III 10.

26′f. Zum Motiv des Verlöschens vgl. Erster Milit. Eid, Tafel 2 Rs. IV 6ff., Zweiter Milit. Eid Vs. 17′ff. (mit Komm.).

Ein ebenfalls verwandtes Ritual gegen Behexung ist KUB XXXIV 85. Die Zeilen 3′—6′ lauten:

(3′) *ki-e-da-ni*] *A-NA* DUMU.LÚ.ULÙ.L[U (4′) *a*]*-pí-e-el-la i-da-a-la-u-*[*u̯a-aš* (5′) *pa-a*]*n-kur QA-TAM-MA ḫar-kán-du* (6′) [. . . *ú-e*]*l-ku-i̯a li-e ú-iz-zi* „. . . diesem] Menschenkin[d] auch jenes bösen [Menschen . . . und Nach]kom-

[2] Ob hier ein echter 'Fehler' im Sinne eines Verstoßes gegen die Schreibkonvention vorliegt, muß noch am Gesamtmaterial untersucht werden.
[3] Entgegen H. Otten bei C. Kühne (a.a.O.).
[4] Anders C. Kühne in seiner Übersetzung (a.a.O.).

menschaft sollen ebenso zugrunde gehen, [aus dem Feld aber] soll [ihm] und [Ge]wächs nicht kommen!" (Vgl. die Entsprechungen im Ersten Milit. Eid, 2. Tafel Rs. IV.)

Auch das zum Telipinu-Mythos (KUB XVII 10 und Duplikate) gehörige Ritual teilt mehrere Zaubersprüche fast wörtlich mit dem Ersten Milit. Eid. (Vgl. Komm. zu Tafel 2 Rs. IV 5ff. usw.) Hier soll der Zorn des Gottes Telipinu besänftigt werden.

Ferner zeigt die Textgruppe CTH 449,6 eine gewisse Verwandtschaft. Das unpubl. Bo 6166[5] entspricht in II 10′ff. = KUB XXXIX 101 II 3′ff.: 10′ *du-u̯a-ar-na-at-ta-ru* ×[ ] (11′) DAM^{MEŠ}-*ŠU* DUMU^{MEŠ}-*ŠÚ* ERÍN^{MEŠ}-*ŠU*[ ] (12′) *nu-uš u̯a-ar-nu-uz-zi* [ ] (13′) ^{UZU}SA *a-ši-a-ši*^{SAR}[ ] (14′) *ḫa-ap-pí-na p*[*í-eš-ši-i̯a-zi*] (15′) GAB.LÀL ^{UZU}Ì.[UDU *ma-aḫ-ḫa-an*] (16′) *ḫa-ad-d*[*a-da*(-)] (17′) ^{UZU}SA GIM-*a*[*n*. Es wären also Z. 10 mit Erster Milit. Eid, Tafel 2 Vs. II 52 zu vergleichen, der Fluch Z. 11 mit den Flüchen eben dieser Tafel, Z. 14 mit Vs. I 48, II 6, Z. 15 mit Vs. I 47—II 3, Z. 17′ mit Vs. II 5, 7. Auch die Reihenfolge von GAB.LÀL „Wachs", ^{UZU}Ì.UDU „Schaffett" und ^{UZU}SA „Sehnenfleisch" ist in beiden Texten die gleiche.

KUB IX 1 (nach E. Laroche, CTH 428 verwandt) hat stilistisch und inhaltlich keine Ähnlichkeit mit den Milit. Eiden, abgesehen vom Auftreten des *tuzzi*- im Ritual.

Die besprochenen Rituale sind, ebenso wie der Erste Milit. Eid selbst, anatolischen Ursprungs.

VI. 4. Inhaltliche Übersicht

(gegliedert nach Handlungseinheiten; nicht wortgetreu)

Erster Militärischer Eid

Um des Gesamteindrucks willen werden hier die Fragmente der ersten Tafel vorangestellt.

Tafel 1

Fragment I/II

x—11′	Handlungsgegenstand:	[ ]
	Vergleichspunkt:	Der [Weißdorn] kratzt das Euter.
	Fluch:	Dessen Stadt mit Angehörigen und Besitz soll in alle Zukunft [. . .] hinwegge[kratzt] werden, ... soll ge- ... werden, die Truppe aber [soll] weg[gezogen(?) werden].

[5] IBoT II 125 schließt möglicherweise als Join in direkter Fortsetzung an Bo 6166 an. Dafür spricht u.a. die Tatsache, daß auf beiden Fragmenten die rechte Kolumne Formen im Präsens und die linke überraschenderweise Formen im Präteritum zeigt.

12′—17′	Handlungsgegenstand:	Eine Kuhhaut
	Vergleichspunkt:	Das Ausbreiten(?)
	Fluch:	Er soll mit [ ] Söhnen und [... hingebreitet] werden(?)
18′—21′	Handlungsgegenstand:	[ ]
	Vergleichspunkt:	[ ]
	Fluch:	... mit] Enkel und Ur[enkel ...
22′—x	Handlungsgegenstand:	[ ]
	Vergleichspunkt:	Das Wegschneiden(?)
	Fluch:	[ ]

Fragment III

x—7′	Handlungsgegenstand:	[ ]
	Vergleichspunkt:	[Das Zugru]ndegehen
	Fluch:	Dessen Land [......] soll ebenso [zugru]nde gehen.
8′—x	Handlungsgegenstand:	Lehm
	Vergleichspunkt:	Das Mischen
	Fluch:	... sollen] ihn mit Frau [und Söhnen ... ... mischen(?)] und [vernichten].

Tafel 2

Vs. I 1—10	Handlungsgegenstand:	Zedernholz
	Vergleichspunkt:	Erfrischung(?)
	Fluch:	
I 11—16	Handlungsgegenstand:	[Figur(?)]
	Vergleichspunkt:	
	Fluch:	... die E]idgöt[ter sollen ...
I 17—34	Handlungsgegenstand:	[Figur] eines geblendeten Eidbrüchigen
	Vergleichspunkt:	Das Blenden
	Fluch:	Er soll blind und taub werden, ebenso seine Heere, seine Soldaten sollen einander nicht erkennen, sie sollen an Händen und Füßen gefesselt und auf Haufen geworfen werden wie (seinerzeit) die Heere von Arzawa.

I 35—46	Handlungsgegenstand:	Hefe
	Vergleichspunkt:	Gären der Hefe im Teig
	Fluch:	Er soll durch Krankheiten und ein übles Schicksal gebrochen werden.
I 47—II 4	Handlungsgegenstand:	Wachs und Schaffett
	Vergleichspunkt:	Schmelzen und Zergehen
	Fluch:	Er soll schmelzen und zergehen.
II 5—18	Handlungsgegenstand:	Sehnenfleisch und Salz
	Vergleichspunkt:	Verschmoren und Zerprasseln, keine Nachkommenschaft
	Fluch:	Er soll verschmoren und zerprasseln. Ihm sollen Nachkommen und Vieh zugrunde gehen.
II 19—41	Handlungsgegenstand:	Malz und Bierwürze
	Vergleichspunkt:	Zermahlen, Kochen und Zerquetschen der Bierwürze; Unverwendbarkeit von Malz zur Aussaat
	Fluch:	Er soll zermahlen und zerquetscht werden und ein böses Schicksal haben. Er soll mit seinen Menschen, Tieren und Pflanzen unfruchtbar sein.
II 42—III 1	Handlungsgegenstand:	Frauengewänder, Rocken und Spindel, Pfeil
	Vergleichspunkt:	Weiblich (weibisch) sein
	Fluch:	Er soll zum Weib werden, seine Heere sollen zu Weibern werden, ihre Pfeile sollen zerbrechen, sie sollen Rocken und Spindel tragen.
III 2—11	Handlungsgegenstand:	Eine blinde und taube Frau
	Vergleichspunkt:	Blindsein, Taubsein
	Fluch:	Er soll blind und taub sein und als Person (mit Angehörigen) umkommen.
III 12—23	Handlungsgegenstand:	Eine mit Wasser gefüllte menschliche Figur
	Vergleichspunkt:	Das Anschwellen durch Wasser
	Fluch:	Die (beiden) Eidgötter sollen ihn ergreifen. Sein Inneres soll (durch Wassersucht) anschwellen. Išḫara [und der Mondgott] sollen seinen Nachkommen in seinem Inneren fressen.
III 24—29	Handlungsgegenstand:	Weiterhin die obige Figur
	Vergleichspunkt:	Das Zertreten (der Figur)
	Fluch:	Die [Leut]e von Hatti sollen seine Stadt zertreten und leer machen.

III 30—35	Handlungsgegenstand:	Eine [Bla]se
	Vergleichspunkt:	Das Leerwerden
	Fluch:	Sein Hausstand soll von Nachkommen und Vieh leer werden.
III 36—45	Handlungsgegenstand:	Ein Ofen, Nachbildungen von Pflug, Lastwagen und Streitwagen.
	Vergleichspunkt:	Das Zerbrechen der drei Geräte. Aus dem Ofen gedeiht kein Gewächs.
	Fluch:	Seinen Pflug soll der Wettergott zerbrechen. Auf seinem Feld soll nichts als Unkraut gedeihen.
III 46—IV 3	Handlungsgegenstand:	Ein rotes Fell
	Vergleichspunkt:	Das „nicht Weichen"
	Fluch:	(Der Fluch) soll nicht weichen (wie die rote Farbe von dem Fell).
IV 4—17	Handlungsgegenstand:	Feuer
	Vergleichspunkt:	Das Verlöschen
	Fluch:	Dessen Leben und Wohlergehen soll mitsamt der Familie auf immer verlöschen und auf Flur, Koppel, Feld usw. soll für sein Vieh kein Gras wachsen.
		(Ende)

Zweiter Militärischer Eid

Vs. 4′—16′	Handlungsgegenstand:	Fackeln
	1. Vergleichspunkt:	[ ]
	1. Fluch:	Mondgott und Šarruma sollen [ihn vernic]hten.
	2. Vergleichspunkt:	Verbrennen
	2. Fluch:	... sollen ihn] von der Erde [wegbrennen(?)] und er soll auf der Erde [nicht...]
	Segen:	[Wenn] ihr (den Eid) haltet, soll es euch zum Hei[le sein.]
17′—20′	Handlungsgegenstand:	Fackeln
	Vergleichspunkt:	[Sehen(?)] (oder [Auslöschen(?)])
	Fluch:	Niemand soll ihn [sehen(?)] ...
20′—28′	Handlungsgegenstand:	[Fackeln]
	Vergleichspunkt:	Auslöschen
	1. Fluch:	Er soll mit Hausstand und Familie verlöschen.
	2. Fluch:	[ ]

Rs. 1—7	Handlungsgegenstand:	[Geschirr] oder dgl.
	Vergleichspunkt:	Das Zerbrechen
	Fluch:	Die Götter sollen eure Köpfe ebenso zerbrechen.
	Segen:	Wenn ihr es einhaltet, sollen euch die Götter [das Übel] zerbrechen.
8—12	Handlungsgegenstand:	Wasser
	Vergleichspunkt:	Das Verschlucken durch die Erde Das Verbleiben keiner Spur
	Fluch:	Euch soll die Erde verschlucken. Von euch soll keine Spur bleiben.
13—16	Handlungsgegenstand:	Rotwein
	Vergleichspunkt:	Das Verschlucken durch die Erde Die rote Farbe
	Fluch:	Die Erde soll euer Blut verschlucken.
17—20	Handlungsgegenstand:	Rotwein und Wasser
	Vergleichspunkt:	Das Mischen
	Fluch:	Der Eid soll in eure Seelen gemischt werden.
21—24	(Handlungsgegenstand:	Stein auf dem Kopf; nicht genannt!)
	Vergleichspunkt:	Das „Auf dem Kopf liegen" des Steins
	Fluch:	Der Mondgott soll euch mit dem Stein auf den Kopf hämmern, heraus [...] soll euch das Innere laufen, im [ ] soll der Mondgott [×] machen, drinnen [..., und er ...] soll sich in eueren Ländern nicht zeigen.
25—28	Handlungsgegenstand:	Der (obige) Stein, nunmehr in der Hand
	Vergleichspunkt:	Das Schwerwerden
	Fluch:	Eid und Krankheit sollen in [eurem Inneren] schwer werden.
	Segen:	Wenn ihr die Eide beständig haltet, sollt ihr beständig sein (wie Stein).
31—x	Handlungsgegenstand:	Der Stein
	Vergleichspunkt:	[ ]
	Fluch:	[ ]

Zusammenfassend läßt sich sagen, daß nur die zweite Tafel des Ersten Milit. Eides gut genug erhalten ist, um eine inhaltliche Komposition erkennen zu lassen: Vs. I 1—II 41 bietet 'chemische' Vorgänge, die teilweise auf dem Herd vollzogen werden (Ausnahme: I 17—34). Vs. II 42—Rs. III 11 droht mit Verwandlung in (kranke) Frauen. Rs. III 12—23 gipfelt in der klassischen Strafe für Eidbruch: Wassersucht. Rs. III 24ff. zeigt 'physikalische' Vergleiche (gewaltsame Zerstörung von Gegenständen, Auslöschen usw.) und endet mit einer langen, zusammenfassenden Verfluchung.

VI.5. Die kulturgeschichtliche Stellung der Militärischen Eide

Die Militärischen Eide stehen als besondere Literaturgattung zwischen den Ritualen, Instruktionen und Verträgen (vgl. p. 81f., 86f. usw.).

I) Der Erste Milit. Eid:

Der Text ist in Prosa abgefaßt; die Möglichkeit gebundener Prosa ist wegen der häufigen Achtsilbigkeit der Sätze der direkten Rede nicht ganz auszuschließen.

A) Datierung

1) Graphisch und sprachlich

Der Erste Milit. Eid ist eine junghethitische Abschrift eines mittelhethitischen Textes (vgl. das Kapitel VII). Die Abfassungszeit war Ende 15. Jh.s.

2) Stilistisch

a) Bezüglich der Fluchformeln sind eng verwandt:

α) Die ältesten Verträge mit Partnerkollektiven:

Der älteste Kaška-Vertrag KBo VIII 35+.

Der Ḫapiru-Vertrag KUB XXXVI 106.

Der Išmerika-Vertrag KUB XXVI 41+.

Vgl. zu diesen Texten das Kapitel VI. 2. I.

β) Die ältesten Instruktionen: KBo XVI 24+25, KBo XVI 28, KBo XVI 31, KBo XVI 46, KUB XXIII 76.

Vgl. zu diesen Texten das Kapitel VI. 2. II.

b) Bezüglich der Analogiezauber sind folgende Rituale eng verwandt:

KBo XVI 56

Das Ritual des mittelhethitischen Telipinu-Mythos (CTH 324ff.)

KUB XXXIX 101 mit IBoT II 125, Bo 6166

KUB XXXVI 85

Vgl. zu diesen Texten das Kapitel VI. 3.

Entfernt verwandt sind:

StBoT 8, THeth 1, BdU (vgl. Kommentar passim).

Alle diese Rituale sind „anatolisch" und zeigen keine fremden Einflüsse. Ihre Kompilation fällt z.T. sicher, z.T. wahrscheinlich in die Zeit vor dem Beginn des hethitischen Großreiches.

3) Historisch

Die im Ersten Milit. Eid herrschenden sozialen Verhältnisse (vgl. p. 84f.) weisen auf mittelhethitische Zeit.

4) Religionsgeschichtlich

Das Pantheon zeigt noch keine hurritischen oder luwischen Einflüsse (vgl. p. 41).

B) Sachbedingte Idiomatik des Ersten Milit. Eides

Es finden sich sonst kaum übliche Termini, die offenbar der militärischen Fachsprache entstammen: „jemand in die Falle nehmen", „gegen jemand feindlich den Blick richten" (vgl. p. 25).

II) Der Zweite Milit. Eid:

A) Datierung

1) Graphisch und sprachlich

Der Zweite Milit. Eid ist junghethitisch (vgl. p. 53, 85).

Die Tafel trägt keine Charakteristika einer Abschrift.

2) Stilistisch

läßt sich nur für einige Einzelheiten dieses Textes Vergleichsmaterial finden.

3) Religionsgeschichtlich

Pantheon und Kultpersonal des Zweiten Milit. Eides zeigen bereits starken hurritischen Einfluß (vgl. p. 52f., 58).

Gegenüber dem Ersten Milit. Eid sind der weitgehende Wegfall der Fluchformeln und das Auftreten von Segenssprüchen eine stilistische Neuerung, die sich ebenso in der Entwicklung der Staatsverträge und Instruktionen findet (vgl. p. 84).

III) Religionsgeschichtliche Einordnung der Milit. Eide, vgl. Kapitel VI. 1

IV) Die soziale Stellung der Vereidigten

A) Sie stellen eine Gruppe von höchstens 50 Leuten dar.

B) Sie stammen nicht aus dem engeren Ḫatti-Land.

C) Sie sind Personen militärischen Ranges (vgl. Erster Milit. Eid, Tafel 2 Rs. IV 18 ERÍN^{MEŠ}).

D) Sie sind Herren über je eine, vielleicht sogar mehrere Städte.

E) Sie haben einen Harem.

F) Sie haben eigene Heere. — Wie p. 85 ausgeführt, handelt es sich also um adelige Truppenführer aus entfernten Teilen von Ḫatti (und vielleicht auch angrenzenden Gebieten). Aus diesen Gründen wurde die Bezeichnung 'Soldateneid' nicht beibehalten.

VII. ZUSAMMENFASSUNG DER DATIERUNGSKRITERIEN FÜR DEN ERSTEN MILITÄRISCHEN EID

1) Paläographie

Da alle Duplikate des Ersten Milit. Eides (außer C, bei dem Erhaltungszustand und Photomaterial keine Aussage erlauben) typisch jungheth. Duktus aufweisen, kann als Argument für eine Abschrift von der Paläographie her nur das Nebeneinander alter und junger Zeichenformen in A gewertet werden. Hierfür wie auch für das höhere Alter der Zeichenformen von B ist die Zeichentabelle zu vergleichen.

2) Graphik

a) Zeichengebrauch

Im Fall der Lautung ḪUR hat der Abschreiber ausnahmsweise nicht das junghethitische KVK-Zeichen durchgeführt, sondern *ḫu-ur-* belassen (vgl. Komm. zu Vs. II 8).

Ebenso wurde die Schreibung *ḪA-AT* nur teilweise durch das modernere *ḪAT* ersetzt (s. Glossar sub *ḪA-AT-TI, ḪAT-TI*).

Die im Junghethitischen übliche ideographische Schreibung bestimmter Wörter ist vielfach, aber meist nur unvollständig durchgeführt. So wechselt GIM-*an* mit *maḫḫan*, *NĪŠ* DINGIR*LIM* mit *lengai-*, ÚŠ-*kán* mit *ḫinkan-*, ḪUL-*lu-* mit *idālu-* usw. Für den letzten Fall hat H. Otten (StBoT 11 p. 9) die phonetische Schreibung als die für das Mittelhethitische ausschließlich zu erwartende charakterisiert.

Noch in anderen Fällen hat der Abschreiber im Sinne der junghethitischen Graphik normiert:

In der Schreibung des akkad. Pronomens wurde teilweise für *-ŠU* das nur junghethitische *-ŠÚ* eingeführt (vgl. Komm. zu Vs. II 15f.).

Das Zeichen *ŠÁ*, das beim akkad. Genitiv-Zeichen mit *ŠA* wechselt, gehört in diesem Gebrauch nur der spätesten jh. Zeit an (vgl. Komm. zu Vs. II 42 mit A. 68).

Die Schreibung UGU-*a* ist singulär und wohl als Versuch des Abschreibers zu werten, das *šarā* der Vorlage in der seltenen lokativischen Bedeutung wiederzugeben (III 18).

Für *lengai-* wechseln miteinander ständig die ideogr. Schreibungen *NI-IŠ* DINGIR*LIM*, *NI-IŠ* DINGIRMEŠ, *NI-EŠ* DINGIR*LIM* und *NI-EŠ*

DINGIR^{MEŠ}. Für ah. und mh. Originale sind nur die ersten beiden Schreibungen typisch (vgl. Komm. zu Vs. I 43).

Nicht modernisiert hat der Abschreiber ^{d}IŠKUR (gegenüber jh. ^{d}U, vgl. Komm. zu Rs. III 40), den Plural URU$^{DIDLI\ ḪI.A}$ (Fr. I 7′).

b) Vokalschreibung

Von denjenigen Pleneschreibungen, die für das Mittelhethitische typisch sind, wurde vom Abschreiber nichts belassen außer gelegentlicher Plene des *i* im Ausgang der *-i̯a*-Verben (vgl. Komm. zu Vs. I 39, II 33). Diese Beibehaltung könnte erfolgt sein, weil sich im Ausgang dieser Verben zusätzlich auch ein Lautwandel vollzogen hatte (vgl. 4), so daß dem Abschreiber hier die Modernisierung Schwierigkeiten gemacht haben dürfte.

c) Konsonantenschreibung

Die Verwendung der Tenuis- und Mediazeichen wurde vom Abschreiber nach dem junghethitischen Gebrauch normiert.

ki-iš-ša-an wechselt in A ständig mit *kiš-an*, welches nur junghethitisch ist. Die Differenz ist rein graphisch erklärbar (vgl. Komm. zu Vs. II 20) im Sinne des sub 2a Gesagten.

Die Lautfolge *-i(i̯)a-* wird so unregelmäßig mit oder ohne Gleitlaut geschrieben, daß auch dies ein Argument für Abschrift ist (vgl. Komm. zu Vs. I 34, Rs. III 16).

3) Nominalflexion

Der Direktiv auf *-a* und der Instrumental auf *-(an)da*, die wohl nicht der lebendigen junghethitischen Sprache angehören, kommen vereinzelt vor (vgl. Vs. I 48 *ḫappina*, Komm. zu Rs. III 12).

4) Verbalflexion

Die alt- und mittelhethitische Flexion von *šarra-* wurde in A und C nur teilweise beibehalten, teilweise jedoch bei A in das hier im Junghethitischen übliche Aktiv, bei C sogar in die spezifisch junghethitische Aktiv-Form der *ḫi*-Klasse überführt (vgl. das Kapitel *šarra-*).

In den Ausgängen der *-i̯a*-Verben wurde in denjenigen Formen, die im Mittelhethitischen die Lautung *-ie-* zeigen, diese meist beibehalten und nicht durch die Lautung *-i̯a-* des Junghethitischen ersetzt (vgl. Komm. zu Vs. I 39, II 33).

Die Medialendungen *-ta* und *-tati*, die in der älteren Sprache stark überwiegen, wurden gegenüber jh. *-tari* und *-tat* normalerweise nach der Vorlage beibehalten (vgl. Komm. zu Vs. I 39).

5) Pronominalflexion

Die Verteilung der beiden Pronominalformen des Akk. Pl. c., *-aš* und *-uš*, ist anders als im Junghethitischen und gleich mit der des (mh.) Madduwatta-

Textes (vgl. Komm. zu Vs. I 26). Ebenso dürfte für mh. Abfassungszeit sprechen, daß der Nom. Pl. c. des Pronomens auf *-e* endet (vgl. Komm. zu Vs. I 45).

Der teilweise Kasussynkretismus beim Pronomen ist dagegen wahrscheinlich dem junghethitischen Abschreiber zuzuschreiben (vgl. Komm. zu Rs. III 39f.).

6) Stammbildung

Der Stamm *u̯elkuu̯ant-* statt jh. *u̯elku-* dürfte der älteren Sprache angehören (vgl. Komm. zu Vs. II 40).

Das Verbum *šarra-* zeigt teilweise die vom Abschreiber eingeführten junghethitischen Sekundärstämme.

7) Lexikon und Idiomatik

pankur in der Bedeutung „Sippe, Komplex aller Zugehörigen" ist nicht Bestandteil des lebendigen junghethitischen Wortschatzes (vgl. Komm. zu Rs. III 10).

Auch *linkii̯anteš* „die (beiden) Eidgötter" gehört nur der älteren Sprache an (vgl. Komm. zu Rs. III 16), ebenso die Ausdrücke *appali dā-* (vgl. Komm. zu Vs. I 22), *šakuu̯a dai-* (ib.), *kuit* TI=*anza ešta* (I 18′), *nan linkii̯anteš appandu* (passim) usw.

8) Partikelgebrauch

Er ist typisch für das Mittelhethitische ab Ende des 15. Jahrhunderts (vgl. das Kapitel zu *-ašta* und *-kan*).

9) Stilistik

In dieser Hinsicht ist der Erste Milit. Eid ebenfalls klar mittelhethitisch (vgl. das Kapitel 'Stilist. Einordnung . . .').

10) Schreibfehler

Die ungewöhnlich zahlreichen Schreibfehler und Radierungen des Textes weisen auf Abschrift.

Interessant auch für die Ermittlung und Beurteilung anderer Abschriften ist zum Abschluß die Frage, in welchem Ausmaß der Abschreiber die Vorlage modernisiert hat:

Die Graphik wurde überwiegend, wenn auch nicht ganz, der junghethitischen angeglichen. Bei Pronominalflexion und Verbalflexion nahm er jeweils eine Veränderung vor. Der Partikelgebrauch wurde dagegen strengstens beibehalten. Insgesamt hat der Abschreiber wesentlich stärker modernisiert als beispielsweise der des althethitischen Rituals StBoT 12, obwohl in beiden Fällen zwischen Original und jüngster Abschrift der gleiche Zeitabstand liegen dürfte, nämlich ziemlich genau 200 Jahre.

VIII. GLOSSAR UND INDICES

Das Glossar enthält alle in den vorliegenden Texten enthaltenen Wörter in alphabetischer Reihenfolge: a) Hethitisch, b) Sumerogramme (und Zahlen), c) Akkadogramme, d) Eigennamen.

Innerhalb der Zitate bezeichnen die römischen Ziffern die Kolumnen der zweiten Tafel des Ersten Militärischen Eides (KBo VI 34 +). Abweichungen der Duplikate sind als solche durch nachfolgendes eingeklammertes (B) bzw. (C) gekennzeichnet.

Die Fragmente zum Ersten Milit. Eid sind durch „Fr." abgekürzt, wobei „I" für Fragment I steht. Abweichungen des Duplikats (Fragment II) sind durch „(b)" bezeichnet; „III" steht für Fragment III.

Die Bezeichnungen „Vs." (Vorderseite) und „Rs." (Rückseite) kennzeichnen die Belege des Zweiten Milit. Eides.

Wesentlich beschädigte Belege werden durch eckige Klammern (vgl. Umschrift) präzisiert. Nicht direkt zur Form gehörige enklitische Elemente werden durch ( ) abgetrennt. — Die Anordnung folgt dem in der Hethitologie üblichen Gebrauch (*b* unter *p* usw.).

Die folgenden Indices enthalten unter Hinweis auf die betreffenden Abschnitte im Kommentar alle dort besprochenen Wörter und Wortformen einschließlich der Wörter aus anderen Sprachen und Stichwörter zur Graphik, Lautlehre, Grammatik und Syntax sowie zur Motiv- und Sachkunde.

Die traditionelle Unterscheidung von Präverb, Postposition und Adverb sei hier unter Vorbehalt bis zum Erscheinen der diesbezüglichen Untersuchung von F. Starke noch beibehalten.

Gegenüber „Mediopassiv" entscheiden wir uns hier für die Bezeichnung „Medium", da es ja auch sonst nicht üblich ist, alle Funktionen einer einheitlichen grammatischen Kategorie in ihrem Namen auszudrücken.

Die Stammansätze der Verben im Glossar erfolgten nach dem System, das ich inzwischen in meiner Dissertation 'Stammbildung des Hethitischen Verbums' erarbeitet habe. Im Kommentar erscheinen die Stämme hingegen noch mit den traditionellen Ansätzen.

1) Glossar

a) Hethitisch

-a	enkl. Konjunktion „und, aber, auch" satzverbindend; nach konsonantischem Auslaut *-a*	
	a-pí-el-la	I 25, 33, III 43, IV 9
	ka-a-aš-ša	I 27
	ku-iš-ša	I 51
	ku-u-uš-ša	I 40
	šu-me-en]*-za-an-n*[*a*	Rs. 15
	šu-me-eš-ša(*-u̯a-az*)	Rs. 30

	ohne die (reguläre) Verdoppelung des vorausgehenden Konsonanten	
	ku-i-ša(-)	II 23, Fr. III 5′, Vs. 22′ (erg.)
	šu-ma-a-ša	IV 1
	wortverbindend	
	i-na-an-na	Rs. 19 (erg.), 27
	^{GIŠ}*ḫu-*(*u*)*-e-ša-an-na*	II 42, 53
	^{d}*Šar-ru-ma-aš-ša*	Vs. 9′
	nach vokalischem Auslaut und Ideogramm *-i̯a*	
	a-pí-e-da-ni-i̯a(*-kán*)	II 17, 37
	ki-e-i̯a	II 35
	^{GIŠ}APIN-*i̯a*	III 37
	GEŠTIN-*i̯a*	Rs. 18
	^{UZU}Ì.UDU-*i̯a* (wortverb.)	I 47
	MUN-*i̯a*	II 16
	[^{GIŠ}*zu-up-pa-ri*$^{\text{ḪI.A}}$]-*i̯a-u̯a*	Vs. 11′
	]×-*i̯a*	Rs. 16
-a-	enklit. Pers.-Pron. 3. Pers. „er, sie, es“	
	-aš(-) Nom. Sg. c.	I 5, 39, 44, II 2, 14, III 17, 21
	-an(-)	I 19, 24, 43, II 13, 26, 27, 28, 32, 33, 34, 48, III 6, 7, 9, 16, 20, 23, 24, 25, 30, IV 8, 11, Fr. III 14′, Vs. 19′, 20′ (erg.), Rs. 31
	-at(-) Nom.-Akk. Sg. n.	I 4, 35, 38, II 22, 23, III 38, IV 2, Rs. 3 (erg.), 6
	-uš Akk. Pl. c.	
	nu-uš	I 29, 33, 34, II 50
	-aš Akk. Pl. c.	
	nam-ma-aš	I 26
	še-ir-ra-aš	I 30
	nu-u̯a-ra-aš	II 45
	-at Nom.-Akk. Pl. n.	II 6, 20
aggala- c.	„tiefgehender Pflug“ (?)	
	ag-ga-li-it Istr. Sg.	IV 16

anda	Adverb „hinein, darin"	Fr. III 9′, 10′, IV 2, Rs. 2 (erg.), 13, 31 (erg.)
	Postposition „darin, hinein"	II 8, 9, 40, Fr. III 3′, Rs. 24
antuḫša- c.	„Mensch"	
	an-tu-uḫ-ša-aš Gen. Sg. (?)	Fr. I 8′ (b)
andurii̯a-	„innen befindlich"	
	an-du-u-ri-i̯a-aš Nom. Sg. c.	Rs. 22
andurza	„drinnen" Adv.	
	an-dur-za-(ma-. . . .-kán)	III 22
apa-	Demonstrativpronomen „jener"	
	a-pí-el(-) Gen. Sg.	I 25, 33, III 27, 34, 43, IV 9, Fr. I 7′
	a-pí-e-el Gen. Sg.	Fr. III 6′
	a-pí-e-da-ni(-) Dat. Sg.	II 17, 37
	a-pa-a-at Nom.-Akk. Sg. n.	I 46, II 4, 29
	a-pí-e Nom. Pl. c.	I 45, II 4, 29
appa	„wieder, zurück" Adv.	
	a-a[p-pa	Fr. I 11′
appan s. EGIR-*an*		
appala- (c.?)	„Falle, Hinterhalt, Ränke"	
	ap-pa-a-li Dat.-Lok. Sg.	I 22, 41, II 1, 12
LÚ*ara-* c.	„Gefährte, Kamerad"	
	LÚ*a-r[a-aš]* Nom. Sg.	I 26
	LÚ*a-ra-an* Akk. Sg.	I 27
arḫa	„weg" Präv.	
	ar-ḫa	I 44, III 3, 38, 41, 48, IV 3, Fr. I 3′ (erg.), 10′, 23′ (b), Rs. 1 (erg.), 7, 8, 13
ašau̯ar n.	„Pferch"	
	a-ša-ú-ni(-iš-ši) Dat.-Lok. Sg.	IV 14
-ašta	Partikel	
	ki-i-i̯a-aš-ta	IV 5
	na-aš-ta	I 21, 22, 41, 47, 48, 51, II 1, 10, 11 (erg.), 46, III 19, 29 (unsicher), 31, 33, 42 (erg.), 43, 45, IV 7, 9

aššul- n./c.	„Heil"	
	aš-š[u-li Dat.-Lok. Sg.	Vs. 16′
auš-^{mi}, *au-*^{ḫḫi}/*u-*^{ḫḫi}	„sehen"	
	a-uš-zi Prs. 3. Sg.	I 27
	ú-u̯a-an-na Inf. II	Rs. 24
au̯an (mit *arha*?)	Adverb zur Verstärkung von Richtungsadverbien	
	a-u̯[a-an	Fr. I 4′
ekt- c.	Nomen unsicherer Bedeutung	
	e-ik-ta-an Akk. Sg.	I 2
ēpp-^{mi}	„ergreifen"	
	e-ip-pir Prät. 3. Pl.	III 17
	ap-pa-an-du Imp. 3. Pl.	I 24, 43, II 14, 26, III 6, 21, Fr. III 14′ (unsicher)
	anda ēpp-^{mi} „hineinnehmen, drinnen packen"	
	an-da appandu Imp. 3. Pl.	IV 2
	katta ēpp-^{mi} „herunternehmen, anfassen"	
	(*-šan*) *kat-ta ap-pa-an-zi* Prs. 3. Pl.	Rs. 25
	parā ēpp-^{mi} „hinhalten"	
	pa-ra-a e-ip-zi Prs. 3. Sg.	III 24, Vs. 6′ (unsicher)
ēš-^{mi}	„sein"	
	[*e-eš*]*-ta* Prät. 3. Sg.	I 18
	e-eš-du Imp. 3. Sg.	I 46, II 4, 30
ēšḫar n.	„Blut"	
	e-eš-ḫar Nom.-Akk. Sg.	Rs. 14
ešḫarnu- (s. *išḫarnu-*), *ešḫaru̯atar* (s. *išḫaru̯atar*)		
ḫaḫḫal(*i*?)*-* n.	„Gestrüpp, Buschwerk"	
	ḫa-aḫ-ḫal-l[*i*? Nom. Sg.?	III 45 (B)
ḫali- n.	„Hürde für Großvieh"	
	ḫa-a-li-(*iš-ši*) Dat.-Lok. Sg.	IV 14
ḫappina- (c.?)	„offene Flamme"	
	ḫa-ap-pí-na Direktiv Sg.	I 48, II 6

ḫar-^{mi}, *ḫark*-^{mi}	„halten, haben"	
	ḫar-ú-e-ni Prs. 1. Pl.	II 45
	-za piran šarā karpan ḫar-^{mi} „sich vorne oben etwas aufgeladen haben"	
	. . . *ḫar-zi* Prs. 3. Sg.	III 19
ḫarra-	„zermahlen, zerquetschen"	
	ḫarranuški- It.-Intens.	
	ḫar-ra-⟨nu⟩-uš-ki-it-ta Prs. 3. Sg. Med.	II 28 (A, B)
	ḫar-ra-nu-uš-kán-zi Prs. 3. Pl.	II 23
ḫark-^{mi}	„zugrunde gehen"	
	ḫar-ak-du Imp. 3. Sg.	II 18
ḫarki̯i-^{mi}	„zugrunde gehen"	
	[*ḫar-k*]*i-e-id-du* (unsicher) Imp. 3. Sg.	Fr. III 7′
ḫarnammar n.	„Hefe, Gärung"	
	ḫar-nam-mar Nom.-Akk. Sg.	I 35, 36, 37
ḫarnamni̯i-^{mi}	„vermischen, gären lassen"	
	anda ḫarnamni̯i-^{mi} „hineinmischen"	
	an-da ḫar-nam-ni-iz-zi Prs. 3. Sg.	Fr. III 9′
	an-da ḫar-nam-ni-i̯a-an Part. Nom.-Akk. Sg. n.	Fr. III 10′
	an-da ḫar-nam-ni]*-i̯a-an-za* (unsicher) Nom. Sg. c.	Fr. III 11′
ḫarnik-^{mi}	„vernichten"	
	ḫar-ni-in-kán-du Imp. 3. Pl.	II 38, Vs. 10′ (ergänzt)
	ištarna arḫa ḫarnik-^{mi} „völlig vernichten"	
	-kán iš-tar-n[*a ar-ḫa ḫar-ni*]*-in-kán-du* Imp. 3. Pl.	III 11
ḫarpa- c.	„Haufe"	
	ḫar-pu-uš Akk. Pl.	I 33, 34
ḫaršau̯ar n.	„Ackerbau" (auch: „Acker"?)	
	ḫar-ša-ú-na-[*aš*] Dat.-Lok. Pl.	II 39
ḫāšš-^{ḫḫi}	„gebären"	
	ḫa-a-ši Prs. 3. Sg.	II 41
	mit *-za*	II 39

ḫašša ḫanzašša c.	„Enkel und Urenkel" (teilweise unflektiert)	
	ḫa-aš-š]a ḫa-an-za-aš-ša	Fr. I 8′
	ḫa-aš-ša ḫa-a]n-za-aš-ša	Fr. I 21′
ḫaššā-	„Herd"	
	ḫa-aš-ši-i Dat.-Lok. Sg.	II 8, 9
ḫaššatar n.	„Zeugung(skraft), Familie"	
	ḫa-aš-ša-tar(-še-it) Nom.-Akk. Sg.	II 31
ḫaštai- n.	„Knochen"	
	ḫa-aš-ta-i(-ši-it) Nom.-Akk. Pl.	II 26
ḫimma- c.	„Nachahmung"	
	ḫi-im-ma-aš Gen. Sg.	III 37
ḫinkan- n.	„Tod, Schicksal"	
	ḫi-in-kán Nom.-Akk. Sg.	I 45
	ḫ[é-in-kán]	I 28
^{GIŠ}*ḫueša-* c.	„Spindel, (Handspindel)"	
	^{GIŠ}*ḫu-e-ša-an(-na)* Akk. Sg.	II 42
	^{GIŠ}*ḫu-u-e-ša-an(-na)*	II 53
ḫui̯i-^{ḫḫi}	„(weg)laufen, sich ausbreiten (von Pflanzen)"	
	ḫu-u̯a-a-i Prs. 3. Sg.	II 41
	ḫu-u-u̯a-a-ú Imp. 3. Sg.	Rs. 22
ḫuitti̯i-^{mi}	„ziehen, führen, zupfen"	
	ḫu-it-ti-i̯a-zi Prs. 3. Sg.	Fr. I 4′ (erg.), 5
	ḫu-it-ti-i̯a-at-ta-ru (?) Imp. 3. Sg. Med.	Fr. I 11′
^{GIŠ}*ḫulali-* n.	„Spinnrocken"	
	^{GIŠ}*ḫu-la-a-li* Nom.-Akk. Sg.	II 42, 53
ḫuršakni̯i-^{tta}	Med. „verschmoren"	
	ḫu-ur-ša-ak-ni-e-it-ta Prs. 3. Sg.	II 8
	ḫu-ur-ša-ak-ni-i̯a-ad-da-ru Imp. 3. Sg.	II 15
ḫu(u̯a)ppa-	„böse behandeln"	
	šākuu̯a katta ḫuu̯appa- mit Akk. „jem. aufs Antlitz werfen"	
	IGI$^{\text{ḪI.A}}$-*u̯a kat-t[a ḫu-u̯a-ap-p]a-a-i* Prs. 3. Sg.	III 24f.

ḫu(u̯a)rta-	„verfluchen“	
	ḫur-ta-an-du Imp. 3. Pl.	IV 12
i̯i-^{mi}	„machen“	
	i-en-zi Prs. 3. Pl.	II 33 (2×)
	i-ad-du Imp. 3. Sg.	Rs. 23
	i-i̯a-an-du Imp. 3. Pl. (mit [*-ašta*])	III 29, III 7 (ergänzt)
	i-en-du Imp. 3. Pl.	II 49 (2×)
i̯i-^{tta}	Med. „gehen, wandeln, sich ausbreiten (von Pflanzen)“	
	i-at-ta-ri Prs. 3. Sg.	Rs. 24
	šarā i̯i-^{tta} „s. oben ausbreiten“	
	-aš-ta UGU *i-i̯a-ta-ru* Imp. 3. Sg.	III 45
imma	„soweit gehend, daß“	
	im-ma	I 4
immi̯i-^{mi}	„mischen“	
	im-mi-i̯a-an-zi Prs. 3. Pl.	I 38
	i-mi-i̯a-an-zi	II 22
	im-me-at-ta-ru Imp. 3. Sg. Med.	Rs. 20
inan- n.	„Krankheit“	
	i-na-an(-na) Nom. Sg.	Rs. 19 (ergänzt), 27
	i-na-na-aš Dat. Pl.	I 44
inu-	„wärmen, heizen“	
	inuški- It.-Int.	
	i-nu-uš-ki-⟨id-⟩du Imp. 3. Sg.	II 27
išḫarnu-	„rot wie Blut machen“	
	iš-ḫar-nu-u̯a-an-zi Prs. 3. Pl.	III 47
išḫaru̯atar (?) n.	„rote Farbe“	
	i[š-ḫa]r-u̯a-a-tar Nom.-Akk. Sg.	III 48
išḫi̯i-^{ḫḫi}	„binden“	
	iš-ḫi-i-e-ir Prät. 3. Pl.	I 32
	iš-ḫi-i̯a-an-du Imp. 3. Pl.	I 34
	šēr išḫi̯i-^{ḫḫi} „oben binden“	
	še-ir-. . .iš-ḫi-an-du	I 30
išnura- c.	„Teiggefäß (?)“ (oder „Teig“?)	
	iš-nu-u-ri Dat.-Lok. Sg.	I 38
	iš-nu-u-ra-an Akk. Sg.	I 38

išparri-	„ausbreiten, flachtreten, treten“	
	iš-par-ra-an-zi Prs. 3. Pl.	III 25, 31 (erg.), Fr. I 12′
	iš-par-ra-an-du Imp. 3. Pl.	III 28
ištamaš-^{mi}	„hören“	
	iš-dam-ma-aš-zi Prs. 3. Sg.	I 28
ištarna	„inmitten“ Adv.	
	iš-tar-n[*a ar-ḫa ḫar-ni*]*-in-kán-du*	III 11
idālu-	„böse“	
	i-da-[*lu* Nom.-Akk. Sg. n.	II 36 (B)
	i-d]*a-lu*	III 6 (B)
	i-da-a-lu	I 45
iu̯ar	Postpos. mit Gen. „wie“ wortvergleichend	
	i-u̯a-ar	II 2 (erg.), 3, 14, 15, III 8, 9, Rs. 12
ka-	Demonstrativpronomen „dieser“	
	ka-a-aš Nom. Sg. c.	III 32
	ka-a-aš(*-ša*)	I 27
	ka-a-aš(*-u̯a*)	Rs. 26
	[*ka*]*-a-aš*(*-u̯a*)	III 14
	ki-i Nom.-Akk. Sg. n.	I 37, 49, III 47, Rs. 14
	ki-i(*-i̯a-aš-ta*)	IV 5
	ki-i(*-u̯a*)	I 36, II 21, 44, Vs. 7′, Rs. 9, 14 (erg.), 18
	ki-i(*-u̯a-kán*)	II 7
	ki-i Nom. Pl. c.	Rs. 19
	ki-i(*-ma*) Akk. Pl. c.	Rs. 29
	ki-e-da-ni(*-ma*) Dat.-Lok. Sg.	II 31
	ki-e Nom. Pl. c.	I 24, 43, II 13, 26, 48, III 20, IV 8
	ku-u-uš Akk. Pl. c.	I 21, II 10, 46, III 19, 26, 33, IV 7
	ku-u-uš(*-ša*)	I 40
	ki-e Akk. Pl. c.	II 23, III 39
	ki-e(*-i̯a*)	II 35
	ki-i(*-u̯a*) Nom.-Akk. Pl. n.	Vs. 7′
	ki-e Nom.-Akk. Pl. n.	Vs. 8′, 13′ (erg.), 22′
-kan	Partikel	
	an-da-ma-kán	Rs. 2
	an-dur-za-ma-[*aš?-ši*]*-kán*	III 22

	a-pí-e-da-ni-i̯a-kán	II 17
	]×*-aš-ši-kán*	Fr. III 3′
	ki-i-u̯a-kán	II 7
	ku-i-ša-kán	II 23
	ku-iš-kán	I 40, II 34
	ku-iš-u̯a-kán	III 26, 39
	nam-ma-kán	III 16
	na-an-kán	III 9, Rs. 31
	na-aš-kán	I 44
	nu-kán	Rs. 8 (erg.), 13, 17 (erg.)
	nu-uš-ši-kán	III 48
	nu-uš-ma-aš-kán	II 53, III 2, 12 (erg.)
	nu-uš-ma-ša-at-kán	IV 2
	nu-u̯a-kán	II 47, III 5, Fr. I 6′
	nu-u̯a-[*aš-m*]*a-aš-k*[*án*	Rs. 6
	A.ŠÀ-*ŠU-ma-aš-ši-kán*	IV 16
	[EGIR-*a*]*n-da-ma-kán*	Rs. 8, 13
	GUD-*uš-ma-u̯a-aš-ši-kán*	Fr. I 4′
	MUN-*aš-ma-kán*	II 9
garāp-^{ḫḫi}	„fressen, verschlingen“	
	ka-ri-pa-an-du Imp. 3. Pl.	III 23
karp-^{mi}	„heben, liefern“	
	ka-ar-pa-an Part. Nom.-Akk. n.	III 19
kāša	„siehe“ (Interjektion)	
	ka-a-ša	I 19, III 4
katta(*n*)	„unten, hinunter, dabei“ Adv.	
	kat-ta	III 25 (erg.), 36, 38, Rs. 11, 15 (erg.), 16 (erg.), 25
	kat-ta-an	I 29
kinun	„jetzt“ Adv.	
	ki-nu-n(*a-an*)	I 19
	ki-n[*u-* (unsicher)	Rs. 23
kiš(*š*)*an*	„folgendermaßen“ Adv.	
	ki-iš-ša-an	II 7, 44 (B), III 4 (B), Rs. 2, 13 (erg.), 18 (erg.), 26 (erg.)
	kiš-an	II 20, 44, III 4, 13, 26 (erg.), 39, IV 5, Fr. I 13′

kišt-^{a}	Med. „erlöschen“	
	ki-iš-ta-ti Prät. 3. Sg. (mit *-ašta*)	IV 6
	ki-iš-ta-ru Imp. 3. Sg. (mit *-ašta*)	Vs. 24′, IV 11
kištanu-	„auslöschen“ (trans.)	
	ki-iš-ta-nu-an-zi Prs. 3. Pl.	Vs. 17′
	ki-iš-ta-n[u-ut-ten Prät. 2. Pl.	Vs. 21′
kuer-^{mi}	„schneiden“	
	arḫa kuer-^{mi} „abschneiden“	
	ar-ḫa ku-ra-an-zi Prs. 3. Pl.	Fr. I 23′
kui-	Relativ- u. Fragepronomen „wer, welcher“	
	ku-iš Nom. Sg. c.	I 21, II 10, 46, III 5, 14, 19, 33, IV 7, Vs. 13′
	ku-i-š(a-)	Fr. III 5′, Vs. 22′ (erg.)
	ku-iš(-ša)	I 51
	ku-i-š(a-kán)	II 23
	ku-iš(-kán)	I 40, II 34
	ku-iš(-u̯a-kán)	III 26, 39
	ku-it Nom.-Akk. Sg. n.	I 36, II 44, Rs. 21 (erg.)
	ku-i-e-[eš Nom. Pl. c.	Fr. I 5′
kuiški	„irgendein“ Pron.	
	ku-iš-ki Nom. Sg. c.	Vs. 19′, 20′ (erg.)
kuit	(Konj.) „weil, da, daß, als“	
	[ku-i]t	I 18
^{TÚG}*kureššar* n.	„Kopftuch“	
	^{TÚG}*ku-ri-eš-šar* Nom.-Akk. Sg.	II 50
kuu̯api	„wo, wohin, wann“ Adv.	
	ku-u̯a-pí	Fr. I 2′
lāḫu-^{ḫḫi}	„gießen“	
	la-ḫu-u-u̯a-an-zi Prs. 3. Pl.	Fr. III 8′
	arḫa lāḫu-^{ḫḫi} „ausgießen“	
	-kán ar-ḫa la-a-ḫu-i Prs. 3. Sg.	Rs. 13
	la-ḫu-u-an-zi Prs. 3. Pl.	Rs. 8
	menaḫḫanda lāḫu-^{ḫḫi} „davorgießen, dazugießen“	
	me-na-aḫ-ḫa-an-da la-a-ḫu-i Prs. 3. Sg.	Rs. 17

lē	prohibitive Partikel	
	li-e	I 27, II 40, 41, III 44, IV 3, 15, 17, Rs. 12
lik-^{mi}	„schwören“	
	[*li-in-k*]*at-ta* Prät. 3. Sg.	III 15
	linkiški- It.-Int.	
	li-in-ki-iš-ki-it Prät. 3. Sg.	III 14
lingai-, *lengai-* c.	„Eid“	
	li-in-ki-i̯a-aš Gen. Sg.	I 20, 32
	li-en-ki-aš	IV 11
	li-in-ki-i̯a Dat.-Lok. Sg.	II 45
	li-en-ki-i̯a	IV 18
	li-in-ga-uš Akk. Pl.	III 40
linkii̯ant- c.	„Eidgott“ (bezeichnet als Pl. wohl ^{d}XXX und ^{d}*Išḫara-*)	
	li-in-ki-i̯a-an-te-eš Nom. Pl.	IV 1 (I 15 unsicher)
	li-in-ki-an-te-eš	III 16
lip-^{mi}	„mit der Zunge berühren, (lecken)“	
	li-ip-pa-an-zi Prs. 3. Pl.	II 20
	li-pa-a-an-zi	I 35
lulu- n.	„Gedeihen“	
	lu-lu-(*uš-še-it*) Nom.-Akk. Sg.	IV 10
luluu̯ai̯i-^{tta}	Med. „gedeihen“	
	-ša-an lu-lu-u̯a-it-ta Prs. 3. Sg.	IV 15
-ma(-)	„aber“	I 5, 45, 50, II 3, 4, 9, 15, 29, 31, 39, III 8, 22, 42, IV 16, Fr. I 4′, 11′, Vs. 4′, 16′, 18′, Rs. 2, 6 (erg.), 8, 13, 17, 25, 29
maḫḫan	„wie“ (satzvergleichend)	
	ma-aḫ-ḫa-an	I 6, 37, 49, II 8, III 32, 47 (erg.), Vs. 11′, Rs. 9, 18, 26
malli-	„mahlen“	
	ma-al-la-an-zi Prs. 3. Pl.	II 21
	ma-al-la-an-du Imp. 3. Pl.	II 27
mān(-)	„wenn“	IV 18, Vs. 8′, Rs. 6 (erg.), 31 (erg.)

marri̯i-^{mi}	„zerstückeln“ (Med. „sich ganz zerteilen“)	
	mar-ri-it-ta Prs. 3. Sg. Med.	I 50
	mar-ri-e-it-ta-⟨*ru*⟩ Imp. 3. Sg. Med.	II 3
memi̯i-^{ḫḫi}	„sprechen“	
	me-ma-i Prs. 3. Sg.	Vs. 5′, Rs. 9 (erg.), 18
	me-mi-an-zi Prs. 3. Pl.	Rs. 26
menaḫḫanda	„gegenüber, vor“ Adv.	
	me-na-aḫ-ḫa-an-da	Rs. 17
namma	„ferner“ Adv.	
	nam-ma	Vs. 12′ (erg.), Vs. 15′
	nam-ma-(*aš*)	I 26
	nam-ma-(*kán*)	III 16
nepiš- n.	„Himmel“	
	ne-pí-eš Nom.-Akk. Sg.	I 18
nu	„und“	
	nu	I 2, 17, 18, 25, 26, 31, 36, 37, 38, 45, 49, II 7, 26, 28, 37, 42, 43, III 13, 24, 27, 32, 34, 39, 46, Fr. I 13′, Rs. 25
	na-an(-)	I 24, 43, II 13, 26, 27, 28, 32, 34, 48, III 6 (erg.), 7, 16, 20, 23, 24, 25, 30, IV 8, 11, Fr. III 14′, Vs. 19′, 20′ (erg.)
	na-an-kán	III 9, Rs. 31
	na-aš	I 39, II 2, 14
	na-aš-kán	I 44
	na-aš-ša-an	III 17, 21
	na-aš-ta s. unter *-ašta*	
	na-at	I 35, 38, II 6, 20, 22, 23, III 38
	nu-kán	Rs. 8 (erg.), 13, 17 (erg.)
	nu-uš	I 29, 33, 34, II 50
	nu-uš-ša-an	II 24, 35, IV 4, Fr. I 12′ (b)

	nu-uš-ši(-)	III 40, 48, IV 13
	nu-uš-ma-aš(-)	I 3, 28, II 5, 19, 20, 44, 50, 53, III 2, 4, 12 (erg.), (24 unsicher), 26, 36, 46, IV 2, 5
	nu-u̯a(-)	II 45, 47, III 5, Fr. I 3′, 6′, Fr. III 12′ (erg.), 13′, Vs. 4′, 8′, 13′, 16′, 27′, Rs. 3,4, 5, 6, 10 (erg.), 14, 21, 22, 23, 29
	nu-za	II 38, III 18
	nu-za-an	I 23, 42, II 12
paḫš-^{mi}	„bewahren, schützen"	
	pa-aḫ-ḫa-aš-te-ni Prs. 2. Pl.	Rs. 4, 29
	pa-aḫ-ḫa-aš-te-ni(*-ma*)	Vs. 4′ (erg.), 16′ (erg.), Rs. 6
paḫḫur n.	„Feuer"	
	pa-aḫ-ḫur Nom.-Akk. Sg.	IV 6
	pa-aḫ-ḫu-e-ni Dat.-Lok. Sg.	IV 4
pai̯i-	„gehen"	
	arḫa pai̯i- „weggehen"	
	-kán ar-ḫa pa-iz-zi Prs. 3. Sg.	IV 1, 3, Fr. I 3′ (unsicher)
pankur n.	„Verwandtschaft, Zugehörige, Milch (?), (Euter?)"	
	pa-an-kur(-) Nom.-Akk. Sg.	III 10, Fr. I 5′, 7′ (erg.)
	pa-an-ku-ni-it Istr. Sg.	Fr. I 15′ (b)
papparš-^{mi}	„spritzen"	
	pa-ap-pár-aš-zi Prs. 3. Sg.	IV 4
parā	„vorwärts, hervor" Adv.	
	pa-ra-a	III 24, 31, Vs. 6′
parā- c.	„Luft, Hauch"	
	pa-ra-a-aš Nom. Sg.	III 31
p(*a*)*ri̯i*-^{ḫḫi}	„blasen"	
	pa-ri-i̯a-an-zi Prs. 3. Pl.	III 30

paršii̯-^{a}	Med. „(zer)brechen“	
	pár-ši-it-ta-ri Prs. 3. Sg.	II 10
	pár-ši-i̯a-ad-da-ru Imp. 3. Sg.	I 44
	pár-ši-it-ta-ru	II 16
pāš-^{ḫḫi}	„schlucken“	
	katta pāš-^{ḫḫi} „hinunterschlucken“	
	kat-t[a] pa-a-aš-ta Prät. 3. Sg.	Rs. 15
	pa-a-šu Imp. 3. Sg.	Rs. 11, 16 (erg.)
patalla- (c.?)	„Fußfessel“	
	pa-tal-li-it Istr. Sg.	I 29
patallii̯-^{mi}	„am Fuß fesseln“	
	kattan p. „unten am Fuß fesseln“	
	kat-ta-an pa-tal-li-i̯a-an-du Imp. 3. Pl.	I 30
^{LÚ}*patili-* c.	(Art Priester)	
	^{LÚ}*pa-ti-li-iš* Nom. Sg.	Rs. 31
peḫute-	„hinschaffen“	
	pí-e-ḫu-da-an-zi Prs. 3. Pl.	IV 19
	piran arḫa p. „vor (jem.) wegbringen“	
	-kán pí-ra-an ar-ḫa pí-e-ḫu-da-an-zi Prs. 3. Pl.	III 3
peššii̯-^{mi}	„werfen“	
	pí-eš-ši-i̯a-zi Prs. 3. Sg.	II 6
	-aš-ta pí-eš-ši-i̯a-az-zi	I 48
	pí-iš-ši-[	II 6 (B)
peda-	„hinschaffen“	
	pí-e-da-an-zi Prs. 3. Pl.	II 32
	pí-e-da-ú Imp. 3. Sg.	I 45, II 29
peda- n.	„Ort, Stelle“	
	pí-di Dat.-Lok. Sg.	I 20
pii̯-^{ḫḫi}	„geben“	
	pa-it-ti Prs. 2. Sg.	III 46
	pí-an-du Imp. 3. Pl.	I 29
piran	1) Adv. „vorn, voran“	
	pí-ra-an	III 3, 18, 36, 37
	2) Postpos. „vor“	
	pí-ra-an	III 15

putki̯i-^{tta}	Med. „aufgehen, schwellen“	
	pu-ut-ki-i-e-it-ta Prs. 3. Sg.	I 39
šalli̯i-^{mi}	Med. „schmelzen“	
	šal-li-i̯a-it-ta Prs. 3. Sg.	I 50
	šal-li-it-ta-ru Imp. 3. Sg.	II 2
-šan	Partikel	
	[EGIR-*an-*]*ma-aš-ša-an*	Rs. 25
	na-aš-ša-an	III 17, 21
	nu-uš-ša-an	II 24, 35, IV 4, Fr. I 12′
	nu-uš-ši-iš-ša-an	IV 13
	nu-uš-ma-aš-ša-an	II 50 (B), A: °-⟨*aš*⟩-°
	nu]-*u̯a-aš-ša-an*	Fr. III 12′
	nu-u̯a-aš-ma-aš-ša-[*an*]	Rs. 5
	nu-za-an	I 23, 42, II 12
	-*a*]*š-ša-an*	I 8 (unsicher)
	na-an-š]*a-an*	Vs. 20′
	^{GIŠ}*zu-u*]*p-pa-ri*$^{ḪI.A}$-*ma-aš-ša-an*	Vs. 18′
	[EGIR-*an-d*]*a-u̯a-aš-ša-an*	Rs. 27
	[EGIR-*an*]-*ma-aš-ša-an*	Rs. 25
šannapileš-	„leer werden“	
	ša-an-na-pí-li-eš-ta Prät. 3. Sg.	III 33
	ša-an-na-pí-li-eš-du Imp. 3. Sg.	III 35
šarā	Adv. „hinauf, oben“	
	ša-ra-a	I 18, III 43, 44, 45 (B)
	ša-r[*a-a* (Postpos.?)	Fr. I 5′ (b)
šarḫuu̯ant- c.	„Bauch“	
	šar-ḫu-u̯a-an-da-an Akk. Sg.	III 18
šarri-	„übertreten (geistig)“	
	-kán$^{?}$ *šar-ra-a-i* Prs. 3. Sg.	Fr. I 14′(b), 20′(b)
	-aš-ta šar-ra-ad-da Prs. 3. Sg. Med.	II 11
	-kán šar-ra-ad-da Prs. 3. Sg. Med.	II 24, III 16 (erg.)
	-kán ša]*r-ra-at-ta* Prs. 3. Sg. Med.	I 40 (C)
	-aš-ta šar-ri-iz-zi Prs. 3. Sg.	I 21 (erg.), II 46, III 20, 34, IV 7
	-aš-ta ?] *šar-ri-iz-zi*	Fr. I 6′
	-kán šar-ri-iz-zi	I 40, II 35, III 27, 40
	-aš-ta šar-ri-e-iz-zi Prs. 3. Sg.	I 51

šēr	1) Adv. „oben“	
	še-ir(*-ra-aš*)	I 30
	2) Postpos. „auf, über, wegen, durch“	
	še-ir	I 44
-*ši*(-)	Enklit. Pers.-Pron. 3. Person Sg. „ihm, ihr“ Dat.	
	nu-uš-ši	III 40
	nu-uš-ši(*-kán*)	III 48
	nu-uš-ši(*-iš-ša-an*)	IV 13
	nu-u̯a-aš-ši	Fr. I 3′ (erg.), Rs. 10 (erg.), Fr. III 13′
	A.ŠÀ-*ŠU-ma-aš-ši*(*-kán*)	IV 16
	GUD-*uš-ma-u̯a-aš-ši*(*-kán*)	Fr. I 4′
	LÍL-*ma-aš-ši*	II 39
	LÍL-*ri-ma-aš-ši*	II 39 (B)
-*ši*-	Poss.-Pron. 3. Person Sg. „sein, ihr(e)“	
	u̯a-ar-šu-la-aš-ši-iš Nom. Sg. c.	I 7
	a-ša-ú-ni-iš-ši Dat.-Lok. Sg.	IV 14
	ḫa-a-li-iš-ši	IV 14
	šu-up-li-eš-ši	IV 15
	ḫa-aš-ša-tar-še-it N.-A. Sg./Pl. n.	II 31
	ḫa-aš-ta-i-ši-$^{!}$*it*	II 26
	pa-an-kur-ši-it	III 10
	lu-lu-uš-še-it	IV 10
	^{LÚ}GURUŠ-*tar-še-it*	IV 9
	TI-*tar-še-it*	IV 9
šii̯i-ḫḫi	„drücken, aufsetzen, schießen“	
	-ša-an ši-i̯a-an-du Imp. 3. Pl.	II 51
-*šmaš*	Enklit. Pers.-Pron. 2. Pers. Pl. „euch, ihnen“	
	-ša-ma-aš	Rs. 24 (unsicher)
	nu-uš-ma-aš	Vs. 16′, Rs. 4, 21, 22, 29 (erg.)
	nu-uš-ma-at-kán	IV 2
	nu-u̯a-aš-ma-aš	Vs. 4′, 16′, 27′ (erg.), Rs. 11 (konjiziert)
	nu-u̯a-aš-ma-aš(*-kán*)	Rs. 6 (erg.)
	nu-u̯a-aš-ma-aš(*-ša-an*)	Rs. 5
	nu-u̯a-aš-ma-aš(*-za*)	Rs. 23

-šmaš	Enklit. Pers.-Pron. 3. Pers. Pl.	
	„ihnen“	Rs. 23
	nu-uš-ma-aš	I 28, II 5, 19, 20, III 4, 26 (erg.), 36, 46, IV 5
	nu-uš-ma-aš(-kán)	II 53, III 2, 12 (erg.)
	nu-uš-ma-⟨aš-⟩(ša-an)	II 50
šu-	„voll“	
	šu-u Nom.-Akk. Sg. n.	III 12
šumeš	Pers.-Pron. 2. Pers. Pl.	
	šu-me-eš Nom.	Vs. 21′
	šu-me-eš(-ša-u̯a-az) Nom.	Rs. 30
	[šu-me-en]-za-an(-na) Gen.	Rs. 15
	šu-me-en-za-an(-u̯a)	Rs. 3, 14
	šu-ma-a-š(a) Akk.	IV 1
šuppal(a)-, *šupla-* n., c.	„Vieh“	
	šu-up-li(-eš-ši) Dat.-Lok. Sg.	IV 15
šuu̯i-	Med. „schwellen“	
	-ša-an šu-ut-ta-ti Prät. 3. Sg.	III 17
	-ša-an šu-ut-ta-ru Imp. 3. Sg.	III 21
dā-	„nehmen“	
	-aš-ta da-a-i Prs. 3. Sg.	I 22 (erg.), 41, II 1, 12
	da-an-zi Prs. 3. Pl.	I 37
dai- s. *tii̯-*^{ḫḫi}		
tagan, *tagn-* s. *tekan-*		
daganzipa- c.	„Erde, Genius der Erde“	
	ta-ga-an-zi-pa-aš Nom. Sg.	Rs. 9, 11, 15 (alle erg.), 16
takš-^{mi}	„zusammenfügen, zufügen“	
(*takkiš-*^{mi} vor Kons.)	*-kán ták-ki-iš-zi* Prs. 3. Sg.	II 48, III 6
	-ša-an ták-ki-iš-zi	II 36
	-ša-an ták-ki-iz-zi	II 25
dannatta-	„leer, öde“	
	da]n-na-at-ta Nom.-Akk. Pl. n.	III 29
dankui-	„dunkel, schwarz“	
	da-an-ku-i Dat.-Lok. Sg.	Vs. 15′
	da-an-ku-u̯a-i̯a-az Abl. Sg.	Vs. 14′
dapi(i̯a)-	„gesamt, ganz“	
	[da-p]í-an Akk. Sg. c.	Vs. 14′

tar-^{mi} s. *te-*^{mi}		
tarna-	„lassen, entlassen"	
	parā t. „herauslassen"	
	-aš-ta pa-ra-a [tar]-na-at-ta-ri Prs. 3. Sg. Med.	III 32
daššeš-	„stark werden, schwer werden"	
	-ša-an da-aš-ši-iš-du Imp. 3. Sg.	Rs. 28
daššu-	„stark, fest, schwer"	
	d[a-aš-šu-uš] Nom. Sg. c.	Rs. 26
dašuu̯aḫḫ-^{ḫḫi}	„blenden"	
	da-šu-u̯a-aḫ-ḫi-ir Prät. 3. Pl.	I 20
	da-šu-u̯a-[aḫ-ḫa-an-du] Imp. 3. Pl.	I 25
	da-[šu-u̯a-aḫ-ḫa-a]n-du!	III 8
te-^{mi}, *tar-*^{mi}	„sagen"	
	te-ši Prs. 2. Sg.	II 44, III 4 (B)
	te-iz-zi Prs. 3. Sg.	I 3, 17, 49, II 7, 20, III 13, 26, 32, 39, 46, IV 5, Fr. I 13′ (erg.)
	da-ra-an-zi Prs. 3. Pl.	I 46, II 4, 29, Fr. I 18′ (b)
tekan- n.	„Erde"	
	ták-ni-[i Dat.-Lok. Sg.	Vs. 15′
tekkušši̯i-^{mi}	„sich zeigen"	
	te-ik-ku-uš-ši-i[z-zi	Rs. 10, 12
tepu-	„wenig"	
	te-pu Nom.-Akk. Sg. n.	I 37
tii̯i-^{ḫḫi}	„setzen, stellen, legen, bestimmen"	
	da-a-i Prs. 3. Sg.	I 1, 35, II 6, 19
	-aš-ta da-a-i	I 47
	-za-an da-a-i	I 24, 43, II 13
	-kán da-a-i	III 13
	ti-an-zi Prs. 3. Pl.	I 39, II 34
	da-a-i-e-ir Prät. 3. Pl.	I 33
	da-i-e-ir Prät. 3. Pl.	I 33 (C)
	ti-an-du Imp. 3. Pl.	I 34
	-kán ti-an-du	III 1
	piran katta tii̯i-^{ḫḫi} „davor niederlegen"	
	pí-ra-an kat-ta da-it-ti Prs. 2. Sg.	III 36, 38

duddumii̯-^{mi} (?)	„taub machen“	
	[*du-ud-du-mi-i̯*]*a-an-du* Imp. 3. Pl.	III 9
duddumii̯aḫḫ-^{ḫḫi}	„taub machen“	
	du-ud-du-mi-i̯a-aḫ-ḫa-an-du Imp. 3. Pl.	I 26
duu̯arni-	„(zer-)brechen, (durch Bruch) verletzen“	
	du-u̯a-ar-na-an-zi Prs. 3. Pl.	II 43
	du-u̯a-ar-na-an-du Imp. 3. Pl.	II 52
	arḫa duu̯arni- „völlig zerbrechen“	
	ar-ḫa du-u̯a-ar-na-an-zi Prs. 3. Pl.	III 38, Rs. 1 (erg.)
	ar-ḫa du-u̯a-ar-na-a-ú Imp. 3. Sg.	III 41
	[*ar-ḫa du-u̯*]*a-ar-na-an-du* Imp. 3. Pl.	Rs. 5
	duu̯arniški- It.-Int.	
	-kán ar-ḫa du-u̯a-ar-ni-iš-kán-du Imp. 3. Pl.	Rs. 7
tuzzi- c.	„Heer“	
	tu-uz-zi-in Akk. Sg.	I 25
	tu-uz-zi-uš(-) Akk. Pl.	II 49 (B)
	tu-uz-⟨*zi-*⟩*uš*(-)	II 49
	tu-zi-uš	I 31, 33
uktūri-	„beständig, ewig“	
	uk-tu-u-ri-eš Nom. Pl.	Rs. 30 (erg.)
urki- c.	„Spur“	
	u-ur-ki-iš Nom. Sg.	Rs. 10
urta- (?) c.	(innere Krankheitserscheinung)	
	u-ur-tu-uš Akk. Pl.	Rs. 23
uda-	„herbringen“	
	ú-da-an-zi Prs. 3. Pl.	II 43
uttar n.	„Wort, Gebot, Sache“	
	ud-d[*a-a-ar* Nom.-Akk. Pl.	Vs. 13′, 22′
uu̯e-	„kommen“	
	-kán ú-iz-zi Prs. 3. Sg.	IV 17
	ú-u̯a-an-du Imp. 3. Pl.	III 27
	šarā uu̯e- „emporkommen“	
	-aš-ta ša-ra-a ú-iz-zi Prs. 3. Sg.	III 43, 45

-*u̯a*(-) (-*u̯ar*- vor Vokal)	Partikel der zitierenden Rede	
	ka-a-aš-u̯a	III 14, Rs. 26
	ki-i-u̯a	I 36, II 21, 44, Vs. 7′, Rs. 9, 14 (erg.), 18
	ki-i-u̯a(-*kán*)	II 7
	ku-i-š]*a-u̯a*	Vs. 22′
	ku-iš-u̯a(-*kán*)	III 26, 39
	[*ma-a-an-m*]*a-u̯a*(-*ra-at*)	Rs. 6
	nu-u̯a(-)	Vs. 8′, 13′, Rs. 3, 10 (erg.), 14
	nu-u̯a(-*kán*)	II 47, III 5, Fr. I 6′
	nu-u̯[*a-ra-at*]	Rs. 3
	nu-u̯a-r(*a-aš*)	II 45
	nu]-*u̯a*(-*aš-ša-an*)	Fr. III 12′
	nu-u̯a(-*aš-ši*)	Fr. I 3′, Fr. III 13′
	nu-u̯a(-*aš-ma-aš*)(-)	Vs. 4′, 16′, 27′ (erg.), Rs. 4, 11 (konjiziert), 21, 22, 23, 29 (erg.)
	nu-u̯a(-*aš-ma-aš-ša-an*)	Rs. 5
	nu-u̯a(-[*aš-m*]*a-aš-kán*)	Rs. 6
	-*š*]*a-u̯a*	Vs. 22′
	šu-me-en-za-an-u̯a	Rs. 3 (erg.), 14
	šu-me-eš-ša-u̯a(-*az*)	Rs. 30
	DINGIR^{MEŠ}-*ma-u̯a-r*(*a-aš*)	I 5
	[EGIR-*an-d*]*a-u̯a*	Rs. 19
	[EGIR-*an-d*]*a-u̯a*(-*aš-ša-an*)	Rs. 27
	GUD-*uš-ma-u̯a*(-*aš-ši-kán*)	Fr. I 4′
	$^{\text{(UZU)}}$Ì.UDU-*ma-u̯a*	I 50, II 3 (erg.)
	Ú-UL-u̯a	I 36, II 44, III 14 (erg.)
	Ú-UL-u̯a-r(*a-at*)	I 4
	[^{GIŠ}*zu-up-pa-ri*$^{\text{ḪI.A}}$]-*i̯a-u̯a*	Vs. 11′
	]×-*u̯a*	Fr. I 2′
u̯alḫanni̯i-^{ḫḫi}	Dur. zu *u̯alḫ*-^{mi} „schlagen"	
	u̯a-al-ḫa-an-na-ú Imp. 3. Sg.	Rs. 21
u̯alūla- c.	„Blase" (?)	
	[*u̯a-a-lu*]-*ú-la-an* Akk. Sg.	III 30
u̯ar-$^{\bar{a}ri}$	Med. „brennen"	
	u̯a-ra-a-an Part. Nom.-Akk. Sg. n.	IV 6
u̯arnu-	„verbrennen" (trans.)	
	u̯a-ar-nu-zi Prs. 3. Sg.	Vs. 12′

u̯aršula- c.	„Erfrischung, Duft“	
	u̯a-ar-šu-la-aš(*-ši-iš*) Nom. Sg.	I 7
u̯ašši-	„bekleiden“	
	u̯a-aš-ša-an-du Imp. 3. Pl.	II 50
u̯ātar n.	„Wasser“	
	u̯a-a-tar Nom.-Akk. Sg.	IV 4, Rs. 8, 9, 17, 18
	[*ú-e-t*]*e-na-aš* Gen. Sg.	Rs. 12
	ú-e-te-ni-it Istr. Sg.	II 22
	ú-i-da-an-⟨*da*⟩ Istr. Sg.	III 12
u̯elku- n.	„Gewächs“	
	ú-el-ku Nom.-Akk. Sg.	III 42
u̯elkuu̯ant- n.	„Gewächs“	
	ú-el-ku-u̯a-an Nom.-Akk. Sg.	II 40, IV 17
u̯ellu- c.	„Wiese“	
	ú-e-el-lu-uš Nom. Sg.	IV 13
	ú-el-lu-u̯a-aš Dat.-Lok. Pl.	II 40
u̯emii̯-^{mi}	„finden“	
	u̯emiški- It.-Int. „erblicken, finden“	
	ú-e-mi-iš-ki-it Prät. 3. Sg.	I 19
-za(-), *-az*(-)	Partikel der Reflexivität	I 23, 42, I 12, 38, III 18, Rs. 23, 30
zaḫḫeli- n.	„Unkraut“ s. *ḫaḫḫal*(*i*)-	
	za-aḫ-ḫé-li	III 45
zanu-	(trans.) „kochen“	
	za-nu-an-zi Prs. 3. Pl.	II 22
^{GIŠ}*zuppari-* n.	„Fackel“	
	^{GIŠ}*zu-up-pa-ri*$^{ḪI.A}$(-) Nom.-Akk. Pl.	Vs. 6′ (erg.), 7′, 11′ (erg.)
	^{GIŠ}*zu-up-pa-ri*$^{ḪI.A}$(*-ma-aš-ša-an*)	Vs. 18′

b) Sumerogramme

A.ŠÀ	„Feld“	II 39
	A.ŠÀ-*ŠU*(-)	III 44, IV 16
	A.ŠÀ-*ni* Dat.-Lok. Sg.	II 32
ALAM	„Statue(tte)“	III 12 (erg.)

AMAR	„Kalb“	II 41
^{GIŠ}APIN	„Pflug“	
	^{GIŠ}APIN(-*i̯a*)	III 37, 41
$^{\text{NA}_4}$ ARÀ	„Mahlstein“	II 21
^{GIŠ}BAN	„Bogen“	
	^{GIŠ}BAN$^{\text{ḪI.A}}$ Pl.	II 51
BAPPIR	„Bierwürze“	II 19, 21
BULÙG	„Malz“	II 19, 31
DAM	„Gattin“	
	DAM(-*ŠU*)	Fr. III 14′, Vs. 23′
	DAM^{MEŠ}(-*ŠÚ*)	II 38 (erg.), III 10 (erg.), IV 10
DIDLI	distributives Pluraldeterminativ	
	URU$^{\text{DIDLI ḪI.A}}$-*aš* Gen.	Fr. I 7′
DINGIR	„Gott“	
	DINGIR^{MEŠ} Pl.	I 32, III 28 (erg.), IV 12, Rs. 4
	DINGIR^{MEŠ}(-*ma-u̯a-ra-aš*)	I 5
	DINGIR^{MEŠ}-*aš* Dat. Pl.	III 15
DUB	„Tafel“	
	DUB II.KAM	IV 18
DUMU	„Kind“	III 22
	DUMU^{MEŠ}(-*ŠÚ*) Pl.	III 10 (erg.), IV 11, Fr. I 15′
DUMU.LUGAL	„Königssohn“	
	DUMU^{MEŠ}.LUGAL Pl.	II 25, 36, 47
DUMU.LÚ.ULÙ.LU	„Menschenkind“	III 9, 34
DUMU.NITA	„Sohn“	II 38
DUMU.SAL	„Tochter“	II 39
É	„Haus“	
	É(-*ŠU*)	I 5, II 18, Vs. 23′
	É(-*ZU*)	III 34
É $^{\text{NA}_4}$KIŠIB	„Vorratshaus“	II 34
EGIR-*an*(-)	„hinter(her), zurück“	Rs. 10, 12, 25 (erg.)

EGIR-*an-da*	„hinterher“	
	EGIR-*an-da*(-)	Rs. 8, 13, 17, 19, 27 (alle ergänzt)
EGIR UD*MI*	„Zukunft“ (akkad. Gen.-Verbdg.)	
	EGIR UD*MI*	IV 10, Fr. I 10′
	EGIR UD*MI*(-*ŠÚ*)	II 37
GIŠERIN	„Zeder(nholz)“	I 6
ERÍN(MEŠ)	„Truppe(n)“	
	ERÍNMEŠ-*za* Nom. (?) Sg.	Fr. I 12′ (b)
	ERÍNMEŠ-*az*(-*ma*)	Fr. I 11′
	ERÍNMEŠ-*an* Akk. Sg.	IV 18
GAB.LÀL	„Wachs“	I 47, 49
	GAB.LÀL-[*aš* Gen. Sg.	II 2
GEŠTIN	„Wein“	
	GEŠTIN(-*i̯a*)	Rs. 18
GI	„Rohr, Pfeil“	
	GI-*an* Akk. Sg.	II 43
	GIḪI.A Pl.	II 51
GIŠGIGIR	„Streitwagen“	III 37
GIM-*an*	„wie, als“	I 31, 50, II 9, 16, 21, 31, IV 6
	GIM-*an*(-*ma*)	III 42
GÌR	„Fuß“	
	GÌR-*it* Istr. (Sg. ?)	III 25, 28, 30
	GÌRMEŠ-*ŠU* Pl.	I 32
	GÌRMEŠ-*ŠU-NU*	I 29
GIŠ	„Holz“	
	als Determinativ gesetzt bei *ḫueša-*, *ḫulāli-*, *zuppari*, APIN, BAN, ERIN, GIGIR, MAR.GÍD.DA, SAR.GEŠTIN, SAR.SAR	
GUD	„Rind“	
	GUD-*uš*(-*ma*-. . .) Nom. Sg.	Fr. I 4′
	GUDḪI.A(-) Pl.	II 41, III 35, Fr. I 8′
	s. auch KUŠ.GUD	
LÚGURUŠ-*tar* n.	„Jünglingsalter“	
	LÚGURUŠ-*tar*(-*še-it*) Nom.-Akk. Sg.	IV 9

ḪUL	„böse“	
	ḪUL-*lu* Nom.-Akk. Sg. n.	I 28, II 25, 28, 36, 47, III 6
	ḪUL-*lu* adverbiell	IV 12
(UZU)Ì.UDU	„Schaffett“	
	(UZU)Ì.UDU (-*i̯a*/*ma*-)	I 47, 50, II 3
IGI	„Auge“	
	IGI$^{ḪI.A}$-*u̯a* Nom.-Akk. Pl. n.	I 23, 42, II 13, III 24
(LÚ)IGI.NU.GÁL	„blind, Blinder“	
	^{LÚ}IGI.NU.GÁ[L-*aš*] Gen. Sg.	III 7
	SAL ^{LÚ}IGI.NU.GÁL „Blinde“	III 2, 4
IM	„Ton, Lehm“	
	IM-*an* Akk. Sg.	Fr. III 9′
IM.ŠU.NÍG.NIGÍN.NA	„(transportabler) Tonofen“	III 36, 42
KÁ	„Tor“	Rs. 32
KI.MIN	„ebenso“	I 36
KISLAḪ	„Scheune“	Rs. 32
KIŠIB s. É ^{NA_4} KIŠIB		
KUR	„Land“	I 22, 23, 31, 41, 42, II 11, 12, 25, Fr. I 16′ (b, erg.)
	KUR-*e* Nom.-Akk. Sg.	Fr. I 7′ (b, erg.), Fr. III 6′
	KUR.KUR^{MEŠ} Pl.	Rs. 24
^{LÚ}KÚR-*li*	„auf feindliche Weise“ (Adv.)	I 23, 42, II 12
KUŠ	„Fell“	
	KUŠ.SA$_5$ „rotes Fell“	III 46, 47
	KUŠ.GUD „Kuhhaut“	Fr. I 12′
LÍL	„Flur“	II 39
	LÍL-*ri*(-) Dat.-Lok. Sg.	II 39 (B), Fr. I 2′
LÚ	„Mann“	
	LÚ-*an* Akk. Sg.	II 48, III 7
	als Determinativ bei *ara*-, *patili*-, GURUŠ-*tar*, KÚR-*li*	
LUGAL	„König“	I 22, 41, II 24, 35, 47, III 5, Fr. III 12′

^{GIŠ}MAR.GÍD.DA	„Lastwagen"	III 37
MUN	„Salz"	
	MUN(-*i̯a*-)	II 16
	MUN-*aš*(-) Nom. Sg.	II 9
	MUN-*aš*(-) Gen. Sg.	II 15
	MUN-*an*(-) Akk. Sg.	II 5
NA_4	„Stein"	Rs. 25, 26
	als Determ. s. bei ARÀ, É $^{\text{NA}_4}$KIŠIB	
^{TÚG}NÍG.LÁM	„Prachtgewand"	
	^{TÚG}NÍG.LÁM^{MEŠ} Pl.	II 45
NITA s. DUMU.NITA		
NU.GÁL	„nicht vorhanden (sein)"	II 16, 31
NINDA	„Brot"	
	NINDA-*an* Akk. Sg.	II 33
NUMUN	„Same, Saatgut, Keimkraft, Nachkommenschaft"	
	NUMUN(-*ŠÚ*) (Nom. Sg.)	II 16
	NUMUN-*an* Akk. Sg.	II 32
	NUMUN$^{\text{ḪI.A}}$(-*ŠU*) Pl.	II 17
^{UZU}SA	„Sehne(nfleisch)"	II 5, 7
	^{UZU}SA-*aš* Gen. Sg.	II 14
SA_5 s. KUŠ.SA_5		
SAG.DU	„Kopf"	
	SAG.DU-*az* Abl. Sg.	Rs. 21
	SAG.DU^{MEŠ}(-*KU-NU*) Pl.	Rs. 3
SAL	„Frau"	II 42, 45
	SAL-*an* Akk. Sg.	II 48, III 7 (erg.)
	SAL^{MEŠ}-*uš* Akk. Pl.	II 49
	s. auch bei DUMU.SAL, IGI.NU.GÁL	
SAL.LUGAL	„Königin"	II 24, 36, 47, III 5, Fr. III 12′
SAL-*li*	„nach Weiberart" (Adv.)	II 50
^{GIŠ}SAR.GEŠTIN	„Weingarten"	Fr. I 9′
^{GIŠ}SAR.SAR	„Gemüsegarten"	Fr. I 9′

SILÁ	„Lamm"	II 41
ŠÀ	„Inneres, Herz, Mitte"	
	ŠÀ(-*ŠU*)	III 17, 21
	ŠÀ(-*ŠÚ*)	III 12, 22
	ŠÀ-*az* Abl. Sg.	Rs. 22
ŠE	„Korn"	
	ŠE^{AM}	III 44
ŠU	„Hand"	
	ŠU-*it* Istr. Sg.	Rs. 25
	ŠU^{MEŠ}(-) Pl.	I 30, 32
TI-*tar*	„Leben"	
	TI-*tar*(-*še-it*) Nom.-Akk. Sg.	IV 9
TI-*ant*-	„lebend, munter"	
	TI-*an-za* Nom. Sg. c.	I 18
TÚG	„Gewand, Tuch"	II 42
	als Determ. bei *kureššar*	
TÚG.SAL	„Frauengewand"	II 42 (B)
^{GIŠ}TUKUL	„Waffe"	
	^{GIŠ}TUKUL$^{ḪI.A}$ Pl.	II 51
$^{(LÚ)}$Ú.ḪÚB	„taub, (Tauber)"	III 8
	SAL . . . ^{LÚ}Ú.ḪÚB „Taube"	III 2, 5
UD	„Tag"	
	UD I.KAM	I 39
	s. auch EGIR UD^{MI}	
UDU	„Schaf"	
	UDU$^{ḪI.A}$(-*ŠU*) Pl.	II 18, III 35
	UDU$^{ḪI.A}$(-*ŠÚ*)	II 41
	U[DU$^{ḪI.A}$]	Fr. I 8′
	s. ^{UZU}Ì.UDU	
UGU	„oben, darauf" (heth. *šēr* und *šarā*)	III 45
UGU-*a*	„hinauf, oben" (heth. *šarā*)	III 18
UKÙ	„Mensch"	
	UKÙ-*aš* Gen. Sg. (?)	Fr. I 8′
	UKÙ-*ši* Dat.-Lok. Sg.	II 17

URU	„Stadt"	
	URU-*an* Akk. Sg.	III 28
	URU^DIDLI ḪI.A^-*aš* Gen. Pl.	Fr. I 7′
	als Determ. bei *Arzaṷa*, *Ḫatti*	
URU-*i̯a-še-eš-šar* n.	„Stadtsiedlung"	
	(heth. *ḫappirii̯aššeššar*) Nom.-Akk. Pl.	III 29
ÚŠ-*kán* n.	„Schicksal, Tod"	II 28
	(s. *ḫinkan-*)	
UZU s. ^UZU^Ì, ^UZU^SA		
ZÍZ-*tar* n.	„Weizen"	
	ZÍZ-*tar* Nom.-Akk. Sg.	III 44
I	UD I.KAM	I 39
II	DUB II.KAM	IV 18

c) Akkadogramme

ANA	„zu" (zum Ausdruck des Dat.)	I 22, 23, 41, II 1, 24, 25, 35, 36, 47, III 5, Fr. III 12′, Rs. 17
INA	„in" (zum Ausdruck des Lok.)	I 35, 47, II 5, 19, 34, 52, III 1 (konjiziert), 22, IV 10, Fr. I 10′, Rs. 19 (konj.), 27
IŠTU	„aus, von, seit, mit" (zur Wiedergabe des Abl. und Istr.)	II 21, III 34, 42, 44, IV 16, Fr. I 9′
-KUNU	Poss.-Pron. 2. Pl. „euer(e)"	
	-KU-NU	Rs. 3, 19 (erg.)
NĪŠ (*NĒŠ*) DINGIR^*LIM*^	„Eid"	
	NI-IŠ DINGIR^*LIM*^	I 21, 24, 51, II 10, 13, 35, 46, III 16, 19, 27 (erg.), Rs. 19, 27, 29
	NI-EŠ DINGIR^*LIM*^	I 43, II 26
NĪŠ DINGIR^MEŠ^	„Eid"	I 24 (B), 40, II 13 (B), 23, 37, 46 (B), 48, III 6, 20, 33, IV 7, 8, Fr. I 6′ (erg.), 14′ (erg.), Fr. III 6′ (erg.), 13′

PĀNI	„vor“	
	P]A-NI	Rs. 32
QADU	„einschließlich, mit“	
	QA-DU	III 10, IV 10, Fr. I 15′ (b, erg.), Fr. III 14′
QĀTAMMA	„ebenso“	
	QA-TAM-MA	I 34, II 18, 27, 28, 38, III 28, 35, IV 2, 11, Fr. III 6′, Rs. 4 (erg.), 5 (erg.), 7, 11, 16 (erg.), 20 (erg.), 30
QĀTU	„Hand“	
	QA-TI(-ŠÚ)	III 18
	QA-TI(-ŠU-NU/-ŠÚ-NU)	I 1 (erg.), 35, 47, II 5, 19, 52, III 1, 13
RAMĀNU	„Körper, Leib“	
	RA-MA-NI^{MEŠ}*(-KU-NU)* Pl.	Rs. 19
ŠA	„von“ zur Wiedergabe des Genitivs	
	ŠA	I 31, II 45, III 8
	ŠÁ	II 42
-*ŠU*(-), -*ZU*	Poss.-Pron. 3. Sg. „sein, (ihr)“	
	-*ŠU*(-)	I 5[a], 32, II 17, 18[a], 41, III 17, 21, 35, 44, IV 16, Fr. I 15′ (b), Fr. III 14′, Vs. 23′
	-*ŠÚ*(-)	II 16, 37, 38, 41, III 10, 12, 18, 22, IV 10, 11, Fr. I 15′
	-*ZU*	III 34[b], Fr. I 15′ (erg.)
ŠUMU	„Name“	
	ŠUM-ŠU	II 17
-*ŠUNU*	Poss. Pron. 3. Pl. „ihr(e)“	
	-*ŠU-NU*	I 29, 30, 35, 47, II 5, 52 (B), III 1, 13
	-*ŠÚ-NU*	II 19, 52
UL	„nicht“	
	Ú-UL(-)	I 4, 36, II 33, 44, III 14 (erg.), 43, 48, Fr. III 2′, Vs. 19′, 20′, Rs. 10, 14

a É-*ŠU* b É-*ZU*

d) Eigennamen

(Götter, geographische Namen)

^{URU}*ARZAU̯A*	(KUR) ^{URU}*AR-ZA-U-U̯A*	I 31
	(KUR) ^{URU}*AR-ZA-U̯A*	I 31 (C)
^{URU}*ḪATTI*	(KUR) ^{URU}*ḪA-AT-TI*	I 23, II 11 (B), 12 (B), Fr. I 16′
	(KUR) ^{URU}*ḪAT-TI*	I 22, 41, 42, II 1, 11, 12, 25, III 28
^{d}*Išḫara-*	^{d}*Iš-ḫa-a-ra* (^{d}*IŠ-ḪA-A-RA* ?)	III 22
^{d}IŠKUR	^{d}IŠKUR-*aš* Nom. Sg.	III 40
^{d}*Šarruma-*	^{d}*Šar-ru-ma-aš*(*-ša*) Nom. Sg.	Vs. 9′
^{d}*Umpa-*	^{d}*Um-pa-aš* Nom. Sg.	Vs. 9′
^{d}XXX	^{d}XXX	III 23 (erg.), Rs. 21, 23

2) Indices

(Die Zahlen verweisen auf die Seiten)

I. Verzeichnis besprochener Wörter
- A Indogermanische Sprachen
- 1. Urindogermanisch (und Rekonstrukte in uridg. Lautbild) s. auch II 2
- 2. Anatolische Sprachen
- 2a. Uranatolisch (und Rekonstrukte)
- 2b. Hethitisch (s. auch II 2)
- 2c. Luwische Sprachen
- 3. Arische Sprachen
- 3a. Indoiranisch (und Rekonstrukte)
- 3b. Altindisch
- 3c. Awestisch
- 4. Griechisch
- 5. Lateinisch
- 6. Germanische Sprachen
- B Akkadisch (und Akkadogramme)
- C Sumerisch (und Sumerogramme)

II. Graphik, Grammatik
- 1. Graphik, Lautlehre
- 2. Morphologie
- 3. Syntax, Stilistik

III. Sachliches (Auswahl)

IV. Verzeichnis benutzter unpublizierter Textstellen

I. Verzeichnis besprochener Wörter

A. 1. Urindogermanisch (und Rekonstrukte in uridg. Lautbild) (s. auch II 2)

*deik̂- 54[10]
*$d^h eh_1$- 52[1], 54[10]
*dom-s 47[111]
*en 56[(17)]
*en-dʰur-i̯o- 56[17]
*en-dom 56[17]
*$h_{1,3}$ai̯- 34[51]
*$h_1$ei̯- 35
*$h_2$eu̯- 66[13]
*$h_2$ima- 64
*$h_2$omso- 24
*$h_2$onsu- „Herr“ 24[8]
*leb- 32
*lei̯p- 32
*mei̯- 56
*-m̥s (athem. Akk. Pl.) 26
*nébʰ-es/os- 24
*négʷ-t-s (Gen., heth. ne-ku-uz) 47[111]
*nom-r̥ 27[23]
*ped/pod- 26[(16)]
*$preh_1$- (Nomen *$proh_1$-s) 46 f.[111]
*$preh_1$-i̯o-nti ib.
*$sperh_{1,3}$- 45
*u̯ek̂- 32

2. Anatolische Sprachen

2a. Uranatolisch (und Rekonstrukte)

*ai̯- 34[51]
*-adi (-ati) Abl. 24[6]
*dē- 54[10]
*hamsa- 24
*ikt-n-ii̯ant- 22[1]
*kerd- 40
*pad- 27[17]

2b. Hethitisch

-a, -i̯a (enkl.) 23 f.[6], 49
aiš 30
aggala- 50
andurii̯a- 56[17]
appalai̯i- 25
armant- 42
-(a)šta 67 ff.
ekt-, ekza- 22
^{UZU}ekdu- 22
(katta) ēpp-^{mi} 56[(18)], 76 ff.
ēšḫaru̯aḫḫ-^{ḫḫi}, ē/išḫarnu-, išḫaru̯ātar 49
(KUŠ) ēšḫaru̯īl, išḫaru̯īl 48 f.
ḫaḫḫal(i)- 48
parā ḫandandātar 23[3]
*ḫappirii̯ašeššar 46
ḫarra(nuški)- 33[(44)]
ḫarnammar 27
ḫarpa- 26[(11)]
ḫaršar, ḫaršana- 31, 47[112]
ḫaršau̯ar 36[(60)]
ḫašša- 24
ḫaššā- 30, 31[36]
ḫaššu- 24[(8)]
ḫāt-^{ḫḫi} (ḫat-) 22
ḫilammili 37[(69)]
ḫimma- 61 ff.
ḫueš-^{mi} 66[13]
$^{(GIŠ)}$ḫu(e)ša- 64 ff.
ḫui̯i-^{ḫḫi} (ḫuu̯āi-) 37
ḫuitar 66[13]
^{GIŠ}ḫulali- 64 ff.

ḫulana- 66
ḫumanni Dat.-Lok. 44[(96)]
ḫuu̯appa- (*ḫup-*) Verb 43ff.
iknii̯ant- 22[1]
immi̯i-mi (*immii̯a-*) 56[(15)]
inan 29
inu- 34[51]
išḫā- „Herr“ 30
išnura- 28
išparri- (Verb) 44f.[(100, 102)]
-kan 67ff.
keššar Nom.-Akk., *kišrī* Dat.-L. 25
kī=u̯a kuit 28f.
kiššan 32
lāḫu-ḫḫi (*laḫuu̯āi-*) 55
lengai-, *li-in-ga-i°* 28f., 41, 59f.
li-in-ki-i̯a-an-t° „Eidgott“ 23, 41f.
li-in-ki-i̯a-aš DINGIR^MEŠ 41f.[(85)]
li-in-ki-i̯a-aš EN^MEŠ 41
lip(ai̯i)-, *lellipa-*, *lilipa-* 31f.
lukkatta, *lukkat(ti)* 24
malli- (*malla-*) 33[44]
marri̯i-mi (*marrii̯a-*) 30
mārk-ḫḫi (*mark-*) 30[33]
memi̯i-ḫḫi (*mema-*) 52[(1)]
aššu memiški- 87
ne(-e)-pí-iš, *ne-pí-eš* 24
panku- 74
pankur 39[(73)], 51
panzakitti- 65
p(a)rā- „Luft“ 46f.[111]
p(a)ri̯i-ḫḫi (*parāi-*) 47[111]
p(a)rip(a)ri̯i-ḫḫi ib.
parši̯i-a (*parš-*) 29, 53[5]
pata- „Fuß“ 26[16]
pattalla- 26[(14, 16)]
pattalli̯i-mi 26
GIŠ*patii̯alli-* 27[17]
LÚ*patili-* 58
pāš-ḫḫi (*paš-*) 54[(9)]
NA4*peru-* „Fels“ 58
pedan Nom.-Akk., *pidi* Dat.-L. 24f.
-(š)šan 67ff.
šaramna- 23
šarḫuu̯ant- 43[(92)]
šarri- (*šarra-*) 59ff., 76ff.
šu- (*šū-*) „voll“ 39f.[(76, 77)]
šunna- 39[76]
takš-mi 33[(46)], 76ff.
dannatta-, Verb *dannattaḫḫ-ḫḫi* 46[(103f.)]
daššu- 24
dašuu̯aḫḫ-ḫḫi 24
te/|tar-mi 52[(1)]
tekan- 31
tekkušši̯i-mi (*tekkuššāi-*) 54[(10)]
tuu̯a 24
duu̯arni- (Verb) 53[(5)]
tuz(z)i- 27, 46[(106)]
tuzzii̯ašeššar 46[(106)]
urta- (?) 57
u̯alḫ-mi, *u̯alḫanni̯i-ḫḫi* 56f.[(19, 21)]
u̯alula- 46f.
u̯arpilai̯i- 25
u̯aršula- 22f.
u̯ašši- „bekleiden“ 38, 56
u̯ellu- 47, 49
u̯elku(u̯ant)- 36f., 47, 49[(122)]
u̯emiške- „erblicken“ 23
**u̯ed-* „Wasser“ 40[78]
u̯edanda, *u̯etenit* Istr. 39f.[(78)]
u̯eu̯akk-ḫḫi 32
zaḫḫeli- s. *ḫaḫḫal(i)-*

2c. Luwische Sprachen

**ai̯a-* (urluw.) 35
arawa- „abgabenfrei“ (lyk.) 32[39]
ḫamša- (keil.-luw.) 24
ḫatali̯i- (hier.-luw.) 26[13]
lipa- (hier.-luw.) 32[40]
pii̯i- „geben“ (lyk.) 32[39]
pibi̯i- „stets geben“ (lyk.) ib.

3. Arische Sprachen

3a. Indoiranisch (und Rekonstrukte)

*asu- 24[8]
*ásura- 24[8]
*jálman- 71[3]
*marka- 30[33]

3b. Altindisch

ásu- 24[8]
ásura- 24[8]
énas- 35[53]
jālmá- 71[3]
mr̥c 30[33]
mr̥ṇáti 30
nir-r̥ti- 76
prāṇá- 46[111]
sphuráti 45[(102)]

3c. Awestisch

ahura- 24[8]
ahū- 24[8]

4. Griechisch

αἴϑομαι 34[51]
πέδη 27
πέδῑλον 26[16]
πίμπρημι 47[111]
πρήϑω 47[111]
τέκμαρ 54[10]

5. Lateinisch

*ārā 31[36]
imago 64
moritur 30
pedica 27
spernere 45

6. Germanische Sprachen

a[n]su- (runennord.) 24[8]
*ansu- (urgerm.) ib.
ass (altisländ.) ib.
fezzera (ahd.) 27
sperna (altisländ.) 45

B. Akkadisch (und Akkadogramme)

aganutillū 72[(4, 5)]
ḫābilu amīlu 38[72]
lamaḫuššū 37
nīš ilim/ilāni 28[26, 27]
^{d}nīš-ilāni^{MEŠ}-māti 41[85]
NI-IŠ DINGIR$^{LIM/MEŠ}$ 28f., 41f., 48, 76ff.
RA-MA-NI°, A-RA-MA-NI° 55[11]
ušallu(m) 36[60]

C. Sumerisch (Sumerogramme)

A.ŠÀ 36[(60)]
BAPPIR 33[45]
GUD-*uš* (kollekt.) 37
IM.ŠU.NÍG.NIGÍN.NA 47[(113)]
^{d}IŠKUR 48[(119)]
KUŠ.SA$_5$ 48f.
^{TÚG}NÍG.LÁM 37
ŠÀ 43[(92)]
TI-*ant-* 23
^{UZU}ÚR.UDU 22
URU-*i̯ašeššar* 46
ZAG.AḪ.LI 48
^{d}XXX „Mondgott" 41[(82)]

II. Graphik, Grammatik

1. Graphik, Lautlehre

a) rein Graphisches (s. p. 95f.)
Abundante Schreibung 38[72]
Doppelter Gebrauch des Determinativs 38[72]
Duktus 3f., 23[6], 46[110], 48[119], 50, 59f., 78ff., 95
Iterationsplural (sumer.) 58
Schreibfehler (verderbte Abschrift) 30, 33, 34, 36, 38, 40[(78)], 43, 46, 50, 87[(2)]
Wechsel im Zeichengebrauch (KVK-Zeichen) 32, (*ŠA*/*ŠÁ*) 37[68], (-*ŠU*/*ŠÚ*) 31

b) Graphisch-Lautliches
Anlaut (Schreibung von *u̯*) 40[79], (Konsonantenschreibung) 54[10]
Assimilation (*i*-Umlaut) 25, (*ns, ms* > *ss*) 24, (*tn* > *nn*) 22[1], (*sz* > *z*) 33[(46)]
Auslaut (Konsonantenschwund) 40, (Ortsnamenschreibung) 27, (Pleneschreibung im nominalen Stammauslaut) 30f.
ĕ > *ă* vor Resonant + Konsonant 56[17]
Einfachschreibung (Konsonant) 32, 49
eš/*iš* 24, 28[(26)]
Dissimilation 27[22]
Gleitlautschreibung 27, 41
Haplologie 55[11]
Kontrastschreibungen 1
Laryngalschwund 39[76]
me/*mi* 56[(15f.)]
Mischformen, lautliche 35[(56)]
Pleneschreibung 30f., 57, 96 (Hyperplene) 39[76]
Sandhi 24[6], 25 (enkl. -*a*) 23f.[6], 49
Sproßvokal (Stützvokal, Anaptyxe) 33, 40
u̯e/*u* 66

2. Morphologie

Komposition 46[(109)]
Verbalflexion (Medium) 29, 59ff., (Akt. Prät. Sg. 3. -*ta*) 40
Verbale Stammbildung (-*i̯i*-Verben) 28f., 34f., 54[(10)], 96, (-*ušš-i̯i*-Verben) 54[10], (thematische Flex.) 35[(57)], (redupl. Präsens, iterativ) 32[(39)], 47[111], (*ne*-Infix-Prs.) 39[76], (*nu*-Prs., schwundstufig) 34[51]
Nominalflexion (Kasus:) Dat.-Lok. 24, 49, Direktiv 24[(7)], 29, Instrumental 39f.; (Kasusausgänge:) *-éi̯

Dat.-Lok. 31, *-uš* Akk. Pl. *-*m̥s* 25f., *-*adi* Abl. 24[6], -*t*(*a*) Istr. 39[78], -*ant*(*a*) Istr. 40[78]
Nominale Stammbildung (Ablaut) 46f.[111], (Suffixe) -*ala*- 26[16], 50; -*ant*- 42[(90)], *-*e*-h_2- 31[(36)], *-(*i*)h_2- 26[16], -*ili* Adverbialsuff. 37[(69)], -*nt*- 36f., -*r*/*n*-Heterokl. 31, 40[78], 47[112], -*talla*- 26[16], *-*u̯er*/*u̯en*- 36
Pronominalflexion 25f., 29, 48, 58, 96f., (Akk. Pl. -*aš* < *-*ons* < *-*o-ms*) 26
Zusammenrückung (*ḫašša ḫanzašša*) 51[(2)]

3. Syntax, Stilistik

Adverbien (*arḫa*) 38f., 53, (*menaḫḫanda*) 55, (*šarā*) 23f., 43
Chiasmus 26
Figura etymologica (*ḫarpuš ḫarpai̯i*-) 26[11], *pattallit pattalli̯i*-*mi* 26
Idiomatik (*appali dā*-) 25[(9)], (*ḫarpuš tii̯i*-*ḫḫi*) 26, (*idālu takš*-*mi*) 77ff., (*karpan ḫar*/*ḫark*-*mi*) 43[(93)], (*šākuu̯a katta ḫuu̯appa*-) 43ff., (*šākuu̯a tii̯i*-*ḫḫi*) 25[(10)], (*u̯arpa tii̯i*-*ḫḫi*) 25, (*takšuli dā*-) 25, (*uttar*/*lingain paḫš*-*mi*) 53
Kasussyntax (Ablativ) 56, (Genitiv) 62f.[(6)]
Kollektiv(er Singular) 36f., 46[104], 51
Kongruenz u. Personenwechsel 36[(59)], 48
Partikelgebrauch 67ff.
Rhetorische Frage 28[24]
σχῆμα καθ' ὅλον καὶ μέρος 40, 49, 50

III. Sachliches (Auswahl)

Eid (allgemein) 41, 56, 71–75, (Eidbruch, Meineid) 40, 41, 54, 71–75, (Eidesstrafe, z.B. Unfruchtbarkeit) 34f., 79, Wassersucht 40, 71–73, (Eidestermini) Uridg. 73[12], heth. *lingain šarri*- 53, 59ff., *lingain paḫš*-*mi* 53, *linkii̯a ar*-*tta* 53, (Eidesvorstellungen, Eidsymbolik) 40ff., 71–76,
(Eidgötter) 23f., 41f.[(85)], 48[(119)], 52f., 56f., 71–74, 82, Varuṇa als göttlicher König und Eidesherr der Indoarier 71ff., Marduk als göttl. König u. Eidesherr der Kassiten 74, Varuṇa als Mondgott u. Eidesherr 74, dXXX (Umpu-) als Mondgott u. Eidesherr 41f.[(83)], 52[(3)], 56f., Wettergott (dIŠKUR) 44, 48[(119)], dIšḫara- 41[(82f.)], dŠarruma- 41[81], 52f.[(4)], (Fluchformeln) 53, 72[(5)], 73, 76–86, 88, Selbstverfluchung 73[(12)], Verfluchung der Waffen 38, (Schwur beim Wasser) 71ff., (Segenssprüche) 53f., 58, 81, 85
Erlöschen 49, 53
Instruktionstexte 81ff.
Körperteile 29, 40[80], 53[5], (Augen) 25[(10)], 44, 47, 56, (Bauch) 40, 42f., 57, (Blase) 46, (Blut) 48f., 55, (Eingeweide) 29, (Euter) 51, (Fuß) 26f., 45[100], 53[5], (Gesicht) 46f., (Knochen) 33, 53[5], 76, (Kopf) 31, 56, (Leibesfrucht) 42f., (Mund) 30, (Seele) 55[(11ff.)], (Unterschenkel) 22
Krankheit (s. „Körperteile“, „Eid“) 29, 41[84], (Blindheit und Sehen) 23, 38, 47, (Taubheit) 38
Militär(führer/instruktionen/ideologie) 76, 82ff.

Mißhandlung 38, 44
Namensnennung 52[1]
Polygamie 35f.
Realien (Bier) 33[(45)], (Kamm) 65[6], (Ofen) 47f.[(113, 117)], (Pflug) 50, 61, (Schafslende, getrocknete) 22, (Spindel) 75[(19)], (Spinnen) 64ff., (Weißdorn) 51[(1)]
Religion, Magie (s. „Eid"), (indogermanische) 73, (Analogiezauber) 49, 71, 74ff., 83, (Böser Blick) 25[10], (Farbsymbolik) 48f., 55, 74f.[(14, 15)], (Formel, magische) 50f., 57, (Gottheiten s. „Eid"), (Magie, weiße) 86[(1)], (Modellfiguren) 62ff., (Opfer und Gnade, reziprok) 23, (Sonnengott) 57, (stygisches Wasser) 73 [(9, 10)], (Substitute) 64, (Unsterblichkeit und Vernichtung) 78, (Verbrennungszauber) 29
Texte (Altes Testament) 72[5], (Atharvaveda) 71, (Karatepeinschrift) 65[10], (Kodex Hammurabi) 55[13], (Neues Testament) 74f.[(13–15)], (Rigveda) 71ff.[(6)], 76, (Theogonie, griech.) 73[10], (Trilingue von Xanthos) 32[39], (Ullikummi-Mythos) 56, (Uršu-Tafel) 75
Verträge, Staatsverträge (assyrische) 72[4], 75, (hethitische) 77ff., 84f.
Völker u. Länder (Arzawa) 27, (Assyrer) 41, 72[4], 76, (Griechen) 73[(10, 12)], 75, (Hurritisierung) 74, Inder 71–74, 76, (Kaška) 79, 81[13], (Kassiten) 72f., (Mitanni-Arier) 72

IV. Benutzte unpublizierte Textstellen

348/b Vs. 4′ : 63
1809/c 5′f. : 31
164/d 10′ : 65[6]
531/d 9′ : 40
78/e Vs. 2′ff. : 46
615/f IV : 25
4/t 9′ : 36
251/u 12′f. : 23
342/u : 2
524/u : 2
662/u r. Kol. 4ff. : 43[92]
774/u 2′f. : 31
797/v : 2
1111/v 6′ : 31
1087/z : 2
1191/z I 11 : 29[31]
Bo 805 8′ : 54
Bo 2523 : 2
Bo 2567a IV 6 : 35
Bo 2616 Vs. II 8 : 37
Bo 2725 I 7′f. : 28
Bo 2816 IV 10′ : 39[77]
Bo 2819 : 63
Bo 2839 : 22
Bo 3085 Vs.? I 10′ff. : 43
Bo 3117 II 7′ : 66
Bo 4474 I 6′ : 36
Bo 5249 4′ : 33[44]
Bo 5969 Vs. I 3′ : 49
Bo 6166 10′ff. : 88[(5)]
Bo 6830 : 82[15]
Bo 6881 : 2

IX. ABKÜRZUNGS- UND LITERATURVERZEICHNIS

/a, /b usw.	Nummern unveröffentlichter Boğazköy-Tafeln aus den Grabungen 1931 ff.
AAA	Annals of Archaeology and Anthropology. Liverpool 1908 ff.
ABoT	Ankara Arkeoloji Müzesinde bulunan Boğazköy Tabletleri (Boğazköy-Tafeln im Archäologischen Museum zu Ankara). Istanbul 1948.
AfO	Archiv für Orientforschung. Berlin/Graz 1926 ff.
AHw	W. von Soden, Akkadisches Handwörterbuch. Wiesbaden 1959 ff.
Al.(-Vertr.)	Alakšanduš-Vertrag, zitiert nach J. Friedrich, Staatsverträge II, S. 42 ff. (= MVAeG 34). Leipzig 1930.
AM	A. Götze, Die Annalen des Muršiliš (= MVAeG 38). Leipzig 1933.
Anatolia	Revue annuelle de l'Institut d'Archéologie de l'Université d'Ankara. Ankara 1956 ff.
ANET	Ancient Near Eastern Texts Relating to the Old Testament. Ed. by James B. Pritchard. Princeton 1950 (Second Ed. 1955).
AO	Der Alte Orient. Leipzig 1900 ff.
Arier	A. Kammenhuber, Die Arier im Vorderen Orient. Heidelberg 1968.
ArOr	Archiv Orientální. Prag 1929 ff.
AU	F. Sommer, Die Aḫḫijavā-Urkunden. München 1932 (= ABAW, Phil.-hist. Abt. NF 6).
B.B.St.	L. W. King, Babylonian Boundary-Stones and Memorial-Tablets in the British Museum. London 1912.
Bēl Madg(alti)	s. Dienstanweisungen.
Best. d. Luw.	H. Otten, Zur grammatikalischen und lexikalischen Bestimmung des Luwischen. Berlin 1953.
BdU	H. Otten, Eine Beschwörung der Unterirdischen aus Boğazköy (in: ZA 54, 1961, 114 ff.).
Bildbeschreibungen	C.-G. von Brandenstein, Hethitische Götter nach Bildbeschreibungen in Keilschrifttexten (= MVAeG 46, 2). Leipzig 1943.
Bo	Signatur von unveröffentlichten Tafeln aus Boğazköy.
BoSt	Boghazköi-Studien. Herausgegeben von O. Weber. Leipzig 1916 ff.
BoTU	E. Forrer, Die Boghazköi-Texte in Umschrift. 2. Band. Leipzig 1922.
BSL	Bulletin de la Société de Linguistique de Paris. Paris 1871 ff.
CAD	The Assyrian Dictionary of the Oriental Institute of the University of Chicago. Chicago 1956 ff.
Chrest.	E. H. Sturtevant - G. Bechtel, A Hittite Chrestomathy. Second printing, corrected. Philadelphia 1952.
Comp. Gramm.	E. H. Sturtevant, A Comparative Grammar of the Hittite Language. New Haven 1933.
Comp. Gramm.²	E. H. Sturtevant - E. A. Hahn, A Comparative Grammar of the Hittite Language. Revised Edition. New Haven 1951.

CRAIBL	Comptes rendus de l'Académie des Inscriptions et Belles Lettres. Paris.
CTH	E. Laroche, Catalogue des Textes Hittites. Paris 1971.
Deeds	H. G. Güterbock, The Deeds of Šuppiluliuma as told by his son Muršili II. (= JCS 10, 1956, p. 41ff.).
Dienstanweisungen	E. von Schuler, Hethitische Dienstanweisungen für höhere Hof- und Staatsbeamte. Ein Beitrag zum antiken Recht Kleinasiens. Graz 1957 (= AfO Beiheft 10).
DLL	E. Laroche, Dictionnaire de la Langue Louvite. Paris 1959.
Dupp.(-Vertr.)	Duppi-Tešub-Vertrag, zitiert nach J. Friedrich, Staatsverträge I, S. 1ff. (= MVAeG 31). Leipzig 1926.
EHS	H. Kronasser, Etymologie der hethitischen Sprache. Wiesbaden 1962ff.
Eichner, Mag.	H. Eichner, unpublizierte Magisterarbeit. Erlangen 1971.
El.-B.	J. Friedrich, Hethitisches Elementarbuch. 1. Teil: Kurzgefaßte Grammatik. Zweite, verbesserte und erweiterte Auflage. Heidelberg 1960.
Fs. H. Otten	Festschrift Heinrich Otten. Herausgegeben von E. Neu und Ch. Rüster. Wiesbaden 1973.
Frisk	Hjalmar Frisk, Griechisches Etymologisches Wörterbuch. Heidelberg 1960ff.
Ges.	J. Friedrich, Die hethitischen Gesetze. Transkription, Übersetzung, sprachliche Erläuterungen und vollständiges Wörterverzeichnis. Leiden 1959.
HAB	F. Sommer - A. Falkenstein, Die hethitisch-akkadische Bilingue des Ḫattušili I. (Labarna II.). München 1938 (= ABAW, Phil.-hist. Abt., NF 16).
Hatt(ušiliš)	A. Goetze, Ḫattušiliš. Der Bericht über seine Thronbesteigung nebst den Paralleltexten (= MVAeG 29). Leipzig 1925.
Heth. Keilschrift-Lesebuch	J. Friedrich, Hethitisches Keilschrift-Lesebuch, Teil II. Schrifttafel und Erläuterungen. Heidelberg 1960.
Heth. Studien	J. Friedrich, Hethitische Studien, 1924 (Sonderdruck aus ZA 35 und 36 sowie Nachträge).
Hethitica	Orientalia Lovaniensia Periodica. Leuven 1972ff.
HIE	E. Benveniste, Hittite et Indo-Européen. Études comparatives, Paris 1962.
Hipp. Heth.	A. Kammenhuber, Hippologia Hethitica. Wiesbaden 1961.
Hrozný	Fr. Hrozný, Die Sprache der Hethiter. Leipzig 1917.
HT	Hittite Texts in the Cuneiform Character from Tablets in the British Museum. London 1920.
Huqq.(-Vertr.)	Ḫuqqanaš-Vertrag, zitiert nach J. Friedrich, Staatsverträge II, S. 103ff. (= MVAeG 34). Leipzig 1930.
HW	J. Friedrich, Hethitisches Wörterbuch. Kurzgefaßte krtitische Sammlung der Deutungen hethitischer Wörter. Heidelberg 1952.
HW Erg.-H.	J. Friedrich, Ergänzungsheft 1—3 zu HW. Heidelberg 1957—1966.
IBoT	Istanbul Arkeoloji Müzelerinde bulunan Boğazköy Tabletleri (Boğazköy-Tafeln im Archäologischen Museum zu Istanbul): I 1944, II 1947, III 1954.
IF	Indogermanische Forschungen. Zeitschrift für Indogermanistik und allgemeine Sprachwissenschaft. Leipzig/Berlin 1892ff.
IM	Istanbuler Mitteilungen. Deutsches Archäologisches Institut. Istanbul 1933ff.

JAOS	Journal of the American Oriental Society. New Haven 1894ff.
Jasanoff	Jay Harold Jasanoff, Studies in the Historical Morphology of the Hittite Verb. Unveröff. Diss., Cambridge 1968.
JCS	Journal of Cuneiform Studies. New Haven 1947ff.
JEOL	Jaarbericht van het Vooraziatisch-Egyptisch Gezelschap Ex Oriente Lux. Leiden 1933ff.
JKF	Jahrbuch für kleinasiatische Forschung. Heidelberg 1950ff.
JNES	Journal of Near Eastern Studies. Chicago 1942ff.
Die Kaškäer	E. von Schuler, Die Kaškäer. Ein Beitrag zur Ethnographie des alten Kleinasien. Berlin 1965.
KBo	Keilschrifttexte aus Boghazköi. Leipzig/Berlin 1916ff.
Kizzuwatna	A. Goetze, Kizzuwatna and the Problem of Hittite Geography. New Haven 1940 (= Yale Oriental Series, Researches, Vol. XXII).
Kleinasien^2	A. Götze, Kleinasien. 2., neubearbeitete Auflage. München 1957 (= Handbuch der Altertumswissenschaft, III. Abt., 1. Teil, 3. Bd.: Kulturgeschichte des Alten Orients; 3. Abschnitt, 1. Unterabschnitt).
KlF	Kleinasiatische Forschungen. Herausgegeben von F. Sommer und H. Ehelolf, Band I, Weimar 1930.
Kratylos	Kritisches Berichts- und Rezensionsorgan für indogermanische und allgemeine Sprachwissenschaft. Wiesbaden 1956ff.
KUB	Keilschrifturkunden aus Boghazköi. Berlin 1921ff.
Kup.(-Vertr.)	Kupanta-^{D}KAL-Vertrag, zitiert nach J. Friedrich, Staatsverträge I, S. 95ff. (= MVAeG 31). Leipzig 1926.
KZ	Zeitschrift für vergleichende Sprachforschung auf dem Gebiete der indogermanischen Sprachen. — Begründet von A. Kuhn. Ab Band 41 (1907): Neue Folge vereinigt mit den Beiträgen zur Kunde der indogermanischen Sprachen. Göttingen 1877ff.
Madd(uwatta)	A. Götze, Madduwattaš (= MVAeG 32). Leipzig 1928.
Man.(-Vertr.)	Manapa-Dattaš-Vertrag, zitiert nach J. Friedrich, Staatsverträge II, S. 1ff. (= MVAeG 34). Leipzig 1930.
Manuale II	Piero Meriggi, Manuale di eteo geroglifico, Parte II. Roma 1967.
MAOG	Mitteilungen der Altorientalischen Gesellschaft. Leipzig 1925ff.
Maštigga	L. Rost, Ein hethitisches Ritual gegen Familienzwist (= MIO I, S. 345ff.). Berlin 1953.
Materialien	A. Kammenhuber, Materialien zu einem hethitischen Thesaurus. Heidelberg 1973ff.
MDOG	Mitteilungen der Deutschen Orient-Gesellschaft. Berlin 1898ff.
MIO	Mitteilungen des Instituts für Orientforschung. Berlin 1953ff.
MSS	Münchener Studien zur Sprachwissenschaft. München 1952ff.
Müller	K. Fr. Müller, Das assyrische Ritual. Teil I: Texte zum assyrischen Königsritual (= MVAeG 41/3). Leipzig 1937.
Nerik	V. Haas, Der Kult von Nerik. Ein Beitrag zur hethitischen Religionsgeschichte (= Studia Pohl 4). Rom 1970.
OLZ	Orientalistische Literaturzeitung. Leipzig 1898ff.
Or. NS	Orientalia. Nova Series. Roma 1931ff.
Oriens Antiquus	Rivista del Centro per le Antichità e la Storia dell'Arte del Vicino Oriente. Roma 1962ff.
Origines	E. Benveniste, Origines de la formation des noms en indoeuropéen, I. Paris 1935.
Ortsadv.	L. Zuntz, Die hethitischen Ortsadverbien arḫa, parā, piran als selbständige Adverbien und in ihrer Verbindung mit Nomina und Verba. Diss., München 1936.

Papanikri	F. Sommer - H. Ehelolf, Das hethitische Ritual des Papanikri von Komana (= BoSt 10). Leipzig 1924.
Pestgebete	A. Götze, Die Pestgebete des Muršiliš (in: KlF I, Weimar 1930, S. 161—251).
Pisani	Vittore Pisani, Studi linguistici in onore di Vittore Pisani, Vol. I und II. Brescia 1969.
Pokorny	J. Pokorny, Indogermanisches etymologisches Wörterbuch. Bern/München 1959.
Polomé	E. Polomé, in Études Germaniques VIII, 1953, S. 36ff. — Revue semestrielle de la Société des Études germaniques. Lyon/Paris 1946ff.
Recherches	E. Laroche, Recherches sur les noms des dieux hittites. Paris 1947.
Records	Philo H. J. Houwink ten Cate, The Records of the Early Hittite Empire. Istanbul 1970.
RHA	Revue Hittite et Asianique. Paris 1930ff.
RHR	Revue de l'Histoire des Religions. Annales du Musée Guimet. Paris 1880ff.
RlA	Reallexikon der Assyriologie. Berlin 1928ff.
Satzeinleit. Part.	O. Carruba, Die satzeinleitenden Partikeln in den indogermanischen Sprachen Anatoliens. Rom 1969.
Sentence Particles	F. Josephson, The Function of the Sentence Particles in Old and Middle Hittite. Uppsala 1972.
Die Sprache	Die Sprache. Zeitschrift für Sprachwissenschaft. Wien/Wiesbaden.
Staatsverträge	J. Friedrich, Staatsverträge des Hatti-Reiches in hethitischer Sprache. I 1926, II 1930 (= MVAeG 31 und 34) Leipzig.
StBoT	Studien zu den Boğazköy-Texten. Wiesbaden 1965ff.
Stud. mic.	Studi micenei ed egeo-anatolici. Roma 1966ff.
Syria	Syria. Revue d'art oriental et d'archéologie. Paris.
Targ.(-Vertr.)	Targašnalli-Vertrag, zitiert nach J. Friedrich, Staatsverträge I, S. 51ff. (= MVAeG 31). Leipzig 1926.
THeth	Texte der Hethiter. Herausgegeben von A. Kammenhuber. Heidelberg 1971ff.
TR	H. Otten, Hethitische Totenrituale. Berlin 1958.
Tunn(awi)	A. Goetze, The Hittite Ritual of Tunnawi (= American Oriental Series, 14). New Haven 1938.
Ulippi	H. Kronasser, Die Umsiedelung der schwarzen Gottheit. Das hethitische Ritual KUB XXIX 4 (des Ulippi) (= SÖAW Phil.-hist. Klasse, 241. Bd., 3. Abhandlung). Wien 1963.
Ullikummi	H. G. Güterbock, The Song of Ullikummi (in: JCS 5, 1951, S. 135ff. und 6, 1952, S. 8ff.).
Varuṇa	H. Lüders, Varuṇa. Aus dem Nachlaß herausgegeben von L. Alsdorf. Göttingen, Bd. I 1951, Bd. II 1959.
VAT	Texte der Vorderasiatischen Abteilung der Staatlichen Museen zu Berlin. Nach Museumsnummern.
VBoT	Verstreute Boghazköi-Texte. Herausgegeben von A. Götze. Marburg 1930.
Vgl. u. et. Wb.	W. Wüst, Vergleichendes und etymologisches Wörterbuch des Alt-Indoarischen. Heidelberg 1935.
VLFL	H. Kronasser, Vergleichende Laut- und Formenlehre des Hethitischen. Heidelberg 1956.

Wiseman	D. J. Wiseman, The Vassal-Treaties of Esarhaddon. London 1958.
WO	Die Welt des Orients. Wissenschaftliche Beiträge zur Kunde des Morgenlandes. Wuppertal/Göttingen 1947ff.
WVDOG	Wissenschaftliche Veröffentlichungen der Deutschen Orient-Gesellschaft. Leipzig/Berlin 1900ff.
WZKM	Wiener Zeitschrift für die Kunde des Morgenlandes. Wien 1887ff.
ZA	Zeitschrift für Assyriologie und verwandte Gebiete — Vorderasiatische Archäologie. Leipzig/Berlin 1887ff.
ZDMG	Zeitschrift der Deutschen Morgenländischen Gesellschaft. Leipzig/Wiesbaden 1847ff.

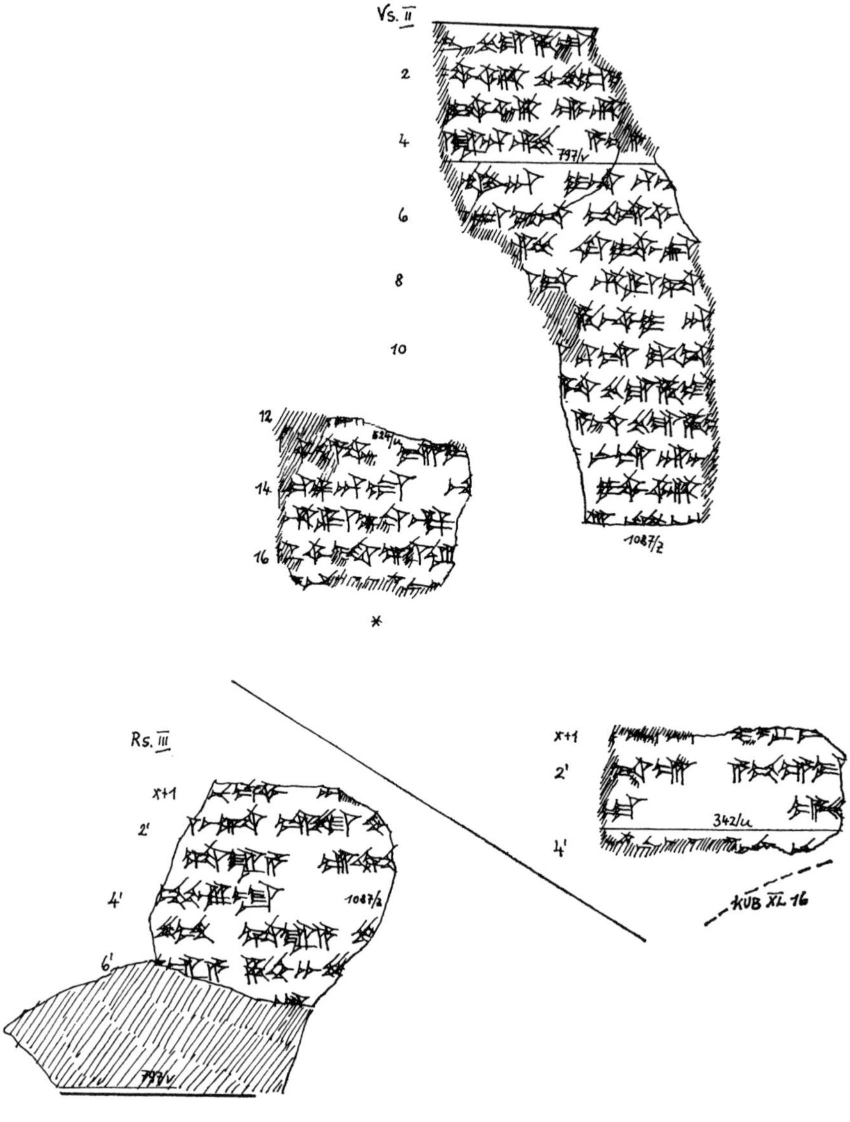

Expl. B: 797/v + 1087/z (+) 524/u (+) 342/u (+) KUB XL 16
(Vs. II und Rs. III)

STUDIEN ZU DEN BOĞAZKÖY-TEXTEN

Heft 1 Heinrich Otten und Vladimir Souček. **Das Gelübde der Königin Puduḫepa an die Göttin Lelwani.** *1965. 55 Seiten und 10 Tafeln, broschiert DM 19,50*

Heft 2 Onofrio Carruba. **Das Beschwörungsritual für die Göttin Wišurijanza.** *1966. XII, 71 Seiten, broschiert DM 19,50*

Heft 3 Hans Martin Kümmel. **Ersatzrituale für den hethitischen König.** *1967. XV, 244 Seiten, broschiert DM 48,—*

Heft 4 Rudolf Werner. **Hethitische Gerichtsprotokolle.** *1967. XII, 89 Seiten, broschiert DM 21,—*

Heft 5 Erich Neu. **Interpretation der hethitischen mediopassiven Verbalformen.** *1968. XV, 213 Seiten, broschiert DM 46,—*

Heft 6 Erich Neu. **Das hethitische Mediopassiv und seine indogermanischen Grundlagen.** *1968. XIV, 208 Seiten, broschiert DM 45,—*

Heft 7 Heinrich Otten und Wolfram von Soden. **Das akkadisch-hethitische Vokabular KBo I 44+KBo XIII 1.** *1968. VIII, 43 Seiten und 5 Tafeln, broschiert DM 10,—*

Heft 8 Heinrich Otten und Vladimir Souček. **Ein althethitisches Ritual für das Königspaar.** *1969. VI, 138 Seiten und 6 Tafeln, broschiert DM 29,50*

Heft 9 Kaspar Klaus Riemschneider. **Babylonische Geburtsomina in hethitischer Übersetzung.** *1970. X, 107 Seiten und 3 Textbeilagen, broschiert DM 22,—*

Heft 10 Onofrio Carruba. **Das Palaische.** Texte, Grammatik, Lexikon. *1970. X, 80 Seiten und 3 Tafeln, broschiert DM 20,—*

Heft 11 Heinrich Otten. **Sprachliche Stellung und Datierung des Madduwatta-Textes.** *1969 (1970). XII, 45 Seiten, broschiert DM 9,—*

Heft 12 Erich Neu. **Ein althethitisches Gewitterritual.** *1970. V, 104 Seiten und 2 Tafeln, broschiert DM 28,—*

Heft 13 Heinrich Otten. **Ein hethitisches Festritual (KBo XIX 128).** *1971. X, 76 Seiten, broschiert DM 22,—*

Heft 14 Jana Siegelová. **Appu-Märchen und Ḫedammu-Mythus.** *1971. X, 128 Seiten, 1 Faltkarte, 8seitige Textbeilage, broschiert DM 38,—*

Heft 15 Heinrich Otten. **Materialien zum hethitischen Lexikon (Wörter beginnend mit** *zu* . . .**)**. *1971. X, 52 Seiten, broschiert DM 14,—*

Heft 16 Cord Kühne und Heinrich Otten. **Der Šaušgamuwa-Vertrag.** (Eine Untersuchung zu Sprache und Graphik). *1971. IX, 80 Seiten mit 5 Tafeln, broschiert DM 24,—*

Heft 17 Heinrich Otten. **Eine althethitische Erzählung um die Stadt Zalpa.** *1973. XIII, 91 Seiten und 4 Tafeln, broschiert DM 24,—*

Heft 18 Erich Neu. **Der Anitta-Text.** *1974. XIV, 157 Seiten und 4 Tafeln, broschiert DM 38,—*

Heft 19 Cornelia Burde. **Hethitische medizinische Texte.** *1975. VIII, 86 Seiten, broschiert DM 28,—*

Heft 20 Christel Rüster. **Hethitische Keilschrift-Paläographie.** *1972. XII, 42 Seiten mit 11 Tafeln, broschiert DM 12,—*

Heft 21 Erich Neu und Christel Rüster. **Hethitische Keilschrift-Paläographie II.** *1975. IX, 40 Seiten mit 11 Tafeln, broschiert DM 16,—*